张晓磊 著

外资对本土企业单位劳动成本影响研究

——以中国制造业企业为例

南京大学出版社

图书在版编目(CIP)数据

外资对本土企业单位劳动成本影响研究：以中国制造业企业为例 / 张晓磊著. —南京：南京大学出版社，2018.9

ISBN 978 - 7 - 305 - 20852 - 2

Ⅰ. ①外… Ⅱ. ①张… Ⅲ. ①制造工业－工业企业管理－工资管理－研究－中国 Ⅳ. ①F426.4

中国版本图书馆 CIP 数据核字(2018)第 198325 号

出版发行 南京大学出版社
社　　址　南京市汉口路 22 号　　　邮　　编　210093
出 版 人　金鑫荣

书　　名　**外资对本土企业单位劳动成本影响研究——以中国制造业企业为例**
著　　者　张晓磊
责任编辑　周　军　王日俊

照　　排　南京理工大学资产经营有限公司
印　　刷　虎彩印艺股份有限公司
开　　本　718×1000　1/16　印张 14.25　字数 260 千
版　　次　2018 年 9 月第 1 版　2018 年 9 月第 1 次印刷
ISBN 978 - 7 - 305 - 20852 - 2
定　　价　78.00 元

网　　址:http://www.njupco.com
官方微博:http://weibo.com/njupco
官方微信号:njupress
销售咨询热线:(025)83594756

作者简介

张晓磊,男,1990 年 8 月出生,辽宁朝阳人,南京财经大学国际经贸学院贸易经济系讲师,经济学博士。本科和硕士就读于东北财经大学国际经贸学院,博士毕业于南京大学经济学院。主要研究方向为开放经济下的要素收入分配、国际经济合作等,曾在 CSSCI 核心期刊发表学术论文十余篇。

　　本书为江苏高校优势学科建设工程资助项目(PAPD)、江苏高校人文社会科学校外研究基地"江苏现代服务业研究院"、江苏高校现代服务业协同创新中心和江苏省重点培育智库"现代服务业智库"的阶段性研究成果。

　　本书获得以下资助：

　　教育部哲学社会科学研究重大课题攻关项目"TPP外部约束下我国融入国际价值链分工战略研究(16JZD019)"；

　　教育部人文社会科学研究基地重大项目"长江三角洲全面建设小康社会中的开放发展研究(16JJD790025)"；

　　江苏高校协同创新中心课题"本土比较优势变迁与中国双向FDI结构演进(ZXLXT17001)"。

书　　　名：外资对本土企业单位劳动成本影响研究——以中国制造业
　　　　　　企业为例
著　　　者：张晓磊
出　版　社：南京大学出版社

目　录

第一章 绪 论

第一节 本书的研究背景、目的与意义

一、研究背景

21世纪伊始,中国第一次被冠以"世界工厂"的头衔[1],虽然这种说法在当时的国内学术界被视为过度高估中国制造业的真实国际影响力,属于西方国家宣扬的"中国威胁论",但在当今,中国制造业庞大的绝对体量、完整的产业体系以及飞速提升的技术含量等,都使得中国成为当之无愧的"世界工厂"。中国制造业"从无到有""从小到大""从弱到强"的发展历程得益于很多有利因素,其中最重要的就是中国拥有世界最大规模的质优价廉的劳动力储备资源,即"人口红利"(陈友华,2005[2];王丰,2007[3])。在改革开放之后的三十余年中,中国大量农村剩余劳动力陆续脱离农业生产,涌入城市,为城市制造业特别是为低端劳动力密集型制造业,提供了近乎无限量的廉价劳动力供给,这也成为中国制造业凭以迅速崛起的比较优势源泉。然而,近年来,中国东部沿海的珠三角、长三角等制造业基地频频出现"用工荒"现象,这表明随着20世纪六七十年代"婴儿潮"一代的逐渐老去,以及八十年

---

[1]　日本政府于2002年5月8日发布的《2001年贸易白皮书》中第一次称中国为"世界工厂",后来这一称呼被广泛采纳。

[2]　陈友华:《人口红利与人口负债:数量界定、经验观察与理论思考》,《人口研究》,2005年第6期,第23—29页。

[3]　王丰:《人口红利真的是取之不尽、用之不竭的吗》,《人口研究》,2007年第6期,第76—83页。

代以来农村学龄儿童受教育水平的不断提高,以往愿意从事低工资、高体力强度制造业工作的"农民工"群体的规模正在迅速缩减,农村剩余劳动力已经不再是中国制造业取之不尽、用之不竭的"富矿",中国传统的劳动力密集型制造业正在面临严峻的"资源枯竭"危机,"刘易斯拐点"可能已经到来(蔡昉,2010[①];Zhang 等,2010[②])。

尽管经济学界对中国经济是否已经迎来了"刘易斯拐点"的问题仍有很大争议(杨继军、范从来,2012[③];周燕、佟家栋,2012[④]),但毋庸置疑的一点是,近年来,中国制造业正面临劳动力工资成本快速上涨的压力。如图 1-1 所示,中国制造业(城镇单位)名义平均工资由 2003 年的 1.27 万元,迅速增

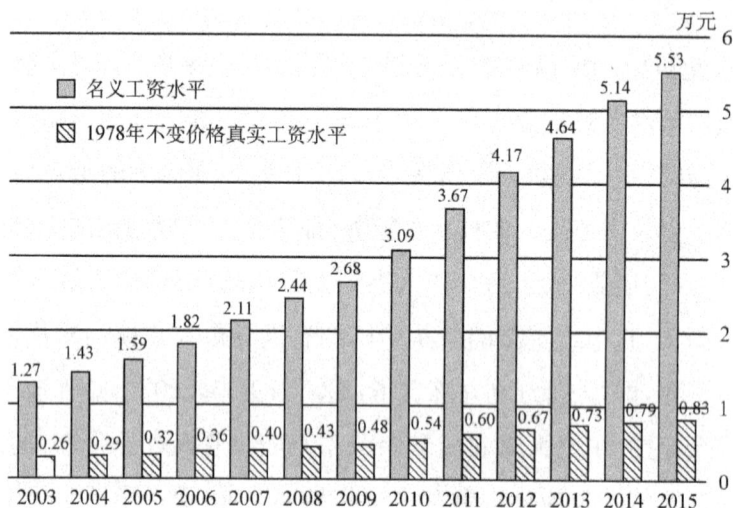

图 1-1　2003—2015 年中国制造业(城镇单位)人均工资的演变趋势图

注:作者根据国家统计局数据绘制。真实工资水平采用 1978 年不变基期城镇居民消费价格指数对名义工资水平进行平减得到。

---

① 蔡昉:《人口转变、人口红利与刘易斯转折点》,《经济研究》,2010 年第 4 期,第4—13 页。

② Zhang X., Yang J., Wang S., 2010, "China Has Reached the Lewis Turning Point" [J]. *China Economic Review*,Vol. 22(977):542-554.

③ 杨继军,范从来:《"刘易斯拐点"、比较优势蝶化与中国外贸发展方式的选择》,《经济学家》,2012 年第 2 期,第 22—29 页。

④ 周燕,佟家栋:《"刘易斯拐点"、开放经济与中国二元经济转型》,《南开经济研究》,2012 年第 5 期,第 3—17 页。

长至 2015 年的 5.53 万元,13 年间增长 4.37 倍,年均增速高达 13.11%。即使采用城镇居民消费价格指数进行平减后得到的真实制造业工资水平在 2003—2015 年间也由 0.26 万元上涨到 0.83 万元,增长 3.16 倍,年均增速也高达 10.44%,由此可见,中国制造业劳动成本正在迅速上升。

经济学界已有大量文献对中国劳动成本上升的问题展开了详尽研究,很多研究认为中国制造业的劳动力正在因为工资水平上涨而丧失竞争力(Ceglowski,2011[①];Li 等,2013[②];Zhai 等,2016[③]),现实中东南沿海地区劳动力密集型的服装加工企业大量搬迁至越南、柬埔寨、埃及等劳动力工资价格更低的发展中经济体,更是在社会上引发了对中国制造业因劳动成本快速上涨而失去竞争力的担忧[④]。但另一种声音则认为上述学术文献和新闻报道都只看到了中国制造业劳动成本问题的一个侧面,即低端劳动力需求增长和供给停滞之间的"背离"推高了中国制造业的劳动成本,而忽视了中国制造业劳动力供给内部的结构性动态演进,即劳动力技能水平不断提高对劳动成本上涨的内生性影响。事实上,在以"农民工"为典型代表的低技能劳动力群体供给总量增长停滞甚至下降的同时,中国近年来也出现了严峻的"大学生就业难"问题,中国制造业所面临的劳动力"蓄水池"正在经历巨大的结构性调整,与工资水平上涨相比,劳动力的平均生产率水平上涨的幅度可能更大。国家统计局数据表明,2000 年中国普通本科院校毕(结)业学生数为 49.56 万人,2015 年这一数字已经暴

①　Ceglowski, J., 2011, "Does China Still Have a Labor Cost Advantage?" [J]. *Global Economy Journal*, Vol. 12(3):1-30.

②　Li H., Li L., Wu B., et al., 2013, "The End of Cheap Chinese Labor" [J]. *Journal of Economic Perspectives*, Vol. 26(4):57-74.

③　Zhai W., Sun S., Zhang G., 2016, "Reshoring of American Manufacturing Companies from China" [J]. *Operations Management Research*, Vol. 9(3):62-74.

④　相关新闻报道见:黄佩."劳动力成本考验'中国制造'"N.《广州日报》,2010-05-31,第 19 版;熊建等."成本上涨倒逼企业转型升级"N.《人民日报》,2011-08-11,第 10 版;罗宇凡等."中国制造面临东盟制造冲击"N.《中国信息报》,2013-09-06,第 2 版;章玉贵."比较优势渐失倒逼我国升级制造业价值链"N.《上海证券报》,2016-06-24,第 8 版等。

涨至 358.59 万人,16 年间增长了 7.24 倍,年均增长 14.50%;具体到与制造业中、高端劳动力联系更紧密的工科学生来看,国家统计局数据显示,中国工科硕士在校生人数从 2004 年的 22.87 万人增长至 2015 年的 55.47 万人,增长 2.23 倍,年均增速 7.76%,上述数据都表明中国制造业企业面临的"劳动力蓄水池"的质量有了大幅提升。此外,即使是未接受过高等教育的低技能"农民工"群体,其生产技能水平也正在经历大幅度的提升:国家统计局数据显示,中国"70 后"人群的小学升学率为 71.44%,初中升学率为 42.48%;"80 后"人群的小学升学率为 92.16%,初中升学率为 56.25%;"90 后"人群的小学升学率为 98.84%,初中升学率为 81.71%。由于缺乏大规模的农民工教育水平普查或调查数据,本书粗略地假设城市和农村的升学率水平相同,且留守农村和进城务工的农民群体的升学率也相同,那么,由上述统计数据可以看出,中国当前"农民工"的中坚力量——"70 后""80 后"和"90 后"的平均受教育水平存在相当大的差距:"70 后"农民工群体中可能有 30% 左右没有接受过初中教育,有 57% 左右没有接受过高中教育;"80 后"农民工群体中则可能约有 8% 没有接受过初中教育,44% 没有接受过高中教育;而在"90 后"农民工群体中,这两个比例已经分别降低至 1% 和 18% 左右。也就是说,随着进城务工人员的代际更迭,中国制造业低端劳动力的整体素质也在迅速改善[①]。

综上所述,单单凭中国制造业平均工资数据这一指标(不论是名义工资还是考虑通胀因素以后的实际工资)的快速上升,就断言中国制造业劳动力的成本优势正在消失,存在严重的偏颇,更合理的视角应该是将劳动力工资水平与劳动力生产效率水平两个因素结合起来,使用"单位劳动成本

---

① 此处,"70 后"人群是指在 1970—1979 年出生,在 1983—1992 年间小学毕业,在 1986—1995 年间初中毕业;"80 后"人群是指在 1980—1989 年出生,在 1993—2002 年间小学毕业,在 1996—2005 年间初中毕业;"90 后"人群是指在 1990—1999 年出生,在 2003—2012 年间小学毕业,在 2006—2015 年间初中毕业。升学率数据为每十年的算数平均值。

(Unit Labor Cost, ULC)①"的概念,进行比较分析(Edwards 和 Golub,2004②;Janet 和 Stephen,2007③;Chen 等,2008④)。

国内经济学界已经有一些文献从"单位劳动成本"这一视角对中国制造业的劳动成本竞争力进行了分析研究(都阳和曲玥,2009⑤;贺聪等,2009⑥;王燕武等,2011⑦;魏浩和郭也,2013⑧),但由于多数研究均使用 2007 年以前的中国工业企业数据库或使用 2010 年及以前的行业面板数据或跨国面板数据进行分析,所以其研究结论均表明受益于劳动生产率增幅远超劳动工资增幅,中国制造业企业的劳动成本竞争优势在 2000 年至 2008 年(左右)呈现出逐渐强化的趋势。而且基于这些数据,还有研究非常乐观地探讨了中国制造业企业单位劳动成本优势的不断强化对中国出口(王万珺等,2015⑨)、吸引外资(马飒和黄建锋,2014⑩)等方面的积极影响。然而,若将时间维度进一步延展至 2008 年爆发的世界金融危机以后,就会发现中国制造

---

① 经济学界通常计算企业单位劳动成本的方式是:单位劳动成本＝人均工资/人均增加值。

② Edwards, L., Golub, S., 2004, "South Africa's International Cost Competitiveness and Exports in Manufacturing"[J]. *World Development*, Vol. 32(8):1323 - 1339.

③ Janet C, Stephen G., 2007, "Just How Low are China's Labour Costs?" [J]. *World Economy*, Vol. 30(30):597 - 617.

④ Chen V. W., Wu H. X., Ark B. V., 2008, "Measuring Changes in Competitiveness in Chinese Manufacturing Industries Across Regions in 1995—2004: A Unit Labor Cost Approach" [C]. The Conference Board, Economics Program.

⑤ 都阳,曲玥:《劳动报酬、劳动生产率与劳动力成本优势——对 2000—2007 年中国制造业企业的经验研究》,《中国工业经济》,2009 年第 5 期,第 25—35 页。

⑥ 贺聪,尤瑞章,莫万贵:《制造业劳动力成本国际比较研究》,《金融研究》,2009 年第 7 期,第 170—184 页。

⑦ 王燕武,李文溥,李晓静:《基于单位劳动力成本的中国制造业国际竞争力研究》,《统计研究》,2011 年第 10 期,第 60—67 页。

⑧ 魏浩,郭也:《中国制造业单位劳动力成本及其国际比较研究》,《统计研究》,2013 年第 8 期,第 102—110 页。

⑨ 王万珺,沈坤荣,叶林祥:《工资、生产效率与企业出口——基于单位劳动力成本的分析》,《财经研究》,2015 年第 7 期,第 121—131 页。

⑩ 马飒,黄建锋:《劳动力成本上升削弱了中国的引资优势吗——基于跨国面板数据的经验分析》,《国际贸易问题》,2014 年第 10 期,第 110—120 页。

业企业单位劳动成本的发展趋势在2009年上演了"大逆转"。

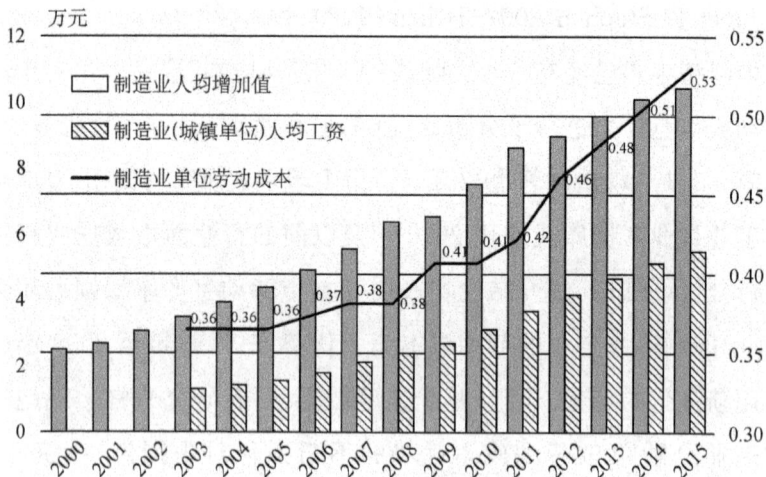

图1-2　2000—2015年中国制造业人均增加值、人均工资与单位劳动成本图

注:数据来自国家统计局,统计口径仅包含城镇单位制造业企业。国家统计局未公布2000—2002年的制造业人均工资数据。

由图1-2可知,2000—2015年间,中国制造业企业的人均增加值一直保持高速增长的势头,从2000年的1.48万元增长至2015年的10.42万元,年均增速高达10.13%;但相比之下,中国制造业企业(城镇单位)的人均工资增长的速度明显更快,年均增速高达13.11%。因此,中国制造业企业的单位劳动成本从2003年的0.36已经上涨至2015年的0.53,特别是2008年世界经济危机爆发以来,企业单位劳动成本7年间累计增长了0.12,年均增速高达4.90%。所以,从单位劳动成本的视角来看,中国制造业正在面临严峻的劳动成本上涨危机,如果按照这一趋势继续发展下去,经济危机带来的产品销售增长乏力和劳动成本快速上涨的双重危机将使中国制造业面临巨大的生存挑战。快速丧失劳动成本优势的"世界工厂"如果不采取措施缓解劳动成本上涨压力,仅寄希望于快速实现由"中国制造"向"中国创造"和"中国智造"的转型升级,势必会大大增加中国在转型期的经济压力和经济风险。因此,在促进制造业由中低端劳动力密集型的传统生产方式向机械化、自动化、智能化生产模式转型升级的同时,通过宏观经济调控措施,引导企业的劳动成本增速保持在相对平稳的区间内,有利于缓解中国制造业企业在当前"三期叠加"背景下转型升级的压力,防控中国制造业和宏观经济"硬着陆"的风险。

导致近年来中国制造业企业单位劳动成本上升的原因是复杂的,人口老龄化程度的不断上升、劳动力平均受教育水平的上升、大量贸易顺差带来的输入性通货膨胀以及央行在经济危机中推出的量化宽松政策导致的通货膨胀,等等,可能都是助推中国制造业企业单位劳动成本上涨的重要原因。除此之外,本书更加关注的是,作为世界上利用外资规模最大的发展中国家[①],外资企业大量进驻中国市场是否也会显著影响中国制造业企业的单位劳动成本? 已有的研究文献倾向于认为外资进入会对中国企业产生显著的"工资溢出"效应和"技术溢出"效应,但遗憾的是,已有文献对外资进入是否会影响中国企业的单位劳动成本以及影响方向如何却并没有涉及。随着中国自身经济实力的增强和国内市场对外资企业开放水平的不断提升,在华外资企业的存量已经占据非常重要的地位[②],外资企业对中国经济的影响力不容忽视。因此,如何通过调整和修订外资利用政策,有效的管理和引导外资企业有序发展,在借助外国资本助力中国经济发展的同时,避免外资的无序进入给中国经济在"三期叠加"困难背景下再添负面冲击,以实现经济的平稳过渡,就显得尤为重要。

二、研究目的与意义

制造业的崛起是支撑中国实现大国复兴的重要经济基石,而单位劳动

---

① 中国自 1992 年起就一直都是最大的发展中外资承接国,占发展中国家利用外资总量的比重平均为 28%,2014 年中国还首次超越美国,成为世界最大的外资吸收利用国。资料来源于:张二震主编《开放发展》,南京:江苏人民出版社,2016 年 7 月,第 167 页。

② 国家统计局数据显示:以城镇就业人口来看,外资企业就业人口占城镇总就业人口比重在 2015 年已经高达 6.90%。

成本低的比较优势又是支撑中国制造业在21世纪之初实现腾飞式发展的重要动力。因此,制造业企业单位劳动成本的迅速上升不仅会严重威胁中国制造业企业的国际竞争优势和大量制造业就业人口的工作机会,还事关中国经济能否保持平稳、有序的发展态势,实现民族和国家的复兴梦想。影响制造业企业单位劳动成本的因素是复杂的、多方面的,本书显然无法穷尽地分析其所有影响因素,因此,本书仅将视角聚焦在其中的一个小问题上:在开放经济模式下,大量外资企业进入中国市场到底如何影响了中国制造业企业的单位劳动成本?弄清这一问题的答案,将有助于中国通过调整和改变外资利用政策,来延缓制造业企业劳动力成本优势迅速丧失的趋势,避免大规模的制造业企业,特别是劳动力密集型企业,倒闭潮或外迁潮的爆发,减小制造业企业在转型发展中所面临的压力,给予其更长的转型调整周期,以实现中国制造的平稳转型升级。

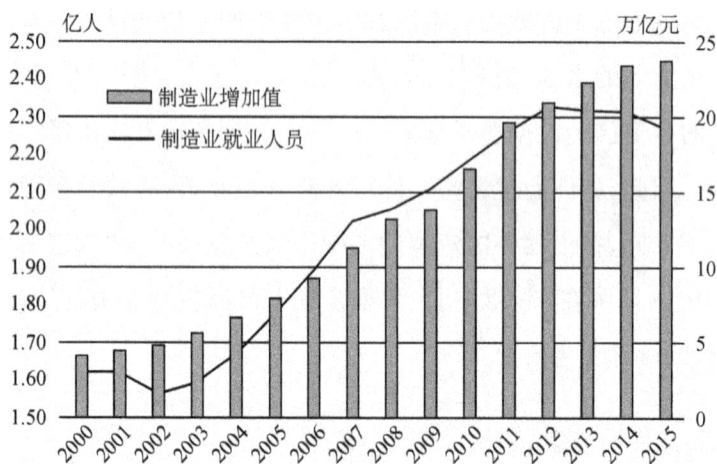

图1-3 2000—2015年中国制造业增加值及就业人员变动趋势

注:数据来自国家统计局。

事实上,由于企业单位劳动成本在2011年以后出现的迅速上涨,中国制造业已经出现了增长停滞的势头,未来可能有萎缩风险。如图1-3所示,中国制造业就业人数已经出现了下降,制造业增加值虽然仍保持增长,但增速也出现了明显放缓。具体的，从就业人数来看，制造业就业人员总规模在2012年达到2.43亿人的顶峰之后，2013—2015年间出现了三连降，2015年制造业就业人数较2012年已减少548万人；从增加值来看，尽管2008年世界金融危机导致2009年制造业增加值仅增长了4.83%，但2001—2011年间中国制造业增加值年均增速仍高达15.55%；但在2011年以后，中国制造业增加值增速迅速暴跌至2012年的7.05%、2013年的6.43%、2014年的5.18%和2015年的1.13%。如果说就业人数出现减少不足以说明制造业面临萎缩风险，可能是由于制造业生产自动化、智能化水平提高导致的，那么，增加值增速的迅速收敛则可以非常确切地证明中国制造业正面临重大的困难和挑战。由经济危机导致的外部市场需求萎缩给中国制造业带来的困难，中国政府可能无法通过自身的努力而使之改变，但减缓制造业企业劳动成本飞速上涨的压力则可能是摆在中国政府面前的一个更具可行性的政策选项。

综上所述，通过合理的政策引导，帮助中国制造业企业减小劳动力成本上涨的压力对中国政府来说迫在眉睫。本书的贡献在于本书利用中国微观制造业企业大样本数据实证分析了外资进入在中国制造业企业单位劳动成本演变过程中所扮演的角色，回答了"外资进入如何影响了中国制造业企业的单位劳动成本"这一关键问题。本书的研究结论可供中国政府通过调整外资利用政策的方式，减缓中国制造业劳动力成本的快速上涨趋势，帮助中国制造业企业争取更多的时间来完成转型升级，逐渐摆脱对价格不断上涨的低端劳动要素的过度依赖，维持中国制造的国际竞争力。

第二节 本书篇章结构与研究方法

一、篇章结构

本书共分八个章节：

第一章为导论，根据国家统计局数据总结发现中国制造业企业正在面临严峻的单位劳动成本上涨的压力,指出"单位劳动成本"的快速上涨严重危及中国制造业企业的国际竞争力,并且提出了"外资企业大量涌入中国市场是否在一定程度上助推了中国制造业企业单位劳动成本的上涨"这一问题,总结了本书的理论和实践意义。

第二章为文献综述,总结了以往关于中国制造业企业劳动力成本的研究文献,并主要从外资进入对东道国企业的"工资溢出"和"技术溢出"两个角度,总结梳理了以往文献中涉及的关于外资进入可能会影响东道国企业单位劳动成本的理论机制,并指出现有文献并没有回答外资进入是否推高了中国制造业企业的单位劳动成本这一关键问题,这正是本书的主要贡献。

第三章为外资进入影响东道国企业单位劳动成本的理论分析,本章从"水平行业外资进入强度""水平行业外资进入速度"和"垂直行业外资进入强度"三个视角讨论了外资进入影响东道国企业单位劳动成本的具体理论机制,为第五至七章中的实证研究提供理论基础。

第四章为本书所用实证数据的描述性统计部分,本章不仅归纳总结了1998—2007 年间中国制造业总体单位劳动成本的变动趋势,还分省(直辖市、自治区)和分二分位行业,概括分析了中国制造业企业劳动力单位成本的分地区和分行业动态演进过程。

第五章是本书实证研究的第一部分,利用 1998—2007 年中国工业企业数据库,在城市、省级和地区三个区域层面和《国民经济行业分类(2002)》四分位制造业行业层面分别测算了中国每个地区、每个行业的"外资进入强度"指标,并实证研究了水平行业外资进入强度上升如何影响了中国同行业制造业企业的单位劳动成本。

第六章在第五章的基础上,同样利用 1998—2007 年中国工业企业数据库,进一步从水平行业外资进入速度的视角,实证检验了水平行业外资进入速度的"快"和"慢",是否会调节水平行业外资进入强度上升对中国当地同行业制造业企业单位劳动成本的影响效果。

第七章则在第五章的基础上,进一步利用 2002—2007 年中国工业企业数据库和 2002 年以及 2007 年中国投入—产出表,沿着垂直产业链方向,实证研究了上、下游垂直行业外资进入强度上升如何影响中国制造业企业的单位劳动成本,并对水平及垂直行业外资进入强度上升对中国制造业企业单位拉动成本的影响力进行了对比研究。

第八章则总结了全文的研究结论,并提出了适合当前中国制造业发展现状的制造业"引进外资"战略调整建议。

本书的整体结构图如图 1-4 所示。

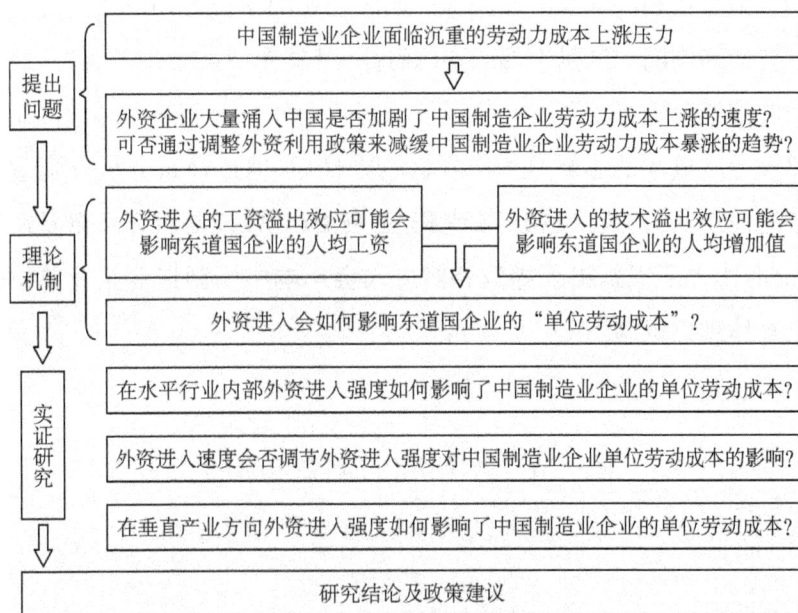

图 1-4 本书的技术路线图

二、研究方法

在研究方法上,本书主要基于 1998—2007 年中国工业企业数据库这一大型微观企业数据库,对中国制造业企业的单位劳动成本进行了统计分析,总结了中国制造业企业单位劳动成本的总体演变趋势,并对比分析了不同行业、不同地区中国制造业企业单位劳动成本变化趋势的异同。本书还在测算了分区域(含城市、省级和地区三级)、分行业(《国民经济行业分类

2002》三分位和四分位行业）的"水平行业外资进入强度"和"水平行业外资进入速度"以及"上、下游垂直行业外资进入强度"的基础上,综合使用 OLS 回归以及面板分位数回归等方法,计量分析了水平行业和上、下游垂直行业外资进入强度上升如何影响了中国制造业企业的单位劳动成本,以及水平行业外资进入速度又在水平行业外资进入强度影响中国制造业企业单位劳动成本的关系中发挥了什么调节作用。此外,本书还通过对比内资企业和外资企业子样本,东、中、西部地区企业子样本的计量分析结果,研究了不同所有制类型企业和不同经济发展水平地区企业的单位劳动成本受外资进入的影响方向和影响程度是否相同;并通过将外资企业类型细分为"外国投资企业"和"港澳台资企业",对比分析了不同类型外资企业进入对中国制造业企业单位劳动成本的影响是否存在区别。最后,通过计量分析外资进入对中国制造业企业的"技术溢出"效应和"工资溢出"效应是否显著以及溢出的方向如何,本书还识别出了导致外资进入会影响中国制造业企业单位劳动成本的具体理论机制。

第三节　本研究的创新与不足

一、本书可能存在的创新点

第一,在研究外资进入对中国企业劳动力成本的影响时,本书强调需要将外资进入对中国企业工资水平的影响和对中国企业劳动力生产率水平的影响结合起来考虑:一方面,外资进入可能会通过"工资溢出"效应直接抬高了中国企业的劳动力成本(工资水平),但另一方面,外资进入也可能会通过"技术溢出"的渠道提高了中国企业劳动力的生产效率(人均增加值)。如果外资进入给中国企业带来的"技术溢出"效应大于"工资溢出"效应,那么,即使工资水平上涨,也并不会弱化中国企业的劳动力成本优势。因此,本书通

过引入"单位劳动成本（＝人均工资/人均增加值）"这一指标，更全面地分析
评价了外资进入对中国制造业企业"真实"劳动成本的影响。本书强调评价
外资进入对中国制造业企业劳动力成本的影响应该以"单位劳动成本"为依
据，如果仅仅因为外资进入推高了中国制造业企业的工资水平，就断言外资
进入导致了中国劳动力成本上升，显然有失偏颇，可能会严重低估了外资进
入对中国制造业企业的积极影响。

第二，本书的另一个创新之处在于拓宽了已有文献关于外资进入对东
道国企业的"工资溢出"效应的研究视角。目前，经济学界关于外资进入对
东道国企业影响的研究文献主要集中在"外资进入的技术溢出效应"上，而
且对这一议题的研究视角非常广泛，涉及外资进入对东道国"水平行业企
业"和"上、下游垂直行业企业"的"技术溢出"，以及"外资进入速度"是否调
节了外资进入对东道国企业的"技术溢出"效应，但关于外资进入对东道国
企业"工资溢出"效应的研究则发展相对缓慢，且大多仅局限于外资进入是
否影响了东道国"水平行业企业"的工资水平这一单一视角上。本书不仅将
现有文献中研究外资进入对东道国企业"技术溢出"的上述研究视角利用中
国制造业企业微观数据进行了实证检验，而且还将上述研究视角进一步推
广到外资进入对东道国企业"工资溢出"效应的研究中，提出了相应的理论
假说，并利用中国制造业微观企业数据进行了实证检验。

二、本书的不足之处

第一，近年来，中国制造业企业单位劳动成本的迅速上涨严重威胁到了
中国制造业的平稳转型升级，然而经济学界对这一问题的研究和探讨还非
常不足，本书关于外资进入对中国制造业企业单位劳动成本影响的探讨，也
仅仅是"管中窥豹"，中国制造业企业单位劳动成本的影响因素非常复杂且
多元，例如：人口结构老龄化导致中低端劳动力供给紧张，产业结构由第二
产业为主向第三产业为主的转型升级使得制造业劳动力供给被服务业瓜
分，高等教育毕业生迅速增加导致的劳动力队伍技术水平中高端化，政府部

门为应对经济危机而推出的宽松性货币和财政政策、国际贸易常年顺差累积的输入性通货膨胀以及制造业集中的大中型城市房价飞涨等都推高了劳动力就业时的"生存工资[①]",家庭经济状况的巨大改善和生活水平的迅速提高又提升了劳动力就业时的"保留工资[②]"底线等,上述因素都可能是推高中国制造业企业单位劳动成本上涨的重要原因,而且都可能是比外资进入更为重要的原因。因此,本书仅仅是关于中国制造业企业单位劳动成本上涨众多原因中一个侧面的初步探讨,在未来的研究中,我们仍需从更多的视角对这一问题展开更全面和深入的研究分析,以便形成对中国制造业企业的单位劳动成本问题全面而深入的了解。

第二,由于中国工业企业数据的发布存在滞后性,因此,本书使用1998—2007年中国工业企业数据研究外资进入对中国制造业企业单位劳动成本的影响问题可能存在"外部效度"较弱的问题。虽然本书的研究发现至少在1998—2007年之间,外资进入对中国制造业企业单位劳动成本的正向影响不存在显著的时间趋势[③],但随着最新年份中国工业企业数据库的披露,仍有必要对本书的研究结论重新进行稳健性检验,以进一步确保本书研究结论的可靠性。

---

① "生存工资"是由亚当·斯密和大卫·李嘉图提出的概念,是指从长期来看企业提供的工资不能低于工人的最低生活费用。

② "保留工资"是职业搜寻理论中的一个经济学概念,是指当劳动力市场上雇主提供的工资低于保留工资时,雇员宁愿失业,继续寻找工作;只有当雇主提供的工资高于保留工资时,雇员才愿意接受这个工作,退出失业队伍,成为就业者。

③ 详见本文第五章中图5-2部分的研究结论。

第二章　文献综述

本章的第一节首先对以往关于中国制造业劳动力成本的上涨趋势和原因的研究文献进行了总结梳理；本章的第二节和第三节则脱离开"中国制造业"这一具体的研究对象，从一个更一般的视角，对以往文献中关于"外资进入"会如何影响东道国企业的"单位劳动成本"的论述进行了梳理，由于企业的"单位劳动成本"即为"人均工资"和"人均增加值"之比，因此，外资进入对东道国企业单位劳动成本的影响必然是经由"工资溢出"和"技术溢出"这两个渠道，通过影响东道国企业的"人均工资"和"人均增加值"而实现的；本章的第四节对以往的研究文献进行了简单评论和总结，指出了其不足之处以及本书与以往文献之间的继承和发展关系。

第一节　中国制造业劳动力成本上涨的趋势和原因

虽然从评价劳动力要素竞争力的视角来说，只有综合考虑劳动力的"工资水平"和"生产效率"两方面因素的"单位劳动成本"才有意义，但遗憾的是，目前针对中国制造业劳动力成本问题的研究文献仍大多集中在对劳动力"工资成本"快速上涨问题的探讨上。例如，许召元和胡翠

(2014)①基于投入产出模型分析了包含劳动力工资成本在内的投入要素综合成本上涨对中国制造业竞争力的影响,发现要素价格上升使中国制造业产品综合成本在2001—2011年平均每年提高7%左右,严重危及中国制造业的国际竞争力;孙婷和余东华(2016)②采用中国28个制造业行业2003—2013年的面板数据得出的研究结论则发现实际工资成本上涨对中国制造业国际竞争力的影响呈现先升后降的"倒U形"。

虽然数量不多,但经济学界也仍有一些文献从"单位劳动成本"这一视角对中国制造业的劳动力要素竞争力进行了分析研究。早期的这类研究主要使用2008年之前的中国制造业数据进行实证分析,发现中国制造业的"单位劳动成本"明显低于欧美发达经济体和其他主要的发展中经济体,并用中国制造业劳动力"质优价廉"的比较优势来解释中国21世纪初期制造业腾飞式发展的奇迹。例如,郑海涛和任若恩(2005)③使用美国、英国、德国、韩国和中国制造业数据进行测算发现:1986—2001年间,中国制造业的单位劳动成本呈现逐年下降的趋势,远低于美国、英国、德国和韩国的同期水平,且差距逐年扩大;在2001年,中国制造业的单位劳动成本仅约为美国的十分之一。贺聪等(2009)④对比分析了中国大陆、美国、德国、日本、韩国、新加坡、马来西亚、墨西哥、印度、泰国、印度尼西亚以及中国香港和台湾地区2000—2006年间的制造业单位劳动成本优势,也发现中国大陆制造业的单位劳动成本在这些国家和地区中具有无可比拟的优势,中国大陆的制造业劳动力工资成本不仅远低于发达经济体,而且还远低于巴西、马来西亚和

①　许召元,胡翠:《成本上升的产业竞争力效应研究》,《数量经济技术经济研究》,2014年第8期,第39—55页。

②　孙婷,余东华:《中国制造业国际竞争力与要素价格关系研究——基于中国28个制造业行业的实证分析》,《上海经济研究》,2016年第5期,第10—18页。

③　郑海涛,任若恩:《多边比较下的中国制造业国际竞争力研究:1980—2004》,《经济研究》,2005年第12期,第77—87页。

④　贺聪,尤瑞章,莫万贵:《制造业劳动力成本国际比较研究》,《金融研究》,2009年第7期,第170—184页。

墨西哥等新兴经济体,而印度、印度尼西亚等新兴经济体的制造业劳动力工资成本虽然低于中国大陆,但其制造业劳动力生产率却又远不及中国大陆。类似的,都阳和曲玥(2009)[①]、李文溥等(2011)[②]、刘厚俊和王丹利(2011)[③]以及王燕武等(2011)[④]等也得出了类似的结论。

然而,随着 2008 年之后中国制造业工资水平的暴涨,基于最近年份数据的研究成果则均显示中国制造业企业的单位劳动成本正在快速攀升,中国制造业劳动力"质优价廉"的比较优势正在快速消失。例如,魏浩和郭也(2013)[⑤]计算并对比了中国与 19 个其他国家的制造业单位劳动成本,发现在 2001—2010 年间中国制造业"小时劳动工资"和"小时劳动生产率"虽然都呈现上升态势,但工资水平的增速明显更快,导致 2010 年中国制造业的单位劳动成本比 2001 年增长了 17%,中国制造业的单位劳动成本优势将逐渐被工资水平更低、劳动生产率也正在快速提升的泰国、印度尼西亚、菲律宾、马来西亚等新兴经济体超越。周宇(2014)[⑥]指出,若以单位产品(或单位产值)的劳动力成本作为衡量劳动力成本竞争优势的主要标准,自 2009 年中国的单位产品劳动力成本就已经从下降趋势转为上升趋势,这意味着中国利用低劳动力成本优势推动出口高速增长的时代已经接近尾声。国家发

---

① 都阳,曲玥:《劳动报酬、劳动生产率与劳动力成本优势——对 2000—2007 年中国制造业企业的经验研究》,《中国工业经济》,2009 年第 5 期,第 25—35 页。

② 李文溥,郑建清,林金霞:《制造业劳动报酬水平与产业竞争力变动趋势探析》,《经济学动态》,2011 年第 8 期,第 78—83 页。

③ 刘厚俊,王丹利:《劳动力成本上升对中国国际竞争比较优势的影响》,《世界经济研究》,2011 年第 3 期,第 9—13 页。

④ 王燕武,李文溥,李晓静:《基于单位劳动力成本的中国制造业国际竞争力研究》,《统计研究》,2011 年第 10 期,第 60—67 页。

⑤ 魏浩,郭也:《中国制造业单位劳动成本及其国际比较研究》,《统计研究》,2013 年第 8 期,第 102—110 页。

⑥ 周宇:《中国是否仍然拥有低劳动力成本优势?》,《世界经济研究》,2014 年第 10 期,第 3—8 页。

改委产业经济与技术经济研究所课题组(2016)[1]也发现:2005—2014 年间中国制造业企业(城镇单位)就业人员平均工资从 15748 元增长至 51518 元,年均增速高达 12.6%;而同期制造业企业的全员劳动生产率仅增长了 181.4%,年均增速为 6.1%,尚不足人均工资增速的一半。中国制造业用工成本增速远超劳动生产率增速,因此,以单位劳动成本来测度的比较劳动生产率优势正在快速消失。

中国制造业劳动力成本的快速上涨,也使得研究"推动中国制造业劳动力成本上涨的原因"成为近年来的研究热点之一,不过遗憾的是,已有文献基本都仅停留在对中国制造业"工资成本"上涨原因的探讨上,没能对中国制造业"单位劳动成本"上涨的原因进行深入研究。在这类研究中,最具影响力的就是以蔡昉为代表的人口经济学领域的学者,他们倾向于将中国制造业劳动力工资成本的快速上涨归因于中国的"刘易斯拐点"已经到来,中国"计划生育政策"导致的人口老龄化问题已经开始凸显,农村剩余劳动力资源已经不能为城市工业发展提供源源不断的廉价劳动力供给,中国制造业发展的"人口红利"正在消失。因此,他们主张在长期采用放开计划生育限制的人口政策,以及在短期采用提高劳动力生产效率水平的人力资本提升政策,以防止劳动力成本快速上涨危及中国经济的健康发展(蔡昉,2007[2],2010[3];Wang,2010[4];张杰和何晔,2014[5])。

---

[1] 国家发改委产业经济与技术经济研究所课题组:《降低我国制造业成本的关键点和难点研究》,《经济纵横》,2016 年第 4 期,第 15—30 页。

[2] 蔡昉:《中国劳动力市场发育与就业变化》,《经济研究》,2007 年第 7 期,第 4—14 页。

[3] 蔡昉:《人口转变,人口红利与刘易斯转折点》,《经济研究》,2010 年第 4 期,第 4—13 页。

[4] Wang, M., 2010, "The Rise of Labor Cost and the Fall of Labor Input: Has China Reached Lewis Turning Point?" [J]. *China Economic Journal*, Vol. 3(2):137 - 153.

[5] 张杰,何晔:《人口老龄化削弱了中国制造业低成本优势吗?》,《南京大学学报(哲学.人文科学.社会科学)》,2014 年第 3 期,第 24—36 页。

　　其他典型的研究视角还包括：金三林和朱贤强（2013）[①]以及崔远淼等
（2016）[②]认为高等教育扩招导致中国青年劳动力结构加速"中高端化"，人力
资本水平的快速提升推动了中国劳动力工资成本的增长，而且农村劳动力
人均受教育水平的迅速提高导致愿意从事低工资体力劳动的"农民工"数量
迅速下降，这也推动了中国普通制造业劳动力工资水平的持续上涨；还有学
者认为中国劳动者权益保护制度的逐渐完善、最低工资制度的实施（王怀
民，2009[③]；Ang，2015[④]），以及向中西部倾斜的区域发展政策（陆铭等，
2015[⑤]；Liang 等，2016[⑥]）等制度层面的因素也在推动中国制造业劳动力成
本快速上涨的过程中扮演了重要角色；徐水源（2016）[⑦]利用 2010 年和 2013
年全国流动人口动态监测数据，综合性地对比了上述不同研究视角对中国
"农民工"工资成本上涨的解释力，发现人口老龄化导致的劳动力短缺是"农
民工"工资上涨的主要原因，其贡献率达 70％以上，最低工资标准的提高对
"农民工"工资上涨的贡献率达 15％，"农民工"人力资本的变化对其工资增
长的作用则较小。

　　此外，还有学者从中国快速的城市化进程视角对这一问题展开了探讨，

　　① 金三林，朱贤强：《我国劳动力成本上升的成因及趋势》，《经济纵横》，2013 年第 2
期，第 37—42 页。
　　② 崔远淼，曾利飞，陈志昂：《教育红利对中国制造业国际竞争力作用及渠道的实证研
究》，《国际贸易问题》，2016 年第 7 期，第 15—26 页。
　　③ 王怀民：《加工贸易、劳动力成本与农民工就业——兼论新劳动法和次贷危机对我国
加工贸易出口的影响》，《世界经济研究》，2009 年第 1 期，第 15—18 页。
　　④ Ang，Y. Y.，2015，"China's Labor Cost Problem"［J］. *International Economy*，
Vol. 3：40 - 41.
　　⑤ 陆铭，张航，梁文泉：《偏向中西部的土地供应如何推升了东部的工资》，《中国社会科
学》，2015 年第 5 期，第 59—83 页。
　　⑥ Liang，W.，Ming，L. U.，Zhang，H.，2016，"Housing Prices Raise Wages：
Estimating the Unexpected Effects of Land Supply Regulation in China"［J］. *Journal of
Housing Economics*，Vol. 33：70 - 81.
　　⑦ 徐水源：《东部地区农民工工资增长影响因素及地区差异实证研究》，《人口学刊》，
2016 年第 2 期，第 91—100 页。

Chen 等(2013)[①]认为中国城市化进程中房价的暴涨推高了城市制造业劳动力的"生存工资",以及人民生活水平的改善也提高了制造业劳动力就业的"保留工资",这都是导致中国制造业工资成本不断上涨的重要原因。也有学者在开放型经济的框架下,探讨了国际贸易(包群和邵敏,2011[②];项松林,2013[③])和国际投资(辛永容等,2009[④];毛其淋和许家云,2014[⑤])对中国制造业劳动力工资成本的影响,一般认为中国加入 WTO 以后对外开放水平不断深化的过程大大增加了中国制造业的劳动力需求,并推动了中国劳动力工资成本的上涨。

第二节　外资进入影响东道国企业单位劳动成本的工资溢出途径

所谓"劳动力成本",其最直接的表现形式即为企业支付给劳动力的工资水平,因此,外资进入对东道国企业劳动力成本最直接的影响即为其可能会给东道国企业带来"工资溢出"效应。由于企业的单位劳动成本等于"人均工资"与"人均增加值"之比,因此,如果假设外资进入的"技术溢出"效应不存在,即外资进入不影响东道国企业的人均增加值,那

---

① Chen, L., Sha, Y., Sun, F., Amran, R., 2013, "A Theoretical Framework for the Impact of Urbanization on Labor Cost in China" [C]. *International Conference on Management Science and Engineering*.

② 包群,邵敏:《出口贸易与我国的工资增长:一个经验分析》,《管理世界》,2010 年第 9 期,第 55—66 页。

③ 项松林:《中国企业进出口贸易的工资溢价》,《经济评论》,2013 年第 1 期,第 96—105 页。

④ 辛永容,陈圻,肖俊哲:《FDI 对中国制造业劳动力成本优势的影响研究——基于劳动生产率视角的分析》,《科学学研究》,2009 年第 1 期,第 74—79 页。

⑤ 毛其淋,许家云:《中国外向型 FDI 对企业职工工资报酬的影响:基于倾向得分匹配的经验分析》,《国际贸易问题》,2014 年第 11 期,第 121—131 页。

么,外资进入对东道国企业的"工资溢出"效应如果显著为正,则东道国企业的单位劳动成本势必会因此而上涨,劳动力成本优势也就会弱化,反之则反是。

与东道国企业相比,作为跨国公司的外资企业除了具有更高的生产率水平之外,通常还会出于在东道国劳动力市场吸引优秀人才、塑造良好的企业形象以及防止本公司员工向东道国企业跳槽进而泄露本公司先进技术和商业机密等多种目的,在东道国劳动力市场上提供更高的工资水平(Aitken等,1996[①];Fosfuri 等,2001[②];Glass 和 Saggi,2002[③];陈弋等,2005[④]),外资企业的这种"高工资"特征为其对东道国企业产生"工资溢出"效应奠定了基础(Blomström,1986[⑤];周云波等,2015[⑥])。已有文献中对外资进入会对东道国企业产生"工资溢出"效应的理论机制可以大致概括为三类:(1)从要素相对价格的视角来看,外国资本以直接投资的形式流入东道国会增加东道国的资本要素供给,从而使劳动要素变得相对稀缺,这显然会抬高东道国劳动力要素的相对价格,即工资水平(McDougall,1960[⑦])。(2)外资进入会对东

---

① Aitken, B. , Harrison, A. , Lipsey, R. E. , 1996, "Wages and Foreign Ownership a Comparative Study of Mexico, Venezuela, and the United States"[J]. *Journal of International Economics*, Vol. 40(3 - 4):345 - 371.

② Fosfuri, A. , M. Motta, T. Rønde, 2001, "Foreign Direct Investment and Spillovers through Workers' Mobility"[J]. *Journal of International Economics* Vol. 53:205 - 22.

③ Glass, A. J. , Saggi, K. , 2002, "Multinational Firms and Technology Transfer"[J]. *Scandinavian Journal of Economics*. Vol. 104:495 - 513.

④ 陈弋,Sylvie Démurger,MartinFournier,杨真真:《中国企业的工资差异和所有制结构》,《世界经济文汇》,2005 年第 6 期,第 11—31 页。

⑤ Blomström, M. , 1986, "Foreign Investment and Productive Efficiency:The Case of Mexico"[J]. *Journal of Industrial Economics*, Vol. 35(1):97 - 110.

⑥ 周云波,陈岑,田柳:《外商直接投资对东道国企业间工资差距的影响》,《经济研究》,2015 年第 12 期,第 128—142 页。

⑦ Macdougall G. D. A. , 1960, "The Benefits and Costs of Private Investment from Abroad:A Theoretical Approach"[J]. *Economic Record*, Vol. 36(73):13 - 35.

道国的劳动力市场产生需求冲击(Driffield 和 Girma,2003[①];许和连等,2009[②]),因此,在劳动力供给有限时,这可能会大大提升东道国企业所面临的劳动力工资价格。通常来说,对于发展中东道国而言,其低技能劳动力供给相对充裕而高技能劳动力供给相对不足,因此,外资进入对东道国企业的"工资溢出"效应可能仅在高技能劳动力市场上显著为正,而对低技能劳动力工资的影响则可能较小,甚至没有影响(Driffield 和 Taylor,2006[③];朱彤等,2012[④])。(3)外资进入对东道国企业如果产生了正向的"技术溢出",则东道国企业生产效率的提升和经营业绩的改善,也会有利于其雇员工资水平的提升;而如果外资进入产生了负向的"技术挤出",则可能会导致东道国企业雇员工资水平出现下降(Görg 和 Greenaway,2003[⑤];Dieter,2010[⑥];Malchow-Møller 等,2013[⑦])。

虽然多数研究认为外资进入会对东道国企业产生正向的"工资溢出"效应,但学界对此也有不同的声音。例如,Feenstra 和 Hanson(1997)[⑧]就指出

---

① Driffield,N.,Girma,S.,2003,"Regional Foreign Direct Investment and Wage Spillovers: Plant Level Evidence from the UK Electronics Industry"[J]. *Oxford Bulletin of Economics and Statistics*,Vol.65(4):453 - 474.

② 许和连,亓朋,李海峥:《外商直接投资、劳动力市场与工资溢出效应》,《管理世界》,2009 年第 9 期,第 53—68 页。

③ Driffield,N.,Taylor,K.,2006,"Wage Spillovers,Inter-regional Effects and the Impact of Inward Investment"[J]. *Spatial Economic Analysis*,Vol.1(2):187 - 205.

④ 朱彤,刘斌,李磊:《外资进入对城镇居民收入的影响及差异——基于中国城镇家庭住户收入调查数据(CHIP)的经验研究》,《南开经济研究》,2012 年第 2 期,第 33—54 页。

⑤ Görg,H.,Greenaway,D.,2003,"Much Ado about Nothing? Do Domestic Firms Really Benefit from Foreign Direct Investment?"[J]. *World Bank Research Observer*,Vol.19(2): 171 - 197.

⑥ Dieter M.,2010,"Urban. FDI,Technology Spillovers and Wages"[J]. *Review of International Economics*,Vol.18(3):443 - 453.

⑦ Malchow-Møller,N.,Markusen,J. R.,Schjerning,B.,2013,"Foreign Firms,Domestic Wages"[J]. *The Scandinavian Journal of Economics*,Vol.115(2):292 - 325.

⑧ Feenstra,R. C.,Hanson,G. H.,1997,"Foreign Direct Investment and Relative Wages: Evidence from Mexico's Maquiladoras"[J]. *Journal of International Economics*,Vol.42(3): 371 - 393.

虽然外资进入可能会对东道国技能劳动力的需求产生正向冲击,导致技能劳动力的工资水平上涨,但这种正向"工资溢出"效应发生的前提是外资向东道国"特定地区"大量流入,这才会对该地区的劳动力市场产生显著的影响,如果外资进入是在东道国的各地区之间均匀分布,那么其对劳动需求的冲击就会因其他宏观经济因素的共同影响而变得不显著。此外,Brown 等(2003)[①]认为:外资企业在东道国市场通常会凭借领先技术水平和强势市场地位等优势,得到劳动力工资定价权,但外资企业并不一定会将劳动力价格定在东道国企业的平均价格水平之上,如果东道国市场并不存在对外资企业形成潜在竞争威胁的竞争对手,外资企业可以将劳动力价格定得更低,以节约劳动成本,这会引导东道国企业也将工资水平调低。因此,外资进入对东道国企业的"工资溢出"效应也有可能是负向的。Barry 等(2005)[②]则认为如果东道国劳动力市场上的熟练劳动力供给不足,那么外资企业就可能会凭借"高工资"优势抢占东道国的熟练劳动力资源,迫使东道国企业接受质量更差的非熟练劳动力,东道国企业的工资水平就有可能因此而下降,即外资进入会产生负向的"工资溢出"效应。

关于外资进入的"工资溢出"效应是否存在的实证研究文献中,绝大多数文献,特别是针对发展中东道国的文献,都证实了外资进入对东道国企业确实存在显著的正向"工资溢出"效应。例如,Lipsey 和 Sjöholm(2004)[③]以及 Tomohara 和 Takii(2011)[④]使用印度尼西亚制造业企业数据证实了外资

① Brown, D. K., Deardorff, A. V., Stern, R. M., 2003, "The Effects of Multinational Production on Wages and Working Conditions in Developing Countries" [J]. NBER Working Paper, No. 9669.

② Barry, F., Gorg, H., Strobl, E., 2005, "Foreign Direct Investment and Wages in Domestic Firms in Ireland: Productivity Spillovers versus Labour - Market Crowding Out" [J]. *International Journal of the Economics of Business*, Vol. 12(1):67 - 84.

③ Lipsey, R. E., Sjöholm, F., 2004, "FDI and Wage Spillovers in Indonesian Manufacturing" [J]. *Review of World Economics*, Vol. 140(2):321 - 332.

④ Tomohara, A., Takii, S., 2011, "Does Globalization Benefit Developing Countries? Effects of FDI on Local Wages" [J]. *Journal of Policy Modeling*, Vol. 33(3):511 - 521.

进入对东道国企业确实存在正向的"工资溢出"效应。Onaran 和 Stockhammer(2008)①使用中、东欧五个转轨经济体数据,Pomfret(2010)② 和 Fukase(2014)③使用越南数据,Srithanpong(2014)④使用泰国数据, Coniglio 等(2015)⑤使用撒哈拉以南非洲 19 国数据也都得出了相似的结论。 由于中国已经连续 20 多年蝉联世界最大的发展中外商直接投资流入国家 的桂冠,因此,以中国为研究对象的关于外资进入是否存在"工资溢出"效应 的实证研究文献也很多,且绝大多数文献都证实了外资进入对于中国企业 存在显著的正向"工资溢出"效应,例如 Chen 等(1995)⑥、Gordon 和 Li (1999)⑦、Zhao(2001⑧)、李雪辉和许罗丹(2002)⑨、杨泽文和杨全发

① Onaran, O. , Stockhammer, E. , 2008, "The Effect of FDI and Foreign Trade on Wages in the Central and Eastern European Countries in the Post-Transition Era: A Sectoral Analysis for the Manufacturing Industry" [J]. *Structural Change & Economic Dynamics*, Vol. 19(1):67 - 80.

② Pomfret, R. , 2010, "Foreign Direct Investment and Wage Spillovers in Vietnam: Evidence from Firm Level Data" [J]. *Asean Economic Bulletin*, Vol. 27(2):159 - 172.

③ Fukase, E. , 2014, "Foreign Wage Premium, Gender and Education: Insights from Vietnam Household Surveys" [J]. *World Economy*, Vol. 37(6):834 - 855.

④ Srithanpong, T. , 2014, "Productivity and Wage Spillovers from FDI in Thailand: Evidence from Plant-level Analysis" [J]. *Tdri Quarterly Review*, Vol. 29(2):13 - 26.

⑤ Coniglio, N. D. , Prota, F. , Seric, A. , 2015, "Foreign Direct Investment, Employment and Wages in Sub-Saharan Africa" [J]. *Journal of International Development*, Vol. 27(7): 1243 - 1266.

⑥ Chen, C. , Chang, L. , Zhang, Y. , 1995, "The Role of Foreign Direct Investment in China's Post-1978 Economic Development" [J]. *World Development*, Vol. 23(4):691 - 703.

⑦ Gordon, R. H. , Li, D. D. , 1997, "The Effects of Wage Distortions on the Transition: Theory and Evidence from China" [J]. *European Economic Review*, Vol. 43(1): 163 - 183.

⑧ Zhao, Y. , 2001, "Foreign Direct Investment and Relative Wages: The Case of China" [J]. *China Economic Review*, Vol. 12(1):40 - 57.

⑨ 李雪辉,许罗丹:《FDI 对外资集中地区工资水平影响的实证研究》,《南开经济研究》,2002 年第 2 期,第 35—39 页。

(2004)①、Ge(2006)②、邱立成和王自峰(2006)③、包群和邵敏(2008)④、Hale
和 Long(2011)⑤、叶生洪等(2014)⑥、蔡洪波等(2016)⑦等。

第三节　外资进入影响东道国企业单位
劳动成本的技术溢出途径

　　由于企业的单位劳动成本等于"人均工资"与"人均增加值"之比,因此,
如果假设外资进入的"工资溢出"效应不存在,即外资进入不影响东道国企
业的人均工资,那么,外资进入对东道国企业的"技术溢出"效应如果显著为
正,即东道国企业的人均增加值会因外资进入而上升,则东道国企业的单位
劳动成本势必会因此而下降,劳动力成本优势进一步得到巩固,反之则
反是。

一、基于水平行业外资进入强度的视角

　　自 Caves(1974)的开创性研究之后,外资进入是否会对东道国企业产

　　①　杨泽文,杨全发:《FDI 对中国实际工资水平的影响》,《世界经济》,2004 年第 12 期,
第 41—48＋77 页。
　　②　Ge, Y. , 2006, "The Effect of Foreign Direct Investment on the Urban Wage in
China: An Empirical Examination: [J]. *Urban Studies*, Vol. 43(9):1439 - 1450.
　　③　邱立成,王自峰:《外国直接投资的"工资溢出"效应研究》,《经济评论》,2006 年第 5
期,第 137—140 页。
　　④　包群,邵敏:《外商投资与东道国工资差异:基于我国工业行业的经验研究》,《管理世
界》,2008 年第 5 期,第 47—54 页。
　　⑤　Hale G. , Long C. , 2011, "Did Foreign Direct Investment Put an Upward Pressure
on Wages in China?" [J]. *IMF Economic Review*, Vol. 59(3):404 - 430.
　　⑥　叶生洪,盛月,孙一平:《外资并购对提高工人工资的影响研究——基于制造业企业
的分析》,《国际贸易问题》,2014 年第 12 期,第 137—143 页。
　　⑦　蔡宏波,钱叶棨,李爱军:《外资企业对内资企业的工资溢出效应——基于中国长三
角地区的理论和实证分析》,《国际贸易问题》,2016 年第 5 期,第 3—15 页。

生生产效率上的"外溢效应",就一直是国际投资领域的研究热点之一。著名经济学家约翰·邓宁(John H. Dunning)在其1993年发表的著作《跨国公司与全球经济》中指出:"跨国投资企业通常在无形资产禀赋——生产技术、产品专利和秘方、商业品牌、管理技能、营销渠道等诸多方面都较东道国企业存在巨大优势。当跨国公司在一国开设新厂时,其无形资产禀赋优势可能不会完全'内部化(internalized)'于跨国公司系统内部,因此,东道国企业将从跨国企业的'外部性(externalities)'中获得技术溢出等好处"[①]。大量实证研究文献的结论都证实了约翰·邓宁关于外资企业相对于东道国企业存在无形资产禀赋优势上的论述确实存在坚实的事实基础:外资企业在销售额中的研发支出占比、雇员中的专业技术人员占比、产品技术复杂度及广告支出等指标方面都优于内资企业(Markusen,1995)[②],且外资企业相比于东道国企业在员工培训上的投资更大,这些特点都使得外资企业的生产效率(以全要素生产率或人均增加值来衡量)要显著高于东道国企业(World Bank,1997[③];Proenca 等,2006[④];Barthel 等,2011[⑤])。具体到中国的实际情况,杨汝岱(2015)[⑥]使用1998—2009年中国工业企业数据库对比计算了外资企业、民营企业和国有企业的全要素生产率,发现外资企业的

①　Dunning, J., 1993, "Multinational Enterprises and the Global Economy" [M]. Wokingham: Addison-Wesley Publishing Company.

②　Markusen, James R., 1995, "The Boundaries of Multinational Enterprises and the Theory of International Trade," [J]. *Journal of Economic Perspectives*, Vol. 9(2):169-189.

③　World Bank., 1997, "Malaysia: Enterprise Training, Technology, and Productivity" [R]. World Bank.

④　Proenca, I., Fontoura, M., Crespo, N., 2006, "Productivity Spillovers from Multinational Corporations: Vulnerability to Deficient Estimation" [J]. *Applied Econometrics and International Development*, Vol. 6(1):87-96.

⑤　Barthel, F., Busse, M., Osei, R., 2011. "The Characteristics and Determinants of FDI in Ghana" [J]. *European Journal of Development Research*, Vol. 23(3):389-408.

⑥　杨汝岱:《中国制造业企业全要素生产率研究》,《经济研究》,2015年第2期,第61—74页。

平均全要素生产率最高,民营企业次之,而国有企业最低;姚先国和翁杰(2005)[①]以及严兵(2008)[②]等也得出了类似的结论。

鉴于外资企业在生产率上通常较东道国企业具有领先优势,以往文献对东道国企业可以获得外资企业技术溢出的理论机制的探讨也大多以此为核心假设和基础,主要包括:(1) 东道国企业可以通过专利购买、雇佣从外资企业跳槽出来的熟练工人或对外资企业先进产品进行"逆向工程(reverse engineering)"等方式观察并模仿生产效率更高的外资企业的先进生产技术和管理模式(Baldwin,1969[③]);(2) 由于外资企业的生产率更高,所以外资企业进入东道国所带来的市场竞争要比相同数量和规模的东道国本土企业进入市场所带来的竞争更激烈,而更激烈的市场竞争环境也可能会促使东道国企业更有效率地使用自身已有的技术和资源(Wang 和 Blomstrom,1992[④])或者会刺激东道国企业寻找或研发新技术等(Blomstrom 和 Kokko,1998[⑤])。

不过,也有文献强调:外资企业具有在生产技术、管理水平等方面遥遥领先于东道国企业的技术溢出"潜力",并不代表其必然会给东道国同行业企业带来正的技术溢出,如果东道国企业人力资本匮乏、学习和吸收能力较差,外资企业又采取严格的知识产权保密政策,外资进入可能并不会对东道国企业产生显著的正向"技术溢出"效应(Glass和Saggi,1998[⑥];Cohen 和 Levinthal,

---

① 姚先国,翁杰:《企业对员工的人力资本投资研究》,《中国工业经济》,2005 年第 2 期,第 87—95 页。

② 严兵:《效率增进、技术进步与全要素生产率增长——制造业内外资企业生产率比较》,《数量经济技术经济研究》,2008 第 11 期,第 17—27 页。

③ Baldwin, R., 1969, "The Case against Infant Industry Protection" [J]. *Journal of Political Economy*, Vol. 77(3):295 - 305.

④ Wang, J. Y., Blomstrom, M., 1992, "Foreign Investment and Technology Transfer: A Simple Model" [J]. *European Economic Review*, Vol. 36(1):137 - 155.

⑤ Blomstrom, M., & Kokko, A., 1998, "Multinational Corporations and Spillovers" [J]. *Journal of Economic Surveys*, Vol. 12(3):247 - 277.

⑥ Glass A. J., Saggi K., 1998, "International Technology Transfer and the Technology Gap" [J]. *Journal of Development Economics*, Vol. 55(2):369 - 398.

1989[1];王争等,2009[2];何兴强等,2014[3])。此外,Aitken 和 Harrison (1999)[4]、Konings(2001)[5]和 Lu 等(2017)[6]等还强调在不完全竞争市场中外资进入会瓜分东道国同行业企业的市场份额,从而推高东道国企业的边际生产成本,如果东道国企业的边际生产成本被推高的幅度足够大,即使其获得了外资企业直接的技术专利转让,也可能会出现生产率的下降。而且根据 Aitken 和 Harrison(1999)的思路,如果外资进入不是"均质地"瓜分了东道国企业的市场份额,而是通过支付高工资夺走了东道国的优质劳动力,并凭借高技术水平垄断了东道国的高端产品和价值链高端环节,即瓜分走了利润最丰厚的那部分高增加值市场份额,那么东道国同行业企业极有可能会因为外资进入而遭受"技术挤出",使自身生产效率出现下降。

从关于外资进入是否会对东道国企业产生显著的正向"技术溢出"的相关实证研究结果来看,以往的文献得出的结论也并不一致。如果按东道国的经济发展程度来划分,基于发展中经济体的实证研究更多倾向于认为水平行业外资进入对东道国同行业企业的"技术溢出"效应并不显著,甚至可

---

① Cohen,W. M.,Levinthal,D. A. 1989,"Innovation and Learning:The Two Faces of R&D"[J]. *Economic Journal*,Vol. 99(397):569-596.

② 王争,孙柳媚,史晋川:《外资溢出对中国私营企业生产率的异质性影响——来自普查数据的证据》,《经济学(季刊)》,2009 年第 1 期,第 129—158 页。

③ 何兴强,欧燕,史卫,刘阳:《FDI 技术溢出与中国吸收能力门槛研究》,《世界经济》,2014 年第 10 期,第 52—76 页。

④ Aitken B. J.,Harrison A. E.,1999,"Do Domestic Firms Benefit from Direct Foreign Investment? Evidence from Venezuela"[J]. *American Economic Review*,Vol. 89 (3):605-618.

⑤ Konings J.,2001,"The Effects of Foreign Direct Investment on Domestic Firms:Evidence from Firm-level Panel Data in Emerging Economies"[J]. *Economics of Transition*,Vol. 9(3):619-633.

⑥ Lu Y,Tao Z,Zhu L. "Identifying FDI Spillovers"[J]. *Journal of International Economics*,2017,Vol. 107:75-90.

能存在负向的"技术挤出"效应,如 Haddad 和 Harrison(1993)[①]基于摩洛哥的企业数据,Aitken 和 Harrison(1999)[②]基于委内瑞拉企业数据,Djankov 和 Hoekman(2000)[③]基于捷克数据,Konings(2001)[④]基于罗马尼亚和保加利亚数据,López-Córdova(2002)[⑤]基于墨西哥数据,Castellani 和 Zanfei(2003)[⑥]基于西班牙数据,Abraham 等(2010)[⑦]基于中国制造业企业数据,Kosova(2010)[⑧]基于捷克企业数据以及 Fonsrosen(2013)[⑨]基于波兰、保加利亚和罗马尼亚企业数据均得出了类似结论;部分基于发达经济体数据的实证研究则证实了水平行业外资进入对东道国同行业企业存在显著的正向

---

① Haddad M., Harrison A., 1993, "Are There Positive Spillovers from Direct Foreign Investment? Evidence from Panel Data for Morocco" [J]. *Journal of Development Economics*, Vol. 42(1):51 – 74.

② Aitken B. J., Harrison A. E., 1999, "Do Domestic Firms Benefit from Direct Foreign Investment? Evidence from Venezuela" [J]. *American Economic Review*, Vol. 89(3):605 – 618.

③ Djankov, S., Hoekman, B., 2000, "Foreign Investment and Productivity Growth in Czech Enterprises" [J]. *World Bank Economic Review*, Vol. 14(1):49 – 64.

④ Konings J., 2001, "The Effects of Foreign Direct Investment on Domestic Firms: Evidence from Firm-level Panel Data in Emerging Economies" [J]. *Economics of Transition*, Vol. 9(3):619 – 633.

⑤ López-Córdova, J. E., 2002, "NAFTA and Mexico's Manufacturing Productivity: An Empirical Investigation using Micro-Level Data" [R]. Inter-American Development Bank, Washington, DC.

⑥ Castellani, D. and Zanfei, A., 2003, "Technology Gaps, Absorptive Capacity and the Impact of Inward Investments on Productivity of European Firms" [J]. *Economics of Innovation & New Technology*, Vol. 12(6):555 – 576.

⑦ Abraham F., Konings J., Slootmaekers V., 2010, "FDI Spillovers, Firm Heterogeneity and Degree of Ownership: Evidence from Chinese Manufacturing" [J]. *Economics of Transition*, Vol. 18:143 – 182.

⑧ Kosova, R., 2010, "Do Foreign Firms Crowd out Domestic Firms? Evidence from the Czech Republic" [J]. *Review of Economics and Statistics*, Vol. 92(4):861 – 881.

⑨ Fonsrosen C., 2013, "Quantifying Productivity Gains from Foreign Investment" [C] C. E. P. R. Discussion Papers.

"技术溢出"效应,例如 Haskel 等(2007)[1]基于英国企业的数据,Keller 和 Yeaple(2009)[2]基于美国企业的数据的研究都得出了类似的结论。

二、基于水平行业外资进入速度的视角

绝大多数关于外资进入对东道国企业"技术溢出"效应的研究都仅关注外资进入"强度"的"技术溢出"效应,但近年来也有研究从外资进入"速度"的视角对这一问题展开了十分有益的探讨。Perez(1997)[3]指出外资进入的"速度"也是影响东道国企业是否能从引进外资中享受到正向"技术溢出"效应的重要影响因素。外资进入速度如果过快,那么东道国同行业企业的盈利能力可能会在外资企业的强势竞争下迅速下降,进而影响其对新技术和新产品的研发投入能力以及对设备的配备能力,这可能就会使东道国企业无法分享外资进入的正向"技术溢出"效应,甚至有可能导致外资进入对东道国企业产生负向"技术挤出"的现象。

在 Perez(1997)之后,经济学界也陆续涌现了一批文献对外资进入速度影响外资进入对东道国企业"技术溢出"效应的理论基础进行了更深入的研究,这些文献所描述的理论机制大致可以概括为三类:(1) 外资企业在东道国扩张速度过快带来的巨大外部环境变化冲击,可能会使外资企业自身疲于应付(Vermeulen 和 Barkema,2002[4]),因此,外资企业可能无法实现其预

---

① Haskel, E. J. , Pereira, C. S. , Slaughter, J. M. , 2007. "Does Inward Foreign Direct Investment Boost the Productivity of Domestic Firms?" [J]. *The Review of Economics and Statistics*, Vol. 89(3):482 - 496.

② Keller, W. , Yeaple, R. S. , 2009, "Multinational Enterprises, International Trade and Productivity Growth: Firm Level Evidence from the U. S. " [J]. *The Review of Economics and Statistics*, Vol. 91(4):821 - 831.

③ Perez T. , 1997, "Multinational Enterprises and Technological Spillovers: An Evolutionary Model" [J]. *Journal of Evolutionary Economics*, Vol. 7(2):169 - 192.

④ Vermeulen, G. A. M. , Barkema, H. G. , 2002, "Pace, Rhythm and Scope: Process Dependence in Building a Profitable Multinational Corporation" [J]. *Strategic Management Journal*, Vol. 23(7):637 - 653.

期的跨国经营"内部化收益"(Chang 和 Xu,2008①),外资企业自身绩效由于快速扩张而受损显然会影响其对东道国企业产生正向"技术溢出"的能力。(2) 外资企业的生产技术可能非常复杂且难以通过逆向工程迅速被东道国企业所掌握,东道国企业需要一定长度的时间来模仿和消化外资企业的技术(Meyer 和 Sinani,2009②),因此,外资进入速度过快可能会使东道国企业来不及进行技术模仿,就已经被外资企业凭借新技术和新产品等优势挤出市场。所以,对于东道国来说,理想的情形应该是外资企业以均匀的速度缓慢进入东道国市场,在刺激东道国企业进行技术改进和创新来跟上外资企业的同时,又不至于让外资企业将东道国企业彻底挤垮(Blomstrom 和 Sjoholm,1999③)。(3) 通常来说,外资企业进入东道国后,其与存在文化、制度等多维度差异的东道国企业建立合作联系和相互之间的信任需要很长的时间(Andersson 等,2002④),因此,外资进入速度过快也会影响外资企业通过前、后向产业关联与东道国企业建立合作关系(Markusen 和 Venables,1999⑤;Lin 和 Saggi,2007⑥)。例如,外资进入速度过快时,东道国的上游中间品生产商可能没有足够的时间来生产满足外资企业需求的中间品,导致外资企业不得不选择进口,如果东道国产业链上游的企业不能与外资企业

---

① Chang, S. J., Xu, D., 2008, "Spillovers and Competition among Foreign and Local Firms in China" [J]. *Strategic Management Journal*, Vol. 29(5):495 – 518.

② Meyer, K. E., Sinani, E., 2009, "When and Where Does Foreign Direct Investment Generate Positive Spillovers? A Meta-analysis" [J]. *Journal of International Business Studies*, Vol. 40(7):1075 – 1094.

③ Blomstrom, M., Sjoholm, F., 1999, "Technology Transfer and Spillovers: Does Local Participation with Multinationals Matter?" [J]. *European Economic Review*, Vol. 43 (4 – 6):915 – 923.

④ Andersson, U., Forsgren, M., Holm, U., 2002. "The Strategic Impact of External Networks: Subsidiary Performance and Competence Development in the Multinational Corporation" [J]. *Strategic Management Journal*, Vol. 23(11):979 – 996.

⑤ Markusen, J., & Venables, A., 1999, "Foreign Direct Investment as a Catalyst for Industrial Development" [J]. *European Economic Review*, Vol. 43(2), 335 – 356.

⑥ Lin, P., Saggi, K., 2007, "Multinational Firms, Exclusivity and the Degree of Backward Linkages" [J]. *Journal of International Economics*, Vol. 71(1):206 – 220.

建立合作关系,那么东道国同行业企业也就不能通过与外资企业共享产业链上游供应商的途径,获得同行业外资企业的正向"技术溢出"效应(杨红丽和陈钊,2015[①])。

从实证研究结果来看,虽然现有的关于外资进入速度影响外资进入对东道国企业"技术溢出"效应的文献还较少,但这些文献得出的结论却都比较一致。例如,Wang 等(2012)[②]和钟昌标等(2015)[③]使用中国工业企业数据均证实了外资进入速度在外资进入强度对东道国企业产生的"技术溢出"效应中存在显著的负向"调节效应",即外资进入的速度越快,东道国企业能从外资进入中获得的正向"技术溢出"就越小。此外,近年来也有研究将外资进入速度上述调节效应的研究视角放宽到了更广的领域,如冯丹卿等(2013)[④]研究了外资进入速度对外资进入影响内资企业出口贸易的调节效应,发现虽然外资进入会增强内资企业的出口倾向(广延边际)和出口强度(集约边际),但外资进入速度却负向调节了外资进入对内资企业出口倾向和出口强度的正向影响。郑丹青和于津平(2015)[⑤]则研究了外资进入速度对外资进入影响东道国企业出口增加值率的调节效应,发现外资进入显著促进了中国企业出口贸易增加值率的提升,而外资进入速度则在这一正向影响中产生了明显的负向调节效应。

---

① 杨红丽,陈钊:《外商直接投资水平溢出的间接机制:基于上游供应商的研究》,《世界经济》,2015 年第 3 期,第 123—144 页。

② Wang C., Deng Z., Kafouros M. I., et al., 2012, "Reconceptualizing the Spillover Effects of Foreign Direct Investment: A Process-dependent Approach" [J]. *International Business Review*, Vol. 21(3):452-464.

③ 钟昌标,黄远浙,刘伟:《外资进入速度、企业异质性和企业生产率》,《世界经济》,2015 年第 7 期,第 53—72 页。

④ 冯丹卿,钟昌标,黄远浙:《外资进入速度对内资企业出口贸易的影响研究》,《世界经济》,2013 年第 12 期,第 29—52 页。

⑤ 郑丹青,于津平:《外资进入与企业出口贸易增加值——基于中国微观企业异质性视角》,《国际贸易问题》,2015 年第 12 期,第 97—107 页。

三、基于垂直行业外资进入强度的视角

另一支关于外资进入对东道国企业"技术溢出"效应的研究文献以 Javorick(2004)①为代表,其贡献在于借助投入-产出表,将外资的"技术溢出"效应在"水平行业"内和"垂直行业"间进行了区分,强调外资企业进入对东道国企业的技术溢出不仅可能存在于相同行业内部,还有可能通过投入-产出关联,对东道国上、下游行业的企业产生"技术溢出"效应。 Javorick(2004)还强调由于外资企业与水平行业的东道国企业之间存在竞争关系,外资企业通常会采取申请专利保护、提高工资以防止雇员流失、在东道国企业模仿能力更差的地区投资设厂等措施,来防止东道国同行业企业享受到自己带来的"技术溢出",以维持外资企业自身在东道国市场内的领先地位,因此外资进入在东道国水平行业内部的"技术溢出"效应可能并不显著;相比之下,外资企业对东道国的产业链上、下游行业企业则可能并没有这种防范之心。对东道国下游行业企业而言,外资企业进入会给其带来更高质量、更多种类甚至更低价格的中间投入品,以及无法通过跨国进口得到的与中间投入品相配套的高质量本地服务;此外,外资进入还可能会通过增加中间投入品市场的竞争进而降低东道国下游行业企业的采购价格,显然,上述渠道都会导致外资进入对东道国下游行业的企业产生正向的"技术溢出"效应。对于东道国上游行业企业而言,外资企业为确保自己采购的中间投入品的质量,可能会向其直接提供人员培训、技术指导、材料和设备采购等方面的指导和帮助,对其产生直接的"技术溢出";此外,外资企业作为"挑剔的"消费者也会要求其提升供货质量、确保及时供货,这会促使其改进生产技术和管理水平;外资进入还会增加对其产品的市场需求,进而帮助其实现规模经济降低成本,这显然都是外资进入对东道国上游行业企业产生正向"技术溢出"的可能渠道。

---

① Javorick, B. S., 2004, "Does Foreign Direct Investment Increase the Productivity of Domestic Firms? In Search of Spillovers through backward Linkages." [J]. *American Economic Review*, Vol. 94(3):605 – 627.

至于外资进入是否通过垂直产业关联对东道国企业产生了正向"技术溢出",实证研究文献的结论相对统一。大量文献均证实了外资进入会通过"后向产业关联",对东道国上游行业的企业产生显著的正向"技术溢出"效应,但是能证实外资进入对东道国下游行业企业通过"前向产业关联"产生了显著的正向"技术溢出"的实证文献则相对较少,多数研究都发现这一机制的作用并不显著。例如,Javorick(2004)使用立陶宛企业数据证实了外资进入会通过后向产业关联对东道国上游行业企业产生正向的"技术溢出"效应,但对东道国下游行业企业则并不存在显著的"技术溢出"效应;Kugler(2006)[1]使用哥伦比亚企业调查数据发现外资的"技术溢出"效应在水平行业内并不显著,但在上、下游行业间确是显著存在的;Girma 等(2008)[2]基于英国企业数据将外资企业划分为"东道国市场导向型"和"出口导向型"两类后,发现"东道国市场导向型"外资企业会通过后向产业关联对英国本土企业产生显著的正向"技术溢出"效应;王争等(2009)[3]基于中国第一次经济普查数据以及才国伟和连玉君(2011)[4]基于中国工业企业数据的研究也都发现外资进入会通过后向产业关联,显著提升中国上游行业企业的生产率水平;Gorodnichenko 等(2014)[5]使用 17 个转型经济体的企业数据,发现外资进入的"技术溢出"效应在后向(上游)行业中显著为正,但在水平行业和前向(下游)行业中仅对老牌企业和服务业企业显著为正。

---

[1] Kugler M. , 2006, "Spillovers from Foreign Direct Investment: Within or Between Industries?" [J]. *Journal of Development Economics*, Vol. 80(2):444 - 477.

[2] Girma S. , Gorg, H. and Pisu, M. , 2008, "Exporting, Linkages and Productivity Spillovers from Foreign Direct Investment" [J]. *Canadian Journal of Economics*, Vol. 41 (1):320 - 340.

[3] 王争,孙柳媚,史晋川:《外资溢出对中国私营企业生产率的异质性影响——来自普查数据的证据》,《经济学(季刊)》,2009 年第 1 期,第 129—158 页。

[4] 才国伟,连玉君:《外资控制权、企业异质性与 FDI 的技术外溢——基于 Olley-Pakes 半参法的实证研究》,《南方经济》,2011 年第 8 期,第 45—53＋63 页。

[5] Gorodnichenko, Y. , Svejnar, J. , Terrell, K. , 2014, "When does FDI Have Positive Spillovers? Evidence from 17 Transition Market Economies" [J]. *Journal of Comparative Economics*, Vol. 42(4):954 - 969.

第四节　简要评论

综上所述,以往的研究主要存在四方面的不足:(1)以往关于中国制造业劳动力成本问题的研究主要集中在对劳动力"工资成本"的单方面探讨上,能将劳动力"工资成本"与"生产效率"结合起来,综合评价中国制造业劳动力要素竞争力的研究不多,对"单位劳动成本"的关注度不足,特别是在对中国制造业劳动力成本上涨原因的研究上,已有的文献基本都仅停留在对中国制造业劳动力"工资成本"上涨原因的探讨上,没能对中国制造业"单位劳动成本"上涨的原因进行深入研究,因此本书探讨"外资进入"如何影响了中国制造业企业的单位劳动成本是对现有文献的重要补充。

(2)尽管关于外资进入对东道国企业存在正向的"工资溢出"效应的文献已有很多,但这并不能被视为外资进入会推高东道国企业劳动力成本的直接证据,因为以平均劳动工资水平测度的劳动力成本只是"表面"劳动成本,而非"真实"劳动成本,它忽略了劳动生产率在外资进入前后的动态变迁。更全面的视角应该是将外资进入对东道国企业"劳动工资"和"劳动生产率"的影响综合起来进行比较,如果外资进入对东道国企业"劳动工资"和"劳动生产率"都存在显著的正向溢出效应,那么只有当"工资溢出"的幅度大于劳动生产率溢出(即"技术溢出")幅度时,才能说外资进入推高了东道国企业的真实劳动成本。

(3)关于外资进入的"技术溢出"效应是否存在的研究文献往往以"全要素生产率"为被解释变量,特别是针对微观企业数据的实证研究绝大多数均以 Olley 和 Pakes(1996)[①]以及 Levinsohn 和 Petrin(2003)[②]所提出的方法计

---

① Olley, G. S., Pakes. A., 1996, "The Dynamics of Productivity in the Telecommunications Equipment Industry"[J]. *Econometrica*, Vol.64: 1263-1297.

② Levinsohn, J., Petrin, A., 2003, "Estimating Production Functions Using Inputs to Control for Unobservables"[J]. *Review of Economic Studies*, Vol.70(2):317-341.

算企业的全要素生产率,然后再检验外资进入是否提升了东道国企业的全要素生产率。然而,全要素生产率的提高并不等于劳动生产率的提高,因此,以往的外资进入会对东道国(例如中国)企业产生显著的正向"技术溢出"的结论并不代表外资进入有助于提升东道国企业的劳动生产率,外资进入是否促进了中国东道国企业劳动生产率的提升,还需要进一步检验分析。

(4) 现有文献关于外资进入对东道国企业的"工资溢出"效应的探讨基本局限于水平行业内部,对上、下游垂直行业间外资进入是否会产生"工资溢出"效应少有涉及,就更缺少对外资进入速度是否会影响外资进入对东道国企业"工资溢出"效应的有益讨论,所以本书在这一方面的探讨也将是对现有文献的有力补充和扩展。

结合中国在 21 世纪以来的实际情况来看,作为发展中经济体中的劳动力大国,中国在 21 世纪初所经历的外资"涌入潮"是否显著推高了中国企业的劳动力工资水平和劳动生产率水平? 现有的文献倾向于认为这两种效应在中国可能都存在,但文献没有回答的是如果这两种效应都存在,那么哪一种效应更大? 如果以"人均工资"和"人均增加值"的比值来衡量企业的真实劳动成本——"单位劳动成本",那么外资进入是否显著推高了中国企业的"单位劳动成本"? 此外,现有文献也大多表明外资企业在技术和工资溢出的行业范围上存在水平和垂直两个维度,那么,外资进入中国是否在水平行业内部和上、下游行业间都推高了中国企业的单位劳动成本? 最后,外资进入速度又是如何调节了外资进入强度对中国企业单位劳动成本的影响? 这都是本书所关注的核心问题,回答这些问题可以为我国进一步科学地调整和优化现有的外资利用政策,减少外资进入给中国制造业企业带来的单位劳动成本冲击,提供重要的实证参考。

第三章 外资进入影响东道国企业单位劳动成本的理论分析

所谓的企业"单位劳动成本",即为企业"人均工资"占企业"人均增加值"的比重,因此,如果外资进入会影响东道国企业的单位劳动成本,那仅有可能存在两种可能的理论机制:一是外资进入会通过"工资溢出"效应影响东道国企业的人均工资,二是外资进入会通过"技术溢出"效应影响东道国企业的人均增加值。因此,本章将从"水平行业外资进入强度"、"水平行业外资进入速度"和"垂直行业外资进入强度"三个视角,分别探讨外资进入通过"工资溢出"和"技术溢出"效应两个渠道,影响东道国企业单位劳动成本的理论机制。

第一节 水平行业外资进入强度影响东道国企业单位劳动成本的理论机制

水平行业外资进入强度上升是会"推高"还是会"拉低"东道国同行业企业的单位劳动成本?这取决于其对东道国同行业企业产生的"工资溢出"和"技术溢出"效应的具体方向如何。

显然,如图3-1所示,如果水平行业外资进入对东道国同行业既存在正向"工资溢出"效应,又存在正向"技术溢出"效应,那么,在水平行业外资进入强度上升的影响下,仅当东道国同行业企业单位劳动成本的分子——"人均工资"的上涨幅度大于分母——"人均增加值"的上涨幅度时,水平行业外资进入才会推高东道国同行业企业的单位劳动成本;而如果在水平行业外资进入强度上升的影响下,东道国同行业企业人均工资的上涨幅度小于人均增加值的上涨幅度时,那么,水平行业外资进入强度上升就有利于降低东道国同行业企业的单位劳动成本,巩固其竞争优势。

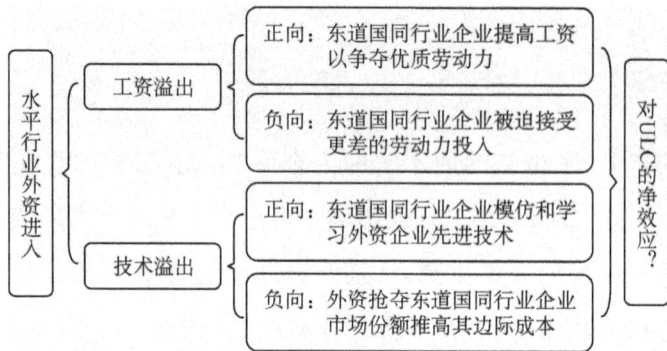

图 3-1　水平行业外资进入影响东道国企业单位劳动成本的理论机制图

一、水平行业外资进入强度影响东道国企业单位劳动成本的"工资溢出"渠道

在水平行业外资进入强度上升对东道国同行业企业的"工资溢出"效应既可能显著为正,也可能显著为负,还可能并不存在,这取决于多种因素共同作用的"净结果"。参考 Barry 等(2005)[①],假设东道国存在两种类型的劳动力:熟练劳动力(S)和非熟练劳动力(U),且熟练劳动力(S)是充分就业的,其工资水平为 W_S;而非熟练劳动力则供给过剩,存在失业,其工资为 W_U,且 $W_U < W_S$。同时,假设东道国市场存在两种类型企业:外资企业(F)

---

　　① Barry, F., Gorg, H., Strobl, E., 2005, "Foreign Direct Investment and Wages in Domestic Firms in Ireland: Productivity Spillovers versus Labour-Market Crowding Out" [J]. *International Journal of the Economics of Business*, Vol. 12(1):67-84.

和东道国本土企业(H),外资企业具有"高工资"优势(Glass 和 Saggi, 2002[①];陈弋等,2005[②]),因此其在生产过程中只投入资本(K_F)和熟练劳动力(S_F)两种生产要素;而东道国本土企业则投入资本(K_H)、熟练劳动力(S_H)和非熟练劳动力(U_H)三种生产要素,则外资企业(F)和东道国本土企业(H)的生产函数 Y_F 和 Y_H 可以分别表示为 $Y_F = A_F * f_F(S_F, K_F)$ 和 $Y_H = A_H * f_H(S_H, U_H, K_H)$,其中 A_F 和 A_H 分别表示外资企业和东道国本土企业的生产技术。设东道国熟练劳动力的总量为常数 S,则 $S = S_F(K_F, A_F, W_S) + S_H(K_H, A_H, W_S, W_U)$。

　　外资进入可以用外资企业(F)的资本要素投入 K_F 上涨来表示,这可能会通过两种主要渠道来影响东道国企业的工资水平:(1) 外资进入可能对东道国企业的生产技术存在正向的技术溢出,即 $A_H = \alpha(K_F)$,且 $\alpha(.)$ 为增函数,这会导致东道国本土企业的效率提升、业绩改善,其两种劳动力的工资水平 W_S 和 W_U 都会随之上涨,即外资进入对东道国企业的"工资溢出"效应可能是正向的;(2) 外资进入也会导致外资企业对东道国已经充分就业的熟练劳动力需求的增加,进而引起没有工资竞争优势的东道国本土企业不得不使用非熟练劳动力 U_H 来替换熟练劳动力 S_H,其工资水平 $W_H = (W_S * S_H + W_U * U_H)/(S_H + U_H)$ 就有可能会出现下降,即外资进入对东道国企业的"工资溢出"效应可能是负向的。显然,外资进入对东道国企业的"工资溢出"效应的方向与东道国企业不同生产要素之间的替代弹性密切相关。

　　具体的,假设东道国本土企业的生产函数是 CES 型,且资本 K_H 与熟练劳动力 S_H 之间是互补性的,而他们与非熟练劳动力 U_H 之间的关系是替代性的,则东道国本土企业的生产函数 Y_H 可以表示为:

---

　　①　Glass, A. J., Saggi, K., 2002, "Multinational Firms and Technology Transfer" [J]. *Scandinavian Journal of Economics*. Vol. 104:495 - 513.

　　②　陈弋,Sylvie, Démurger, Martin, Fournier,杨真真:《中国企业的工资差异和所有制结构》,《世界经济文汇》,2005 年第 6 期,第 11—31 页。

$$Y_H = \{\lambda * [(\lambda_S * S_H^{(\alpha-1)/\alpha} + \lambda_K * K_H^{(\alpha-1)/\alpha})^{\alpha/(\alpha-1)}]^{(\sigma-1)/\sigma} + \lambda_U * U_H^{(\sigma-1)/\sigma}\}^{\sigma/(\sigma-1)}$$

$$(3-1)$$

其中，α 和 σ 均为要素替代弹性，且 $0 < \alpha < \sigma < \infty$。为简化分析，我们取 $\alpha < \sigma = \infty$，即"非熟练劳动力 U_H"与"熟练劳动力 S_H 和资本 K_H"之间是完全替代关系，而"熟练劳动力 S_H"和"资本 K_H"之间是不完全替代关系，这样，外资进入引起东道国熟练劳动力工资 W_S 上涨，会导致 S_H 和 K_H 一起下降，但东道国本土企业非熟练劳动力的雇佣规模 U_H，却只取决于其要素边际产出。根据(3-1)式求东道国本土企业工资水平 W_H 对其熟练劳动力工资水平 W_S 的导数，可得：

$$\frac{dW_H}{dW_S} = \frac{W_S(1+S_H/U_H)*\gamma*\lambda_K*(K_H/Q_H)^{(\alpha-1)/\alpha} - (W_S-W_U)*[\alpha\gamma+(\lambda_S/K_H)*(S_H/Q_H)^{(\alpha-1)/\alpha}]}{[W_S(S_H+U_H)^2/S_H U_H]*\gamma*\lambda_K*(K_H/Q_H)^{(\alpha-1)/\alpha}} \quad (3-2)$$

在(3-2)式中，$\gamma = d(A_H * y_{KH})/dK_H > 0$，$y_{KH}$ 为资本 K_H 的边际产出；$Q_H = (\lambda_S * S_H^{(\alpha-1)/\alpha} + \lambda_K * K_H^{(\alpha-1)/\alpha})^{\alpha/(\alpha-1)} > 0$。由(3-2)式可知，右侧分母大于 0，但右侧分子的符号并不确定，因此，外资进入对东道国本土企业的"工资溢出"效应既有可能是正的，也有可能是负的。例如，其他条件不变，(W_S-W_U) 越小，即东道国熟练劳动力和非熟练劳动力的工资水平越接近，外资进入对东道国本土企业的"工资溢出"效应就越可能为正，反之则反是。

二、水平行业外资进入强度影响东道国企业单位劳动成本的"技术溢出"渠道

仅从理论上来看，水平行业外资进入强度上升对东道国同行业企业"人均增加值"产生的"技术溢出"效应的方向也并不确定，既有可能是正向的，也有可能是负向的，还有可能并不存在。(1)东道国同行业企业可以通过向外资企业购买专利技术，模仿学习外资企业的管理方式，雇佣从外资企业跳槽出来的熟练工人，对外资企业的优质产品进行"逆向工程"研发，共享外资企业在本地创建的供销网络等多种方式，提升自身的生产效率，即享受到外资进入强度上升所带来的正向"技术溢出"效应。（2）如果外资企业在东道国的进入强度过高,那么东道国企业就会因为被外资企业瓜分走过大的市场份额而失去"规模经济"收益,边际成本不断上涨,此时即使东道国企业获得了外资企业直接的技术专利转让,其生产效率可能也难以避免下降的趋势。

如图 3-2 所示,假设东道国企业的生产函数具有边际成本递减的特征,在外资进入前,其初始生产点位于平均成本曲线 AC_0 的 A 点;外资进入后,东道国企业成功地模仿了外资企业的先进技术,其生产成本大大降低,平均成本曲线内移至 AC_1,在维持原产量不变的条件下,平均生产成本由 A 点下降到 B 点;但是

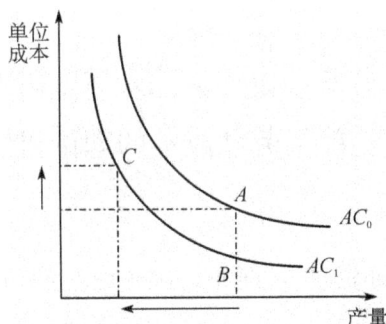

**图 3-2　水平行业外资进入强度上升对东道国
企业的负向"技术挤出"效应图**

注:图 3-2 摘选自 Aitken 和 Harrison(1999)[1]。

如果外资进入在改进东道国企业生产技术的同时,又抢占了东道国企业的市场份额,东道国企业新的生产位置就可能是 C 点。显然,C 点的单位成本远高于 A 点,外资进入不仅没有给东道国企业带来正向的"技术外溢"

---

① Aitken, B. J., Harrison, A. E., 1999, "Do Domestic Firms Benefit from Direct Foreign Investment? Evidence from Venezuela" [J]. *American Economic Review*, Vol. 89 (3):605-618.

效应,反而带来了负向的"技术挤出"效应。此外,如果外资企业利用自身的技术、资金、品牌等优势,把东道国企业逐渐排挤出行业内的中高端产品市场和价值链低端环节,并锁定在行业内的低端产品市场和价值链低端环节,那么以"增加值"来衡量,外资进入强度上升给东道国同行业企业带来负向的"技术挤出"效应可能会更大。

综上所述,仅从理论上来看,水平行业外资进入对东道国同行业企业的"人均工资"和"人均增加值"的影响方向都不确定,因此也就无法判断其是会推高还是会拉低东道国同行业企业的"单位劳动成本",这需要进一步结合现实数据进行实证检验,在不同国家(地区)的不同行业可能会得出非常不同的结论。

第二节　水平行业外资进入速度影响东道国企业单位劳动成本的理论机制

以往文献中关于"外资进入"对东道国企业影响的探讨,基本都是指"外资进入强度",即东道国某一行业中"外资存量"相对于"内资存量"的市场份额,对东道国企业的影响。但除此之外,"外资进入速度"的快慢是否会在"外资进入强度"影响东道国企业的过程中发挥了某种形式的"调节作用"?例如,外资进入速度如果过快是否会有损于东道国同行业企业享受外资企业带来的正向"技术溢出"效应的能力?会不会导致东道国同行业企业来不及调整工资水平与外资企业展开人才争夺战?这又会对东道国同行业企业的单位劳动成本产生什么影响?

一、水平行业外资进入速度影响东道国企业单位劳动成本的"工资溢出"渠道

在上一节中,本书已经总结了水平行业外资进入强度上升对东道国同行业企业产生"工资溢出"效应的理论机制,其中,最重要的机制即为:外资企业进入东道国市场后,会与东道国同行业企业在劳动力市场上以竞相哄抬工资水平的方式,争夺劳动力资源。那么,外资进入东道国市场的速度是会"正向调节",还是"负向调节"外资进入强度上升给东道国同行业企业带来的这种"工资溢出"效应呢? 仅从理论上来说,这一问题的答案并不确定。

(1) 如果东道国的劳动力市场上的工资价格是有弹性的①,且外资进入的规模又足够大,那么,某一行业和地区的外资进入速度越快,东道国这一行业和地区的利基劳动力市场上的劳动力供给就越紧张。因为,其他行业和其他地区的劳动力根本来不及跳槽和迁徙到这一行业和地区,无论是学习该行业的生产技术还是跨地区迁徙到外资集中进入的地区,都需要一定的时间和金钱成本。因此,从这一角度来讲,外资进入速度越快,外资进入对东道国同行业企业的"工资溢出"效应必然就会越强。

(2) 不仅劳动力转换行业或迁徙到另一地区需要时间和资金成本,东道国企业在生产技术和管理模式等的方面模仿和学习外资企业也需要足够的时间和资金成本。因此,如果外资进入东道国市场的速度过快,可能会导致东道国同行业企业根本还没来得及向外资企业学习,就已经被挤出市场或者被排挤到市场边缘地带,那么东道国同行业企业也就没有必要采取跟随外资企业提高工资水平的方式,来吸引更多的优质劳动力资源,所以,水平行业外资进入速度越快,外资进入强度上升对东道国同行业企业的"工资溢出"效应可能就会越弱。

(3) 东道国某一行业和地区的外资进入速度越快,通常就表明东道国

---

① 东道国劳动力市场上工资价格的这种"弹性",可能来自东道国劳动力供给总量本身就很有限,老龄化问题严峻,劳动力稀缺的日本、西欧等发达经济体通常都属于这一种情况;也可能来自东道国不同地区和不同行业的劳动力跨地区、跨行业流动的成本太高,这样即使东道国属于中国、印度、印度尼西亚这样的劳动力大国,其具体的各个行业特需的"利基劳动力市场(比如,木质家具打磨技工、缫丝工等)"上的劳动力供给数量可能也都非常有限。

这一行业和地区的市场空缺越大，或者说外资企业相对于东道国同行业企业而言，优势更加明显。在这种情况下，外资进入速度越快，表明东道国同行业企业就越没有必要和实力与外资企业直接在劳动力市场上展开竞争，即外资进入速度越快，外资进入对东道国同行业企业的"工资溢出"效应可能就越弱。因为：一方面，如果东道国某一行业和地区存在大量的市场空白，则意味着东道国这一行业和地区的劳动力市场供给并不紧张，外资进入并不会与东道国同行业企业产生激烈的劳动力争夺；另一方面，如果东道国同行业企业的实力与外资企业相差过于悬殊，他们的雇佣目标劳动力可能并不属于同一个群体，比如外资企业可能会主要雇佣受过高等教育的工程师，而东道国企业可能主要雇佣教育水平和薪资水平更低的普通劳动力，这样东道国同行业企业根本就没有必要以提升工资水平的方式与外资企业展开劳动力争夺，更何况他们可能也缺乏提升工资水平的资金实力。

二、水平行业外资进入速度影响东道国企业单位劳动成本的"技术溢出"渠道

在上一节中，本书论证了水平行业外资进入强度上升对东道国同行业企业人均增加值的"技术溢出"效应既有可能是正的，也可能是负的。因为东道国既可能会成功模仿和学习外资企业带来的先进生产技术和管理经验，也可能会被外资企业抢占市场份额和优质劳动力资源，被"锁定"在行业价值链低端，甚至被直接挤出市场。那么，如果外资进入东道国市场的速度变快，水平行业外资进入强度上升给东道国同行业企业人均增加值带来的正向"技术溢出"或负向"技术挤出"效应又会发生什么变化呢？

（1）如果水平行业外资进入强度上升会对东道国同行业企业产生显著的正向"技术溢出"效应，那么，其核心的理论机制便是东道国企业成功学习和模仿了外资企业的先进技术和经验。在这种情况下，对于东道国同行业企业来说，理想的情形应该是外资企业以均匀的速度缓慢进入东道国市场，如果外资进入速度过快，东道国同行业企业可能无法享受到其带来的正向"技术溢出"效应。这是因为：一方面，外资企业的生产技术可能非常复杂，且难以通过逆向工程迅速被东道国同行业企业所掌握，东道国同行业企业通常也需要一定长度的时间来模仿和消化外资企业的技术，因此，外资进入速度过快可能会使东道国企业来不及进行技术模仿，就已经被外资企业凭借新技术和新产品等优势挤出了市场；另一方面，外资进入东道国市场的速度如果过快，那么东道国同行业企业的市场份额和盈利能力可能会在外资企业的强势竞争下迅速下降，进而影响其对新技术和新产品的研发投入能力以及对新设备的配备能力，这无疑可能会使东道国企业无法分享外资进入的正向"技术溢出"效应，甚至有可能导致外资进入给东道国企业带来负向"技术挤出"现象的发生。

（2）如果水平行业外资进入强度上升会对东道国同行业企业产生显著的负向"技术挤出"效应，那么，其核心的理论机制便是外资进入强度上升带来激烈竞争，使得东道国同行业企业市场份额萎缩，失去规模经济收益，边际成本上涨，进而导致以人均增加值测度的生产效率下降。在这种情况下，外资进入速度反而可能会"正向调节"外资进入强度对东道国同行业企业的负向"技术挤出"效应，因为外资进入东道国的速度越慢通常表明东道国市场空间越饱和，外资企业在进入东道国市场时遇到的东道国同行业企业竞争也就越激烈，此时外资进入强度上升几乎必然意味着要以抢占东道国同行业企业的市场份额为代价，势必会给其带来更加严重的负向"技术挤出"冲击。

综上所述，仅仅从理论推断上还不能确定水平行业外资进入速度是正向"调节"还是负向"调节"了外资进入强度上升对东道国企业单位劳动成本的影响，仍需要进一步结合实际数据进行具体分析。

第三节 垂直行业外资进入强度影响东道国
企业单位劳动成本的理论机制

不仅水平行业外资进入会通过"工资溢出"和"技术溢出"两个渠道对东道国同行业企业的"人均工资"和"人均增加值"产生影响,事实上通过垂直产业链上的上、下游行业间的合作关系,外资进入还有可能会对东道国的上、下游行业企业产生"工资溢出"和"技术溢出"效应,因此也就有可能会影响其单位劳动成本。然而,如图 3-3 所示,由于水平行业及上、下游垂直行业外资进入给东道国企业所带来的不同方向的"工资溢出"和"技术溢出"的组合,综合在一起到底会对东道国企业的单位劳动成本产生何种影响并不确定,因此,也就无法回答水平和垂直行业外资进入到底会如何影响东道国企业的单位劳动成本这一问题。

就水平行业外资进入对东道国企业的"技术溢出"和"工资溢出"效应来说,本章第一节中已对此问题进行了详细综述,此处不再赘述。本节仅对上、下游垂直行业外资进入强度上升会对东道国企业的单位劳动成本产生何种影响,分"工资溢出"和"技术溢出"两个渠道进行探讨。

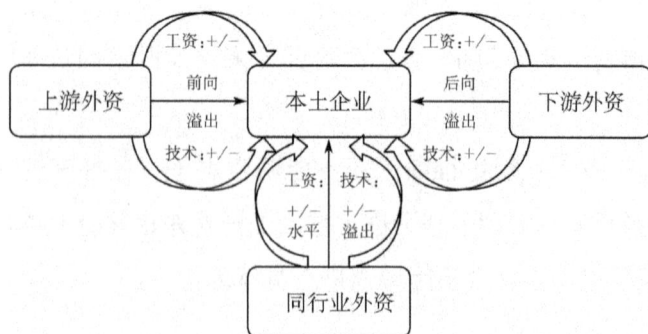

图 3-3 水平及垂直行业外资进入影响东道国
企业单位劳动成本的路径机制

一、垂直行业外资进入强度影响东道国企业单位劳动成本的"工资溢出"渠道

就上游行业外资进入对东道国下游行业企业的"工资溢出"效应来说，其影响方向也并不确定：一方面，上游行业外资进入可能会通过向东道国下游行业合作企业提供质量更好、品种更全的中间品和机械设备以及与之配套的相关服务，让下游行业企业的生产方式从"大而全"转为"小而精"，能够将资本和人力集中于自身最具优势的核心产品和核心产业环节，将自身并不擅长的外围产业环节发包给上游外资企业，这显然有利于改善东道国下游行业企业的经营业绩状况，进而有利于其员工工资水平的提升，即上游行业外资进入对东道国下游行业企业产生了正向的"工资溢出"效应。但是，另一方面，上游行业外资进入在向东道国下游行业提供更多种类和更高质量的中间品选择时，也在一定程度上挤出了东道国下游行业劳动力的就业机会，如果东道国劳动力市场价格是有弹性的，那么这些重新投入劳动力市场的失业工人可能会降低其保留薪酬水平，并以低工资优势重新就业，因此从这一角度来看，上游行业外资进入也可能会对东道国下游行业企业产生负向的"工资溢出"效应。

就下游行业外资进入对东道国上游行业企业的"工资溢出"效应来说，其影响方向则很有可能是正向的。因为，下游行业外资进入会通过拓宽东道国上游行业企业销售渠道、增加其销售规模的方式帮助其改善业绩，这显然有利于东道国上游行业企业员工工资水平的改善；此外，下游外资企业作为"挑剔"的顾客，可能会主动帮助东道国上游企业改进生产技术和管理流程，使其能够保质、保量、准时地为下游外资企业提供中间投入品供应，这显然也有利于改善东道国上游行业合作企业员工的经营业绩，进而有利于其员工工资水平上涨。

需要强调的是，上述分析还忽略了另外一个重要的影响因素——外资企业的市场势力。由于外资企业作为跨国公司通常都会在与东道国企业的

合作中占据优势谈判地位,因此,如果外资企业凭借自身优势地位在价格上对东道国上、下游行业的合作企业进行挤榨,那么东道国上、下游行业企业即便享受到了外资进入给其带来的生产效率提高等好处,也可能会为了控制成本而不会为其员工提高薪酬待遇,因此,外资进入也就不会对东道国上、下游垂直行业企业产生显著的"工资溢出"效应。

二、垂直行业外资进入强度影响东道国企业单位劳动成本的"技术溢出"渠道

与水平行业相比,垂直行业外资进入强度上升对东道国企业的"技术溢出"效应更有可能是正向的。这主要是因为外资企业与东道国同行业企业之间存在同行竞争关系,因此,外资企业会通过提高薪酬以防止员工流失,以及寻求法律保护,强化对企业专利技术和商业秘密的保护等途径,防止东道国同行业企业学习自身的先进技术和管理经验,以保持自身的领先优势,相比之下,外资企业对东道国的产业链上、下游行业企业则完全没有这种防范之心。对于东道国上游行业企业而言,外资企业为确保自己采购的中间投入品质量合格,可能会向其直接提供人员培训、技术指导、材料和设备采购等方面的指导和帮助,对其产生直接的技术和知识外溢;此外,外资企业作为"挑剔的"消费者也会要求其东道国上游行业的供应商提升供货质量和确保及时供货,这会促使其改进生产技术和管理水平;外资进入还会增加对其产品的市场需求,进而帮助其实现规模经济降低成本,这显然都是外资进入对其东道国上游行业企业产生正向"技术溢出"效应的来源渠道。对东道国下游行业企业而言,外资进入会给东道国市场下游行业企业带来更高质量的中间投入品,以及无法通过跨国进口所得到的与中间投入品相配套的高质量本地服务,外资进入通过增加中间投入品市场的竞争还会降低下游行业企业的采购价格,这都会对其产生正向的"技术溢出"效应。

不过需要强调的是,如果东道国在引进外资企业之后没有充分实现外资企业供销网络的"本土化",即外资企业的上下游供销网络上的合作企业仍然是海外企业,那就显然会大大制约外资企业通过上下游垂直产业关联对东道国企业产生显著的正向"技术溢出"效应;此外,如果外资企业凭借自己在东道国的优势市场地位,在购买东道国上游行业合作企业的中间品时制定垄断性低价,并在向东道国下游行业合作企业销售产品时制定垄断性高价,那么东道国企业受到上下游行业外资进入所带来的正向"技术溢出"效应就可能并不显著。

综上所述,仅从理论上我们并不能确定上下游垂直行业外资进入强度上升是否会对东道国企业产生显著的正向"工资溢出"和"技术溢出"效应,因此也就无法判断垂直行业外资进入强度上升到底会如何影响东道国企业的单位劳动成本,要想回答这一问题,只能结合现实数据进行实证分析。

第四章　中国制造业企业劳动力单位成本的动态演进

此外,在测算企业单位劳动成本(Unit Labor Cost,ULC)之前,首先需要界定企业"劳动成本"的内涵。参考张杰等(2012)[①]的方法,本书将企业的劳动成本定义为企业的本年应付工资、本年应付福利费和劳动待业保险三者之和[②]。参考 Hall 和 Jones(1999)[③]、都阳和曲玥(2009)[④]、唐东波(2014)[⑤]以及 Mizobuchi(2015)[⑥]等文献的方法,本书定义企业的单位劳动成本为"人均工资"[⑦]与"人均工业增加值"[⑧]之比,其经济含义是企业对其在生产经营过

---

① 张杰,卜茂亮,陈志远:《中国制造业部门劳动报酬比重的下降及其动因分析》,《中国工业经济》,2012 年第 5 期,第 57—69 页。

② 由于 2004 年以前养老保险、医疗保险、职工教育费、工会经费、住房公积金和住房补贴等用于劳动者福利的开支数据缺失,为使样本期间内统计口径一致,本文未将其纳入劳动成本的范畴。

③ Hall, R. E., Jones, C. I., 1999, "Why do Some Countries Produce So Much More Output per Worker than Others?" [J]. *Quaterly Journal of Economics*, Vol. 114(1):83 - 116.

④ 都阳,曲玥:《劳动报酬、劳动生产率与劳动力成本优势——对 2000—2007 年中国制造业企业的经验研究》,《中国工业经济》,2009 年第 5 期,第 25—35 页。

⑤ 唐东波:《垂直专业分工与劳动生产率:一个全球化视角的研究》,《世界经济》,2014 年第 11 期,第 25—52 页。

⑥ Mizobuchi H., 2015, "Measuring the Comprehensive Wage Effect of Changes in Unit Labor Cost" [J]. *Journal of Economic Structures*, Vol. 4(1):1 - 12.

⑦ 本文所指的人均工资实际上是人均劳动成本,即人均工资=企业劳动成本总额/雇佣人数。

⑧ 由于 2004 年的中国工业企业数据库没有工业增加值指标,本文参考聂辉华等(2012)的方法,采用"工业增加值=产品销售额-期初存货+期末存货-工业中间投入+增值税"的方法对其进行近似估算。

程中所直接使用的劳动力要素投入支付的要素报酬,占企业所创造的总增加值的比重。显然,企业的单位劳动成本越高,企业的资本方在企业总收入中所能获得的资本收益就越少,这一方面会直接通过侵蚀资本方利润的方式降低其投资意愿,另一方面也会通过阻碍企业留存收益的积累而影响其内部融资能力,资金短缺的资本方对引进高端技术、先进设备以及优秀的管理人才或者自主研发新技术、新产品的投入势必不足,这显然会使企业逐渐丧失竞争力。因此,如果某地区、某行业的企业普遍出现了单位劳动成本的暴涨,这将是一个非常危险的市场信号,这可能预示着即将来临的企业破产倒闭潮或外迁潮,特别是对于严重依赖劳动力成本优势吸引投资的发展中经济体更是如此。

第一节　中国制造业企业单位劳动成本的总体演进趋势

在测算中国制造业企业单位劳动成本数据时,本书使用的是 1998—2007 年中国工业企业数据库。由于中国工业企业数据库中存在部分数据记录缺失、遗漏和错误等问题,所以在使用过程中通常需要进行数据筛选。本书在参考聂辉华和贾瑞雪(2011)[①]和杨汝岱(2015)[②]做法的基础上,删除了从业人数少于 8 人或年主营业务收入少于人民币 500 万元的企业,工业总产值、工业销售产值、工业增加值、年度应付职工薪酬、固定资产原价和固定资产净值小于或等于 0 的企业,年度应付职工福利费、中间投入小于 0 的企业,以及本年折旧大于累计折旧、资产不等于负债与所有者权益之和、流动资产大于等于总资产、固定资产大于等于总资产,和注册时间在公元 1600

---

　　① 聂辉华,贾瑞雪:《中国制造业企业生产率与资源误置》,《世界经济》,2011 年第 7 期,第 27—42 页。

　　② 杨汝岱:《中国制造业企业全要素生产率研究》,《经济研究》,2015 年第 2 期,第 61—74 页。

年之前的企业。此外,参考 Brandt 等(2012)[①]的方法,本书针对所有以货币衡量的名义变量都做了消胀处理,并将样本的行业范围仅限于制造业,删除了工业企业数据库中的采矿业、废弃资源和材料回收加工业、电力热力燃气和水的生产和供应业企业。本书基于中国工业企业数据库绘制了 1998—2007 年间中国制造业企业人均工资、人均增加值以及单位劳动成本的演进趋势图。

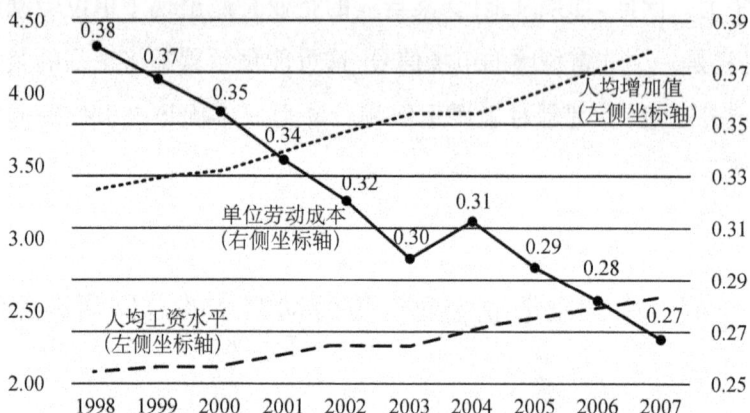

图 4-1　1998—2007 年中国制造业企业人均工资、人均增加值及单位劳动成本图

注:图表由作者根据 1998—2007 年中国工业企业数据库数据整理绘制,人均增加值和人均工资均为自然对数值。图 4-1 与图 1-2 在 2003—2007 年之间的单位劳动成本值稍有出入,可能是因为图 4-1 中使用的中国工业企业数据库只包含规模以上工业企业,而图 1-2 使用的国家统计局数据仅包含城镇单位制造业企业,两者统计口径存在一定差异,不过差异不大,并不影响我们对数据趋势的分析。

如图 4-1 所示,1998—2007 年间,得益于人均增加值的增速远高于人均工资,中国制造业企业的平均单位劳动成本确实出现了大幅下降,从 1998 年的 0.38 大幅降低至 2007 年的 0.27,10 年间累计下跌近 30%,这可能正是支撑中国制造业在此期间迅速崛起,成为"世界工厂"的重要源动力之一。

---

① Brandt, L., Van Biesebroeck, J., and Zhang, Y., 2012, "Creative Accounting or Creative Destruction? Firm-level Productivity Growth in Chinese Manufacturing"[J]. *Journal of Development Economics*, Vol. 97(2): 339-351。

第二节 中国制造业企业单位劳动
成本的分行业演进趋势

  虽然平均而言,在 1998—2007 年间中国制造业企业的单位劳动成本出现了大幅下降,但所有制造业细分行业是否均呈现相同的下降趋势?本书整理后的 1998—2007 年中国工业企业数据库共包含 29 个《国民经济行业分类(GB/T4754—2002)》二分位制造业行业。通过计算各二分位行业企业的平均单位劳动成本,本书绘制了 1998—2007 年中国制造业各二分位行业企业平均单位劳动成本变动趋势图,如图 4-2 所示。

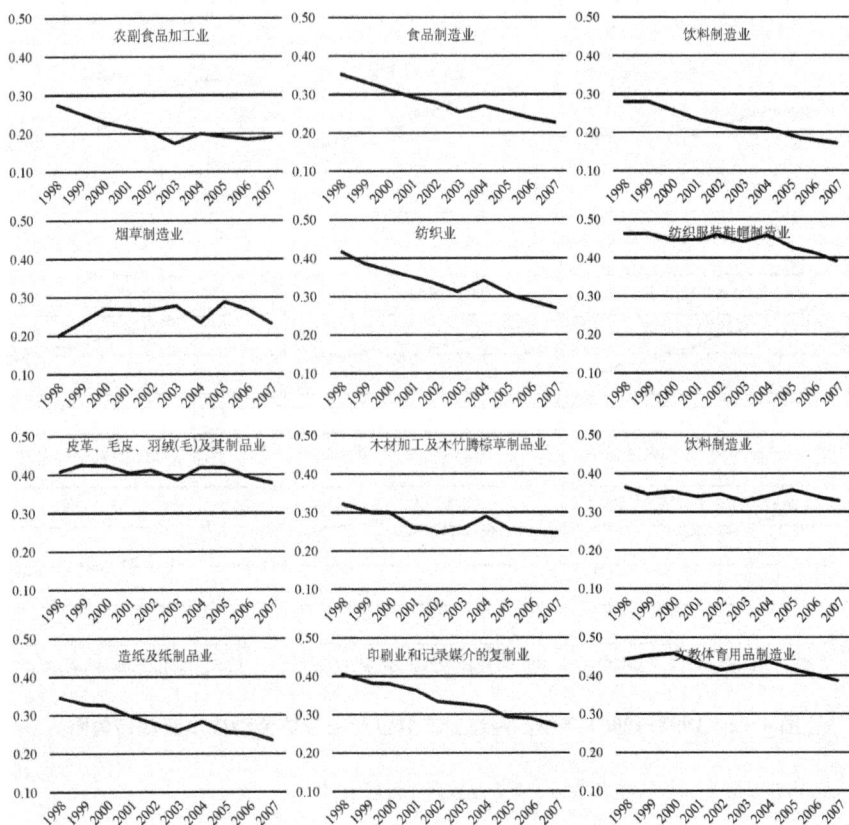

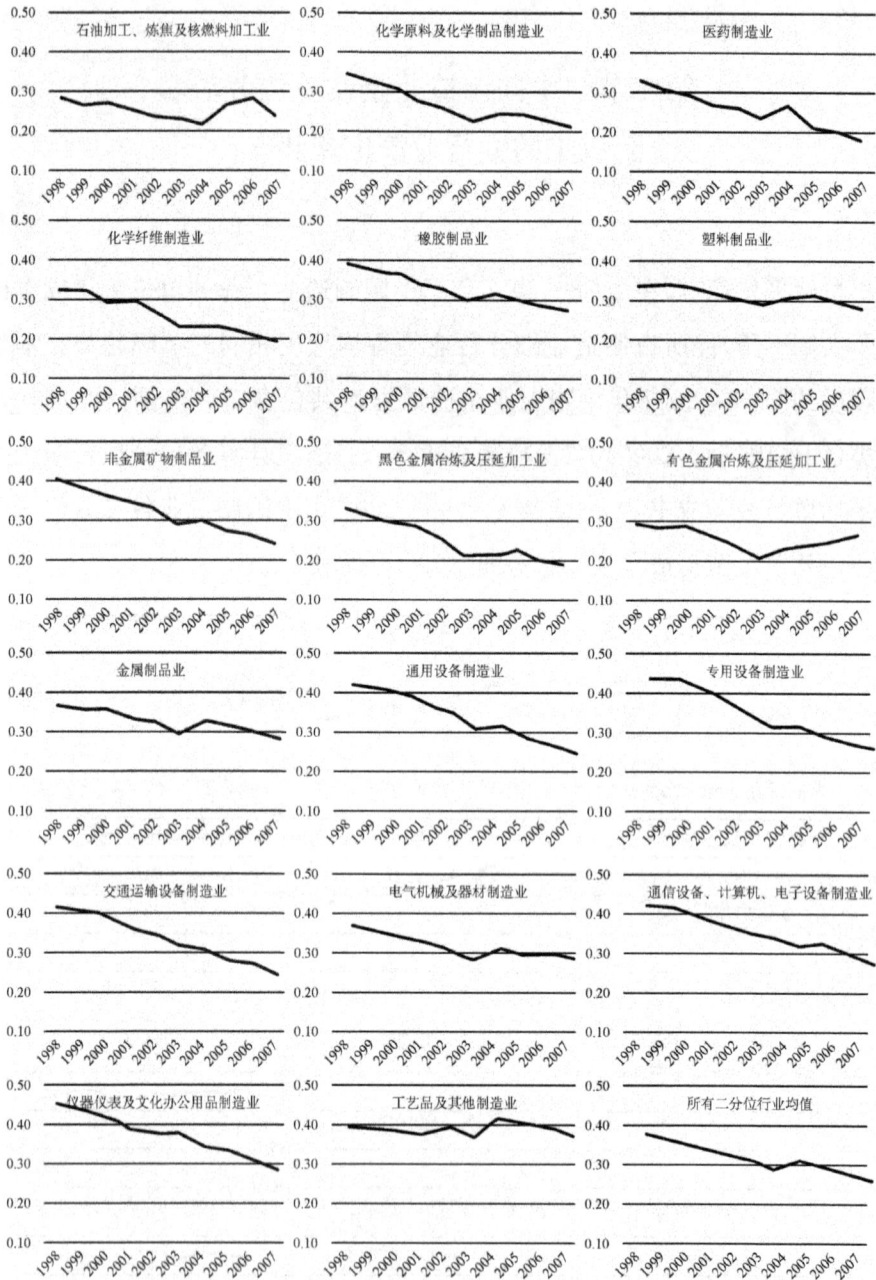

图 4-2　1998—2007 年中国制造业二分位行业单位劳动成本变动趋势图

注:作者根据 1998—2007 年中国工业企业数据库整理绘制。

　　由图4-2可知,1998—2007年间,中国绝大部分二分位制造业行业的企业平均单位劳动成本都呈现明显的下降趋势,所有二分位行业的平均累计降幅高达0.11。只有烟草制造业,这一高度国有垄断性行业的单位劳动成本出现了波动式上涨,但1998—2007年间其企业平均单位劳动成本的累计涨幅也仅为0.03,涨幅并不大。除去烟草制造业之外,具体按累计跌幅来看,典型的资本和技术密集型行业[①]企业的平均单位劳动成本跌幅基本都是大于平均值(0.11),其中又以专用设备制造业(0.18)、交通运输设备制造业(0.17)和通用设备制造业(0.17)这三个二分位制造业行业跌幅最大;对比之下,劳动力密集型行业的累计跌幅则基本都是小于均值(0.11),跌幅最小的前三个二分位制造业行业分别是工艺品及其他制造业(0.03)、皮革毛皮羽绒(毛)及其制品业(0.03)和家具制造业(0.03)。

　　综上,由图4-2可知,1998—2007年间,虽然中国制造业企业的平均单位劳动成本出现了大幅下降,但不同要素密集型的制造业子行业的平均单位劳动成本变动趋势却出现了明显分化。一方面,通过大量投入机械设备代替低端劳动力要素投入的方式,资本和技术密集型行业企业的雇员队伍结构日益高端化,人均劳动生产率也就有了大幅提升,这使得他们可以在降低企业总劳动成本支出的同时,又提高企业总增加值规模,进而使得其平均单位劳动成本大幅下降。这表明中国资本和技术密集型制造业企业技能劳动力的竞争力1998—2007年间是在逐渐强化的,这些企业的劳动力人均增加值远高于其人均工资,且二者之差在逐渐拉大,劳动力的工资水平可谓"物超所值",资本方在企业的增加值中分享的份额在快速上升,这可能正是

---

　　①　我们大致可以根据图3-2中行业平均单位劳动成本曲线位置的高和低来判断其行业要素密集属性:单位劳动成本曲线的位置越低,表明该行业的劳动力要素成本占总增加值的比重越低,该行业越不依赖劳动力要素投入,即为技术或资本密集型行业,如饮料制造业、石油加工焦炼及核燃料加工业、医药制造业等;反之,单位劳动成本曲线的位置越高,则该行业中劳动要素投入的地位就越重要,即为劳动密集型行业,如纺织服装鞋帽制造业、皮革毛皮羽毛(绒)及其制品业、文教体育用品制造业等。

在此期间中国以机电产品为代表的资本和技术密集型产品出口迅速扩张的重要原因之一。另一方面,中国劳动密集型行业制造业企业的平均单位劳动成本在此期间虽然也略有下降,但降幅并不明显,这表明中国依赖低端廉价劳动力要素投入的纺织服装鞋帽、工艺品及其他制造业等中低端劳动力密集型行业的竞争优势没有出现明显的增强趋势。这可能是因为中国的人口结构老龄化使得农村剩余劳动力供给出现了明显不足,而出口繁荣拉动下的劳动力密集型产业蓬勃发展又大大刺激了对低端劳动力的市场需求,这导致以农民工为代表的中低端劳动力工资快速上涨,但其劳动生产率却没有能以更快的速度显著超越工资的增速,这使得资本方在企业增加值中所分到的份额没有明显上升,因此,企业可能也就没有足够的资本来通过投资大型机械设备或者投资研发新产品、新技术来实现转型升级,如果这种趋势持续下去,面对来自东南亚的印度尼西亚、越南、泰国、孟加拉国等劳动力成本更低地区同行业企业的竞争,中国劳动力密集型行业企业的生存空间必将面临严峻的挑战。

第三节　中国制造业企业单位劳动成本的分省份演进趋势

由于中国各地区间的经济发展水平、劳动力人口密度等条件存在巨大差异,所以本书还按中国大陆地区的 31 个省级行政区划单位分别计算了各省(直辖市、自治区)的制造业企业平均单位劳动成本。由图 4-3 可知,1998—2007 年间,中国大陆地区的 31 个省级行政区中,除了西藏以外,制造业企业的平均单位劳动成本均出现了明显的下降。以年均下降速度来看,年均下降速度位列前三的省份分别是青海(2.74%)、宁夏(2.67%)和辽宁(2.53%),均超过了 2.50%;年均下降速度小于 1% 的则分别是广东

（0.37％）、福建（0.68％）、浙江（0.89％）和北京（0.98％）。分东、中、西部①
三大区域来看，中部地区下降速度最快，年均降速为2.33％；西部地区次之，
为1.61％；东部地区最慢，仅为1.03％。

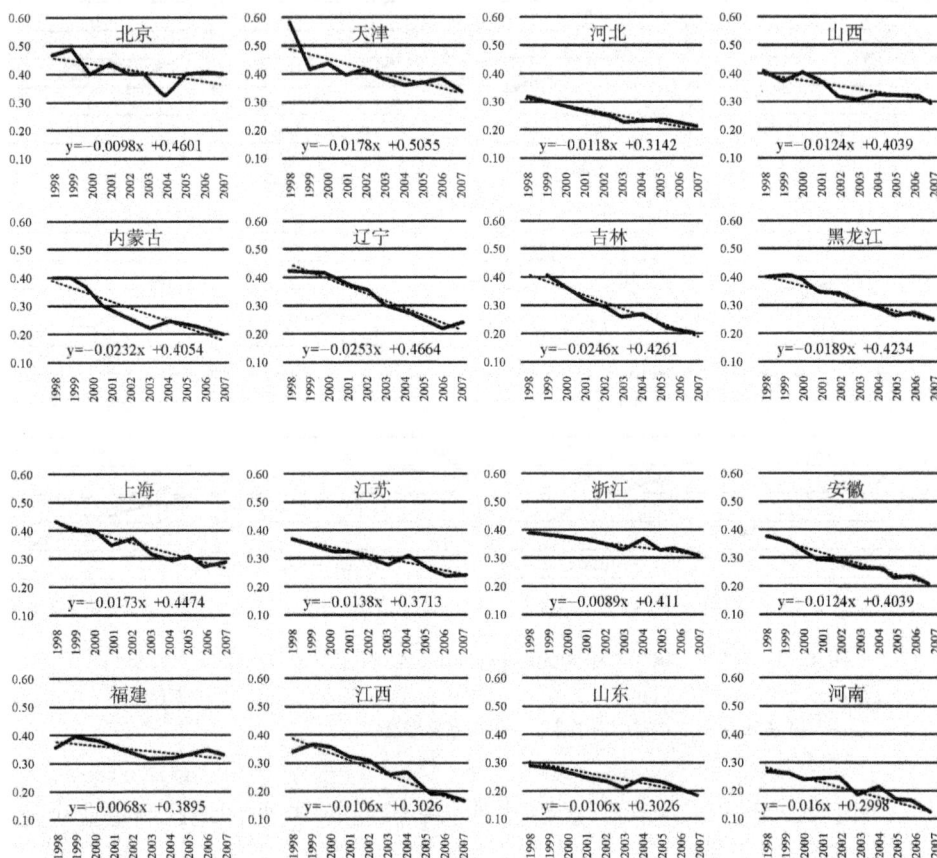

北京　y=-0.0098x +0.4601
天津　y=-0.0178x +0.5055
河北　y=-0.0118x +0.3142
山西　y=-0.0124x +0.4039

内蒙古　y=-0.0232x +0.4054
辽宁　y=-0.0253x +0.4664
吉林　y=-0.0246x +0.4261
黑龙江　y=-0.0189x +0.4234

上海　y=-0.0173x +0.4474
江苏　y=-0.0138x +0.3713
浙江　y=-0.0089x +0.411
安徽　y=-0.0124x +0.4039

福建　y=-0.0068x +0.3895
江西　y=-0.0106x +0.3026
山东　y=-0.0106x +0.3026
河南　y=-0.016x +0.2998

---

①　东部地区包括11个省级行政区，分别为辽宁、北京、天津、河北、山东、江苏、上海、浙
江、福建、广东和海南；中部地区有8个省级行政区，分别是黑龙江、吉林、山西、河南、湖北、
湖南、安徽和江西；西部地区有12个省级行政区，分别是四川、重庆、贵州、云南、西藏、陕西、
甘肃、青海、宁夏、新疆、广西、内蒙古。

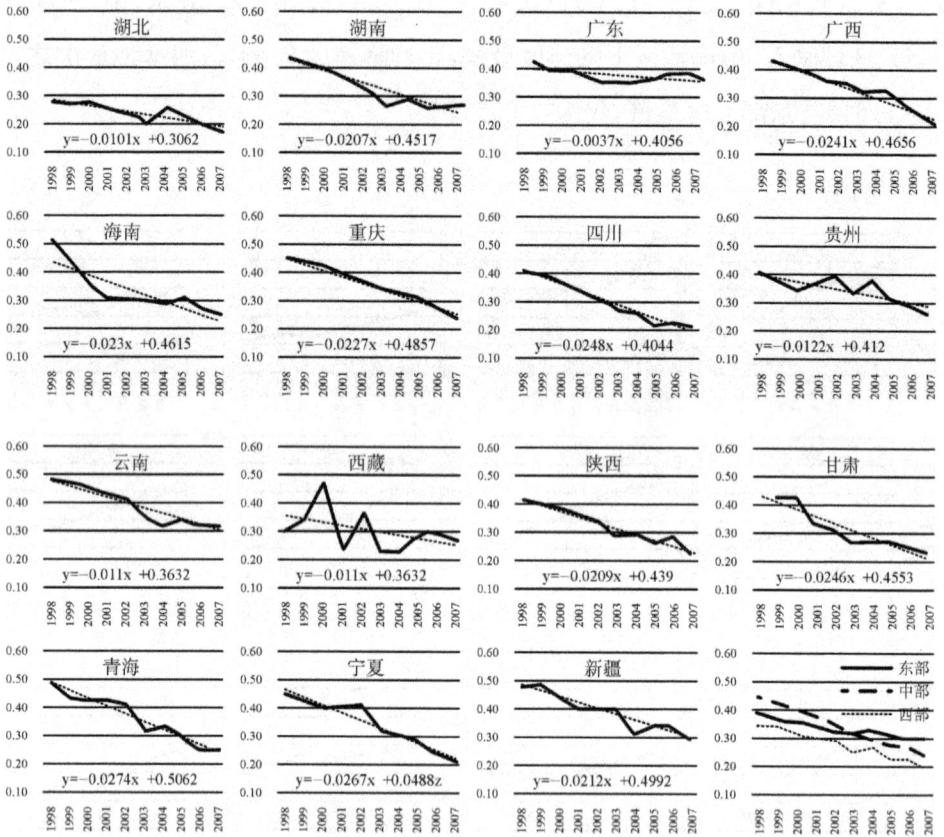

图 4-3   1998—2007 年中国大陆各省(市、区)制造业单位劳动成本趋势图

注:作者根据 1998—2007 年中国工业企业数据库整理绘制。

综上,1998—2007 年间,经济发展水平较低的中、西部地区制造业企业的平均单位劳动成本下降速度较快,东部地区除位于两端的辽宁和海南之外,年均降速都在 2% 以下。这表明在此期间,经济发达的东部沿海地区,特别是以北京、上海为代表的东部大城市和以东南沿海三省(广东、福建、浙江)为代表的中国民营制造业企业的核心聚集区,都已经逐渐显现出了单位劳动成本优势逐步消失的态势。一方面,这可能是因为东部发达地区劳动力供给的相对短缺和生活成本的不断上涨抬高了工资水平;另一方面,则可能是因为经过改革开放之后二十余年的快速发展,中国东部地区的制造业企业仅仅通过引进外国先进设备,并对员工进行简单培训,就能大幅提高企业生产效率的"后发优势"已经被开发殆尽,相对粗糙的发展模式逐渐迎来了其生产率增长的"瓶颈期"。相比之下,中、西部地区由于经济基础较差,劳动力工资水平和劳动生产率水平都很低,而且中西部地区制造业企业的技术水平相对落后,不仅与世界先进水平差距很大,甚至相对于国内东部沿海地区的领先企业也存在不小的差距,因此,1998—2007年间,中西部地区制造业企业便可以通过挖掘自身的"后发优势",使得自身劳动力生产率水平的提升速度远超工资水平的增速,因此,其制造业企业的平均单位劳动成本也就呈现出了快速下降的态势。

图4-4则对1998年和2007年中国大陆31个省级行政区的制造业企业"平均单位劳动成本"和制造业企业"劳动力雇佣规模份额"分别进行了排序。

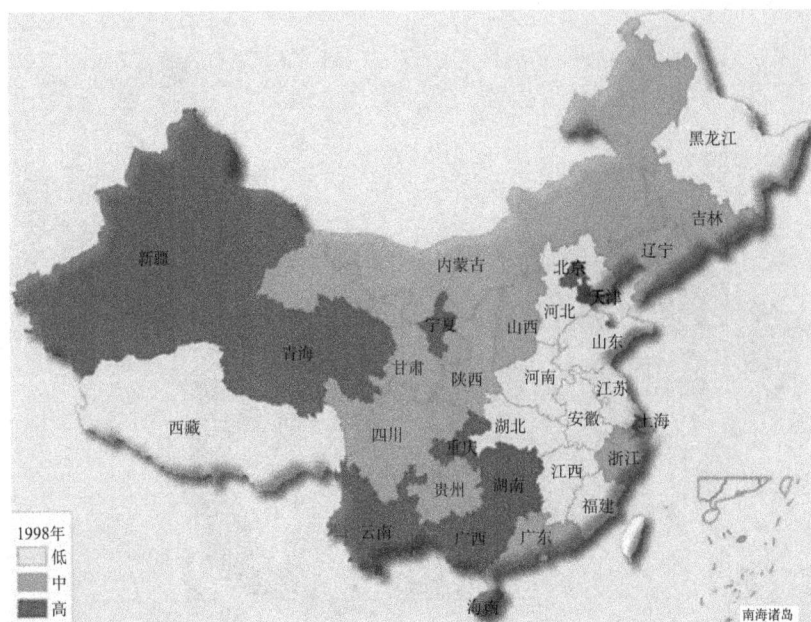

(a)

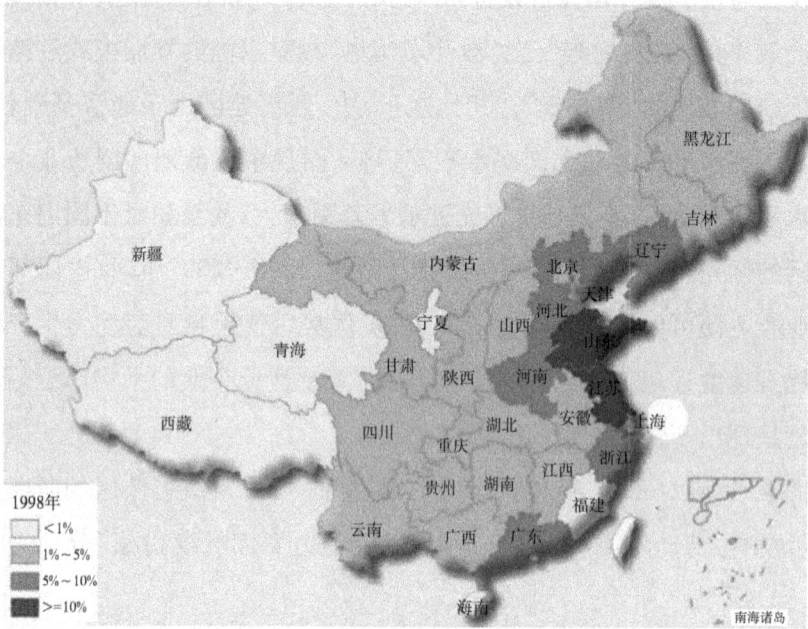

(b)

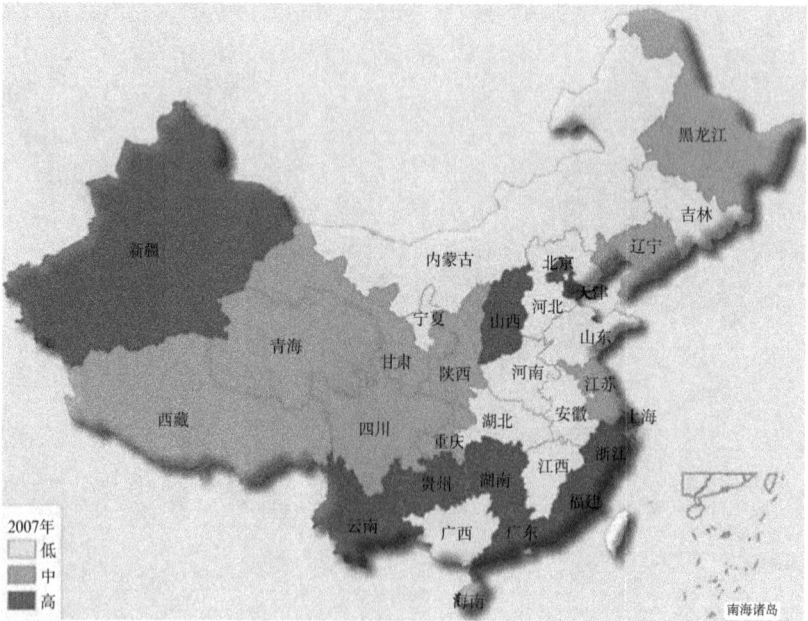

(c)

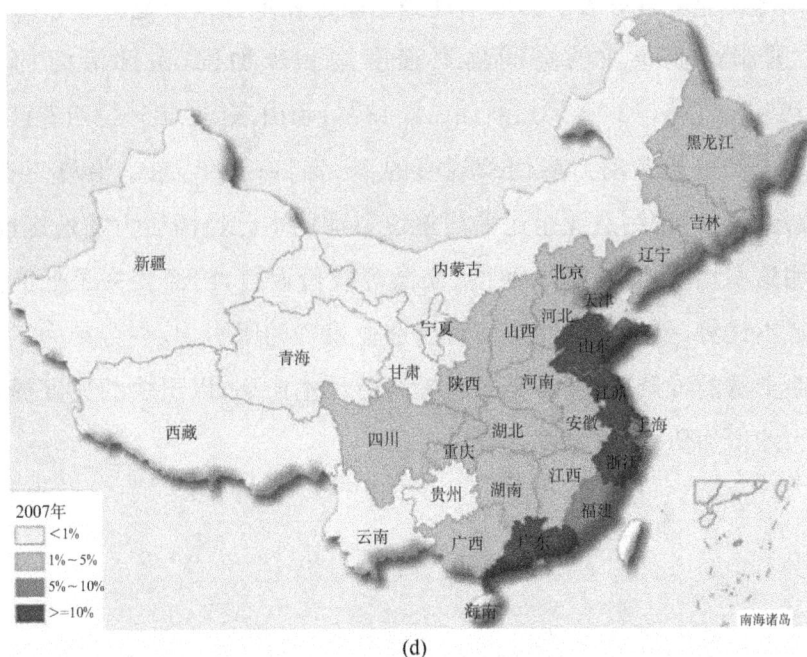

(d)

图 4-4 1998 年和 2007 年中国大陆各省级行政区制造业企业平均

单位劳动成本及制造业劳动力雇佣规模份额排序图

注:作者根据 1997—2008 年中国工业企业数据库整理绘制。数据仅包含规模以上工业企业且不含港澳台地区,(a)(c)图将大陆地区 31 个省级行政区等个数分为三档,颜色越深代表单位劳动成本水平越高;(b)(d)图则将大陆地区 31 个省级行政区按 1%、5% 和 10% 三个标准分为四档,颜色越深代表制造业劳动力雇佣规模份额越高。

由图 4-4 可知,总的来看,随着制造业企业向东部沿海省份集聚的趋势,制造业平均单位劳动成本最高的地区明显呈现由"西部"向"东南"转移的趋势。具体来看,在 1998 年,制造业企业劳动力雇佣份额超过 10%的省份仅有江苏(13.56%)和山东(11.52%),制造业企业高度集中在东部沿海地区;然而,当年制造业企业平均单位劳动成本最高的地区却集中在四个经济发达的直辖市、湖南以及制造业基础薄弱的海南、广西、新疆、青海、宁夏和云南这些边疆地区,山东和江苏两个制造业大省反而单位劳动成本较低,因此,1998 年东部沿海的江苏、山东、福建等省份,在中国大陆地区都是非常具有劳动力成本优势的制造业最佳投资地。然而到 2007 年,中国制造业企业的空间集聚程度进一步加剧,东部沿海的广东 (19.79%)、江苏(12.74%)、浙江(12.13%)和山东(10.86%)四省已经占据了中国制造业劳动力雇佣总规模的 55.51%;同年,东南沿海三省(广东、福建、浙江)的制造业企业平均单位劳动成本已经高居大陆地区前列,这表明这些地区相对山东、河南、安徽等省份而言,已经丧失了低廉的劳动力成本优势,要想继续保持其对制造业投资的吸引力,在劳动力工资水平不断上涨的背景下,就需要不断提高劳动生产率,以更快的速度提升企业的人均增加值,向技术要效益。

第五章　水平行业外资进入强度与中国制造业企业单位劳动成本

　　中国作为世界第二大经济体和成长最快的新兴经济体,吸引了大量的跨国企业以国际直接投资(FDI)的形式进驻中国,商务部数据显示,2014 年中国还首次超越美国成为世界最大的外资流入国。那么,大量外资企业投资中国给中国经济造成了哪些影响? 已有大量文献证实了外资进入会给东道国企业带来"技术溢出"和"工资溢出"两种影响,即外资进入一方面可能会提升东道国企业的生产技术水平;另一方面也可能会抬高东道国企业的工资水平,但文献没有回答的一个重要问题是外资进入给东道国企业带来的"技术溢出"和"工资溢出"效应哪一个更大? 即外资进入如何影响了东道国企业的"单位劳动成本①(Unit Labor Cost,ULC)"? 自 2008 年世界金融危机爆发以后,中国制造业企业普遍面临着外部产品需求萎缩以及国内劳动力成本上涨的双重压力,2013—2015 年间中国更是出现了进入 21 世纪以来的首次制造业就业人数三连降! 因此,对于中国政府而言,通过科学合理的政策引导,帮助中国制造业企业缓解当前所面临的劳动力成本上涨压力,已经迫在眉睫。如果外资进入是助推中国制造业企业劳动力成本快速攀升的重要原因,那么,中国政府便可以通过修改和调整当前外资利用政策的方式,在一定程度上减缓中国制造业企业所面临的劳动力成本上涨危机,为"中国制造"成功转型升级到"中国质造"和"中国创造"争取到更长的转型期,确保中国制造业平稳度过经济转型阵痛期,避免中国经济出现"硬着陆"。

---

　　① 本文中,企业单位劳动成本=人均工资水平/人均增加值。

本章使用 1998—2007 年中国工业企业数据库,通过测算外资企业在每个区域(分市级、省级和地区三级)和每个国民经济四分位行业内的劳动力市场雇佣份额和产品市场销售份额,来定义水平行业的"外资进入强度"指标,并据此分析了水平行业外资进入强度上升对中国当地同行业制造业企业的单位劳动成本产生了何种影响。本章还进一步把这种影响分解为水平行业外资进入强度上升对中国当地同行业制造业企业"人均工资"和"人均增加值"的两种影响机制,来识别水平行业外资进入强度上升影响中国当地同行业制造业企业单位劳动成本的具体原因。本章发现:水平行业外资进入强度上升显著推高了中国当地同行业制造业企业的单位劳动成本,且这种影响主要源于水平行业外资进入强度上升抬高了中国当地同行业制造业企业的平均工资水平,存在显著的正向"工资溢出"效应;而且,水平行业外资进入强度上升并没有如我们在引进外资时所预期的那样,显著带动中国当地同行业制造业企业的人均增加值随之上升,反而是呈现出显著的负向"技术挤出"效应,即水平行业外资进入强度上升会导致中国当地同行业制造业企业的人均增加值出现下降。

第一节　计量模型、变量设计与数据说明

一、计量模型与方法

本书设计了如(5-1)式所示的计量模型,来分析水平行业外资进入强度上升对中国同行业制造业企业单位劳动成本的影响方向及影响程度:

$$ULC_{it+1} = \alpha_0 + \alpha_1 * FDI\_share_{jkt} + \beta * \sum X + \sum \gamma_j + \sum \gamma_k + \sum \gamma_t + \varepsilon_{ijkt}$$

$$(5-1)$$

(5-1)式中的下角标 i、j、k、t 分被代表企业、行业、地区和年份[①]。被解

———————

① 为表达简洁,在不引起歧义的前提下,后文中将省略变量的下角标。

释变量 ULC_{it+1} 为 i 企业 $t+1$ 年的单位劳动成本，FDI_share_{jkt} 为 t 年 j 行业 k 地区的外资进入强度，是本书的核心解释变量。$\sum X$ 为控制变量向量，包含：t 年 j 行业 k 地区的赫芬达尔指数（HHI_{jkt}），刻画该地区行业内部的市场竞争程度，HHI 指数越接近 1，市场结构越垄断，越接近 0，市场结构越竞争；以及 t 年 i 企业层面的控制变量向量，包含企业的全要素生产率（op_tfp）[1]、资本密集度（ln_pck）[2]、雇佣规模（ln_worker）、负债率（$debtratio$）[3]、年龄（age）、是否出口虚拟变量（$exdum$）、是否享有政府补贴虚拟变量（$subsidydum$）以及是否有新产品在售虚拟变量（$newprodum$）。$\sum\gamma_j$、$\sum\gamma_k$ 和 $\sum\gamma_t$ 分别为行业、地区和时间虚拟变量向量。ε_{ijkt} 为随机误差项。

　　显然，由于不可避免的测量误差、遗漏变量等问题，计量模型(5-1)式中可能存在一定的内生性问题，但对于本书的核心解释变量水平行业外资进入强度（FDI_share_{jkt}）而言，内生性问题并不严重。一方面，外资进入强度（FDI_share_{jkt}）为"行业-地区汇总型"变量，没有理由认为其和被解释变量——单一企业的单位劳动成本（ULC_{it+1}）之间存在严重的反向因果关系。另一方面，在(5-1)式中同时控制年度和国民经济四分位行业固定效应，可以在很大程度上解决遗漏变量导致的内生性问题。同时，Moulton(1990)[4]指出使用加总的宏观经济变量对微观变量进行回归分析，可能会导致回归标准误下偏。因此，本书在所有 OLS 回归中均使用了区域层面（分城市、省级、地区三级）的聚类（cluster）稳健标准误[5]。对于外资进入强度变量可能

----

① 在计算企业全要素生产率时，本文采用的是 Olley-Pakes(1996)的方法。

② 资本密集度＝企业总资产/雇佣人数。

③ 负债率＝企业负债/总资产。

④ Moulton, B. R., 1990, "An Illustration of a Pitfall in Estimating the Effects of Aggregate Variables on Micro Units" [J]. *Review of Economics and Statistics*, Vol. 72(2)：334-338.

⑤ 为了在区域层面（城市、省级、地区）使用聚类稳健标准误，本文删除了在样本观测期间内所在地不在同一城市、同一省份和同一地区的样本企业，这一做法也有利于剔除掉在工业企业数据库跨年合并中被误归纳为同一企业的错误样本，提高回归分析的精度。当然，被删除的样本企业并不多，占比不足 5%。

存在的测度误差问题,本书同时使用"劳动力市场"外资进入强度和"产品市场"外资进入强度两种方法,对城市、省级和地区三个层面的数据进行测度,可以在很大程度上解决这一问题对回归结果的干扰,进一步确保回归结果的稳健性。更进一步地,本书还参考 Bernard 和 Jensen(2004)[1]的方法,将(5-1)式中的所有解释变量均滞后一期,这也可以在一定程度上缓解反向因果导致的内生性问题。此外,由于企业单位劳动成本变量(ULC)为"人均工资($pcwage$)"和"人均增加值($pcva$)"的比值,因此,通过分析水平行业外资进入强度(FDI_share)对中国同行业制造业企业"人均工资"和"人均增加值"的影响,便可以对水平行业外资进入强度影响中国同行业制造业企业单位劳动成本的路径机制进行分解,其计量模型只需将(5-1)式中的被解释变量分别替换为企业的"人均工资"和"人均增加值"的自然对数 ln_pcwage_{it+1} 和 ln_pcva_{it+1} 即可。

二、变量设计与数据说明

本书的核心解释变量是水平行业外资进入强度(FDI_share),本书将外国投资企业($NHMT$)和港澳台资企业(HMT)都视为外资企业。在计算该指标之前,需要先确定衡量外资企业的标准。文献中常用的识别中国工业企业数据库中企业所有制属性的方法有两种:一是企业的注册类型,二是企业的实收资本结构(聂辉华等,2012[2])。本书使用企业注册类型来区分企业的所有制结构,主要基于以下三个原因:(1) 中国工业企业数据库中企业实收资本结构无法识别相对控股的情况,如某企业外资股权占比为 10%,内资股权占比 90%,但内资股权可能分别由 90 个自然人(或法人)持有,每人分别只占 1%的股份,而外资股权全掌握在 1 个自然人(或法人)手中,该企业

---

① Bernard, A. B., Jensen, J. B., 2004, "Why some Firms Export?" [J]. *Review of Economics and Statistics*, Vol. 86(2):561-569.

② 聂辉华、江艇、杨汝岱:《中国工业企业数据库的使用现状和潜在问题》,《世界经济》,2012 年第 5 期,第 142—158 页。

事实上仍为外资控股企业。(2)本书区分企业所有制结构的原因主要是因为外资企业和内资企业在享受政府优惠待遇、生产技术水平等众多维度上存在显著差异,而这种差异并不必然会随着企业真实股权结构的变动立即改变。因此,即便中国工业企业数据库中存在一小部分企业事实上已经没有外资股权,但登记注册类型仍为外资企业的现象,也不会对本书结论产生太大的影响。(3)中国工业企业数据库中实收资本结构数据存在大量缺失和错误值,而企业注册类型数据相对而言质量更高。

此外,计算外资进入强度之前还需要明确是在什么市场上的进入强度。外资企业主要在劳动力市场和产品市场这两个市场上和东道国企业相互竞争和学习,且在同一年份、同一地区、同一行业的劳动力市场和产品市场上,外资进入强度可能并不相同。因此,本书分别计算了两个市场上的两种外资进入强度指标。中国工业企业数据库拥有详细的企业所在地信息,并且考虑到大量文献证明中国存在一定程度的要素和产品市场区域分割的问题(如朱希伟等,2005[①];吴愈晓,2011[②]),本书分别在城市、省级和地区[③]三个区域层级对外资进入强度等地区汇总型变量进行了计算,以确保本书结论的稳健性。中国工业企业数据库提供的企业所属行业分类可以细分至《国民经济行业分类(2002)》四分位子行业,所以本书主要以四分位行业分类作为企业所属行业的计算标准,具体计算方法如(5-2)和(5-3)式所示。

劳动力市场:

[①]　朱希伟,金祥荣,罗德明:《国内市场分割与中国的出口贸易扩张》,《经济研究》,2005年第12期,第68—76页。

[②]　吴愈晓:《劳动力市场分割、职业流动与城市劳动者经济地位获得的二元路径模式》,《中国社会科学》,2011年第1期,第119—137+222—223页。

[③]　本文中,"城市"是指地级市,对于直辖市而言,市区范围算一个地级市,周边郊县算一个地级市;"省级"是指省、自治区和直辖市;"地区"则是指东北(辽宁、吉林、黑龙江)、华北(北京、天津、河北、山西、内蒙古)、华中(河南、湖北、湖南)、华东(上海、江苏、浙江、安徽、福建、江西、山东)、华南(广东、广西、海南)、西南(重庆、四川、贵州、云南、西藏)、西北(陕西、甘肃、青海、宁夏、新疆)。

$$FDI\_share_{jkt} = 外资企业的雇佣规模_{jkt}/劳动力市场规模_{jkt} \quad (5-2)$$

产品市场：

$$FDI\_share_{jkt} = 外资企业的销售规模_{jkt}/产品市场规模_{jkt} \quad (5-3)$$

本书还将企业所处地区和行业的市场竞争程度——赫芬达尔指数（HHI_{jkt}）作为控制变量加入了实证模型。同理，本书也分别对劳动力市场和产品市场，在城市、省级、地区三个区域层级，以国民经济四分位行业分类标准计算了 HHI_{jkt} 指标。主要变量的描述性统计见表5-1。

表5-1 主要变量的描述性统计表

	变量名	样本数	均值	标准差	变量名	样本数	均值	标准差
企业层面变量	ULC	1,021,801	0.30	0.24	op_tfp	1,492,936	3.06	0.83
	ln_pcwage	1,030,084	2.44	0.50	debtratio	1,509,976	0.56	0.25
	ln_pcva	1,021,802	4.01	1.06	age	1,509,976	9.15	10.47
	ln_worker	1,509,976	4.81	1.11	exdum	1,509,974	0.38	0.49
	ln_pck	1,506,065	3.68	1.24	subsidydum	1,509,976	0.13	0.34
					newprodum	1,509,976	0.21	0.41

		变量名	城市层面			省级层面			地区层面		
			样本数	均值	标准差	样本数	均值	标准差	样本数	均值	标准差
地区行业汇总型变量	劳动市场	wage_gap	1,509,974	0.62	0.58	1,509,974	0.90	0.60	1,509,974	0.99	0.61
		tfp_gap	1,492,936	1.01	0.84	1,492,936	1.38	0.83	1,492,936	1.50	0.82
		FDI_share	1,011,378	0.37	0.29	1,342,817	0.30	0.25	1,453,416	0.28	0.22
		NHMT_share	847,877	0.22	0.22	1,253,154	0.16	0.15	1,408,233	0.14	0.12
		HMT_share	819,172	0.24	0.24	1,207,886	0.17	0.18	1,379,701	0.15	0.15
		HHI	1,509,976	0.27	0.29	1,509,976	0.10	0.16	1,509,976	0.05	0.09
	产品市场	FDI_share	1,003,287	0.40	0.30	1,331,894	0.33	0.25	1,441,016	0.32	0.22
		NHMT_share	841,611	0.25	0.24	1,243,588	0.19	0.18	1,396,602	0.18	0.15
		HMT_share	812,839	0.24	0.25	1,198,231	0.17	0.18	1,368,061	0.15	0.15
		HHI	1,509,976	0.29	0.30	1,509,976	0.12	0.17	1,509,976	0.06	0.10

此外,附表 2 列示了主要变量之间的相关系数矩阵,本书核心解释变量之间的相关系数绝对值均在 0.6 以下,因此,不存在严重的多重共线性问题。

在进行计量回归分析之前,我们还有必要对中国引进的外资制造业企业与中国内资制造业企业之间是否确实存在"人均工资"和"人均增加值"上的显著差异进行对比分析,只有当在华经营的外资制造业企业在"人均工资"和"人均增加值"上领先于中国内资制造业企业,外资进入才有对中国内资制造业企业产生"技术溢出"或"工资溢出"效应的基础。图 5-1 显示了 1998—2007 年间中国不同所有制类型制造业企业人均工资和人均增加值的变动趋势。

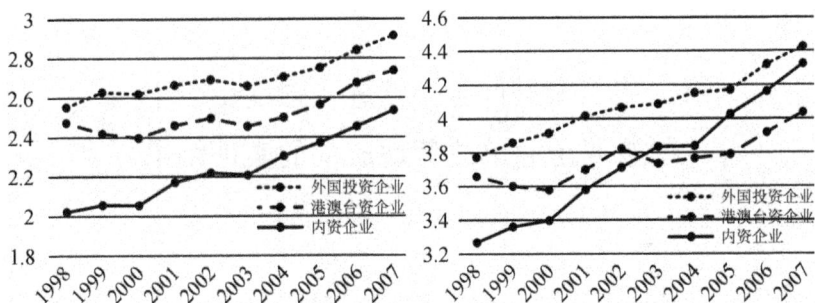

图 5-1　1998—2007 年中国制造业企业人均工资(左)及人均增加值(右)

注:作者根据中国工业企业数据库整理绘制,其中,人均工资和人均增加值均为自然对数值。

由图 5-1 中的左图可知,1998—2007 年间,中国制造业企业的平均工资水平呈现快速上升趋势。其中,外国投资企业一直遥遥领先,港澳台资企业次之,内资企业的平均工资水平最低。从时间趋势上来看,在 2003 年以前内资企业与外资企业的平均工资水平差距有收敛的趋势,但在 2003 年之后,这种收敛趋势就不再明显。综上,中国制造业企业中的外国投资企业在工资水平上确实具有遥遥领先于内资企业的优势,因此,其具有对中国内资和港澳台资制造业企业产生正向"工资溢出"效应的基础条件,同理,港澳台资企业也有对内资企业产生正向"工资溢出"效应的基础条件。由图 5-1 中的右图可知,1998—2007 年间,中国制造业企业的人均增加值也呈现快速上升的趋势。其中,外国投资企业一直遥遥领先;港澳台资企业在 2002 年以前位居次席,但在 2003 年被内资企业超越,并被逐渐拉开差距。从增长速度上来看,中国内资制造业企业的人均增加值在此期间一直保持高速增长,不仅超越并甩开了港澳台资企业,与外国投资企业之间的差距也正在快速收敛。综上,中国制造业企业中的港澳台资企业在以人均增加值测度的劳动生产率水平上相对于内资企业而言,并不具备明显优势,因此,其对中国制造业企业产生正向"技术溢出"的基础条件并不存在,而外国投资企业则存在对内资企业和港澳台资企业产生正向"技术溢出"效应的基础条件。

第二节　水平行业外资进入强度影响中国制造业企业单位劳动成本的实证结果

一、全样本基准回归结果与分析

参考 Koenig 和 Mayneris(2011)[①]的方法,对(5-1)式以 OLS 方法进行了回归分析,结果如表 5-2 所示。

由表 5-2 可知,OLS 方法的回归结果良好,拟合优度(R^2)较高,变量系数符号也都符合预期。不论是在劳动力市场还是在产品市场上,本书的核心解释变量水平行业外资进入强度(FDI_share)的系数在城市、省级和地区三个层面都显著为正。即外资企业在某一地区、某一行业雇佣规模(劳动力市场)或产品市场份额(产品市场)占比越高,平均而言,当地同行业企业的

---

① Koenig, P., Mayneris, F., Poncet, S., 2010, "Local Export Spillovers in France" [J]. *European Economic Review*, Vol. 54(4):622-641.

单位劳动成本(ULC)就越高,劳动力竞争优势越弱。这可能是因为高强度的外资进入会加剧当地同行业企业间在雇佣劳动力上的竞争,进而引发企业的人均工资上涨,而企业的生产效率水平(人均增加值)却没有能够受益于外资进入带来的"技术溢出"效应而保持和人均工资以相同的速率提升,这显然会导致在水平行业外资进入强度上升的影响下,中国制造业企业的单位劳动成本(工资水平/人均增加值)呈现显著上涨趋势。

就其他控制变量而言,表 5-2 中的回归结果显示,市场集中程度(HHI)的系数仅在城市层面显著为负,表明在地级市层面,某行业的劳动力和产品市场结构越垄断,其企业平均的单位劳动成本就越低,这可能是由于中国制造业行业中垄断程度较高的石油石化、汽车、船舶等重工业行业普遍具有资本密集型的特征,其人均增加值相对于人均工资而言更高,单位劳动成本自然也就较低。企业的全要素生产率(op_tfp)的系数显著为负,这表明生产技术越先进、管理越有效率的优秀企业,其人均增加值也就越高,单位劳动成本自然也就越低。

表 5-2　全样本基准回归结果

被解释变量 ULC	劳动力市场			产品市场		
	城市层面	省级层面	地区层面	城市层面	省级层面	地区层面
	1	2	3	4	5	6
FDI_share	0.0720***	0.0875***	0.1120***	0.0680***	0.0762***	0.0886***
	(5.68)	(3.23)	(3.24)	(6.28)	(3.09)	(2.74)
HHI	-0.0503***	-0.0188	0.0132	-0.0398***	-0.0144	0.0156
	(-6.42)	(-0.76)	(0.41)	(-5.63)	(-0.67)	(0.62)
op_tfp	-0.0769***	-0.0741***	-0.0737***	-0.0771***	-0.0742***	-0.0737***
	(-31.23)	(-32.71)	(-50.52)	(-31.47)	(-32.69)	(-49.13)
ln_pck	-0.0393***	-0.0361***	-0.0349***	-0.0394***	-0.0362***	-0.0350***
	(-21.16)	(-11.17)	(-18.12)	(-21.31)	(-11.20)	(-18.39)
ln_worker	0.0237***	0.0248***	0.0257***	0.0238***	0.0251***	0.0259***
	(13.58)	(8.72)	(9.09)	(13.19)	(8.55)	(8.68)

被解释变量 ULC	劳动力市场			产品市场		
	城市层面	省级层面	地区层面	城市层面	省级层面	地区层面
	1	2	3	4	5	6
debtratio	0.0161***	0.0232***	0.0230***	0.0159***	0.0228***	0.0230***
	(3.52)	(2.94)	(3.11)	(3.48)	(2.85)	(3.04)
age	0.0018***	0.0017***	0.0017***	0.0017***	0.0016***	0.0017***
	(10.74)	(8.44)	(7.13)	(10.59)	(8.49)	(7.34)
exdum	0.0232***	0.0241***	0.0234***	0.0234***	0.0244***	0.0238***
	(9.76)	(5.93)	(5.75)	(9.51)	(5.82)	(5.55)
subsidydum	0.0059**	0.0076**	0.0080***	0.0056**	0.0072**	0.0078***
	(2.31)	(2.12)	(3.40)	(2.18)	(2.02)	(3.04)
newprodum	−0.0018	−0.0027	−0.0031	−0.0023	−0.0032	−0.0037
	(−0.52)	(−0.45)	(−0.53)	(−0.64)	(−0.53)	(−0.60)
c	0.4796***	0.4382***	0.4326***	0.4761***	0.4345***	0.4269***
	(25.32)	(15.20)	(19.06)	(25.11)	(14.76)	(18.50)
样本数	679590	904407	978355	679590	904407	978355
R^2	0.3027	0.3033	0.3032	0.3031	0.3033	0.3023

注:括号中为 t 值,* $p<0.1$,** $p<0.05$,*** $p<0.01$,所有解释变量均为滞后一期值,同时控制了年度和行业(国民经济四分位行业分类)固定效应,并在区域(城市、省级、地区)层面使用了聚类(cluster)稳健标准误。

　　这对中国当前制造业企业普遍面临的劳动力成本不断上涨压力的启示在于:在无法解决外部劳动力市场赋予企业的劳动力薪资上涨束缚的背景下,向技术和管理要效益,全力提升企业的全要素生产率,是企业可以内生地解决劳动成本上涨问题的重要途径之一。较高的全要素生产率可以使资本方能占有更多的劳动力剩余价值,从而有可能以更快的速度积累资本进行科研投入,进一步提升企业的生产技术水平和经营效率,从而进一步降低企业的单位劳动成本,巩固企业的竞争力,实现良性循环。

企业的资本密集度(ln_pck)的系数显著为负,表明企业的生产要素投入结构会影响其单位劳动成本,越是资本密集的企业其单位劳动成本越低。对于中国传统的劳动力密集型制造业企业而言,以机械设备代替劳动投入,推进生产技术的自动化、信息化和智能化革新,不仅可以解决本企业的劳动成本上涨压力,其节省的劳动力要素重新进入劳动力市场,也可以缓解中国同行业其他企业所面临的工资上涨压力。

企业的雇佣规模(ln_worker)的系数显著为正,这表明企业的雇佣规模越大,其单位劳动成本就越高。这一方面可能是因为雇佣规模大的企业具有劳动密集型特征,如纺织服装、电子产品加工等行业,其单位劳动成本自然要高于资本和技术密集型行业;另一方面则可能是因为同一行业内部的企业间,雇佣规模越大的企业就越容易存在机构臃肿、雇员冗余、中高级管理层人数过多且薪资过高,以及尾大不掉、管理效率低下、革新阻力更大等问题,这无疑会拉升企业的平均工资水平,并阻碍企业生产效率(以人均增加值衡量)的提高,进而推高企业的单位劳动成本。

企业的负债率($debtratio$)的系数显著为正,这表明负债率越高的企业其单位劳动成本越高。企业的负债率这一指标可以分两层解读:一方面,负债率高表明企业的经营绩效不佳,这种现象可能是由于经营绩效差的企业通常存在生产率低下、雇员冗余、薪酬虚高等一系列会推高企业单位劳动成本的特征;另一方面,负债率高也表明企业的融资能力强,这就凸显了中国制造业企业在融资问题上的一个"怪象"——越是绩效差的企业(如产能过剩行业的部分国有企业)融资能力越强,反而那些单位劳动成本更低、竞争优势更强的企业的融资能力则较差(张杰等,2016[①]),这说明中国尚缺乏能为制造业企业营造公平的优胜劣汰市场环境的金融市场,优质企业难以凭借外部融资脱颖而出,而大量效率低下的"僵尸企业"却可以凭借外部融资苟

①　张杰,郑文平,翟福昕:《融资约束影响企业资本劳动比吗?——中国的经验证据》,《经济学(季刊)》,2016 年第 3 期,第 1029—1056 页。

延残喘。因此,营造公平有序的金融市场秩序,为优质制造业企业提供更多的融资机会,可以激发市场活力,促进资不抵债的"僵尸企业"早日关停并转、有序淘汰,可以为优质企业腾出更大的市场空间和更多的劳动力和资金资源。企业年龄(age)的系数显著为正,说明越老牌的企业单位劳动成本越高。从人均工资的角度来看,这可能是因为历史越久的企业资深员工占比越高,受"年功序列"以及工资水平的"棘轮效应"等影响,老员工比例越高的企业平均工资水平就越高,其支付的退休金等福利费用也就更多;此外,越老牌的企业人事关系越复杂,特别是在中国,受计划经济体制残余的影响,部分老牌企业,特别是国有企业,在职工婚丧嫁娶、生老病死等私人生活中扮演过多的角色,其职工福利远高于新创企业,辞退员工的难度也更大,从而其单位劳动成本也就相对更高。而从人均增加值的角度来看,技术更新换代、产品新陈代谢频率的不断加快,给新兴企业在新兴技术和新型产品领域超越老牌企业提供了越来越多的机会和空间,年轻企业虽然在品牌和资金实力等方面较弱,但其适应新技术、新变革的能力更强(周黎安等,2007[①]),老牌企业反而往往面临旧产品和旧技术的巨额沉没成本带来的发展路径依赖等问题(Solow,1960[②]),在创新变革方面掣肘过多,生产效率提升缓慢。

在虚拟变量中,企业出口的虚拟变量($exdum$)的系数显著为正,说明出口企业相比非出口企业的单位劳动成本更高,这意味着在样本观测期内,劳动密集型企业仍是中国制造业出口的主力军。企业是否享有政府补贴的虚拟变量($subsidydum$)的系数显著为正,这一方面可能是因为政府补贴企业的目的包括增加企业雇佣规模以提振就业(比如出口加工行

---

① 周黎安,张维迎,顾全林,汪淼军:《企业生产率的代际效应和年龄效应》,《经济学(季刊)》,2007年第4期,第1297—1318页。

② Solow B. R. , 1960, "Investment and Technical Progress." in eds. Arrow, K, Karlin, S and Suppes, P, Mathematical Methods in the Social Sciences. 2010. Stanford , CA: Stanford University.

业）、促进绩效较差的落后企业转型升级（比如国企改革）等，而这些接受补贴的企业又都呈现生产率低下、高单位劳动成本的特征；另一方面，这也可能是因为政府补贴在一定程度上反而减轻了企业的市场竞争压力，企业接受补贴之后可能会为员工提供过高的劳动报酬，也可能会仅仅依靠政府补贴获取利润，丧失创新的活力，因此人均增加值下降，企业的单位劳动成本自然就会高（徐保昌和谢建国，2015[①]）。企业是否有新产品在售的虚拟变量（*newprodum*）的系数并不显著，则说明企业的创新能力对其单位劳动成本没有显著的影响。

此外，表5-2中的回归结果显示，对本书的核心解释变量水平行业外资进入强度（*FDI_share*）而言，虽然其在产品市场上的回归系数较劳动力市场上略小，但系数符号和显著性水平仍保持高度一致，这表明本书回归结果具有高度稳健性。*FDI_share*在产品市场上的回归系数略小，则可能是因为中国产品市场的市场分割程度并不像劳动力市场那样强烈，毕竟产品的跨区域流动性要远远大于劳动力，且产品存在大量跨国贸易流通，而劳动力几乎不存在这一问题。所以，以企业工业销售产值为依据，按城市、省级、地区进行划分计算的产品市场上的外资进入强度指标，远不如劳动力市场上的外资进入强度指标更能代表外资在本地区、本行业内的真实影响力。因此，本章的后续分析中将使用劳动力市场上的外资进入强度作为唯一的外资进入指标，不再对产品市场进行分析。

二、子样本回归结果与分析

在上述基于全样本的回归分析中，我们对中国制造业企业的异质性没有给予充分的考虑。因此，本书将样本总体按所有制类型细分为"内资企业"和"外资企业"子样本，按所在地区细分为东、中、西部企业子样本分别进行了回

---

① 　徐保昌，谢建国：《政府质量、政府补贴与企业全要素生产率》，《经济评论》，2015年第4期，第45—56页。

归分析,还将外资企业细分为"外国投资企业"和"港澳台资企业",并分别测算外国投资进入强度($NHMT\_share$)和港澳台资进入强度(HMT_share),以对比不同类型外资进入的强度对中国同行业制造业企业单位劳动成本的影响是否存在系统性差异。

(一)内、外资企业子样本回归结果

由于进入中国市场的外资企业通常为大型跨国公司,他们的平均生产效率水平和工资水平通常都要高于内资企业,那么,在面临相同的新进入外资企业的竞争或已在位外资企业市场力量的强势扩张竞争下,中国内资企业和在华经营的外资企业的单位劳动成本是否都会受其影响?为回答这一问题,在表5-3中,本书将样本总体细分为"内资企业"和"外资企业"两个子样本,并按照计量模型(5-1)式进行了回归分析。由表5-3可知,内资企业和外资企业子样本的回归结果高度相似,水平行业外资进入强度(FDI_share)的系数在城市、省级和地区层面均高度显著为正。所以,水平行业外资进入强度上升对于中国的内、外资制造业企业的单位劳动成本都存在正面影响。值得注意的是,在控制变量中,企业负债率变量($debtratio$)的系数在内资企业子样本中显著为正,而在外资企业子样本中却显著为负,这可能是因为中国内、外资企业在外部融资上存在系统性差异导致的。中国内资企业中单位劳动成本较低的民营中小型企业普遍面临融资困难的问题,而单位劳动成本更高的大中型国有企业即使经营不善,也可以凭借国企身份相对容易地从国有银行获得融资,因此债台高筑;相对而言,在华经营的外资企业就并不存在这一"怪象",表5-3中的结果显示外资企业的负债率与其单位劳动成本负相关,这表明优质(单位劳动成本低)的外资企业比单位劳动成本高的外资企业更能获得外部融资。

表 5 - 3　内、外资企业子样本回归结果对比

被解释变量 ULC	劳动力市场					
	内资样本			外资样本		
	城市层面	省级层面	地区层面	城市层面	省级层面	地区层面
	1	2	3	4	5	6
FDI_share	0.0544***	0.0660**	0.0842**	0.0574***	0.0715***	0.1035***
	(4.45)	(2.22)	(2.25)	(5.08)	(3.73)	(5.90)
HHI	−0.0463***	−0.0028	0.0256	−0.0603***	−0.0514**	−0.0231
	(−5.07)	(−0.10)	(0.82)	(−7.49)	(−2.52)	(−0.62)
op_tfp	−0.0748***	−0.0726***	−0.0729***	−0.0802***	−0.0797***	−0.0789***
	(−28.50)	(−31.71)	(−48.49)	(−32.01)	(−27.20)	(−45.69)
ln_pck	−0.0395***	−0.0363***	−0.0352***	−0.0438***	−0.0436***	−0.0432***
	(−21.49)	(−10.73)	(−13.92)	(−18.41)	(−10.83)	(−10.27)
ln_worker	0.0231***	0.0232***	0.0241***	0.0161***	0.0167***	0.0168***
	(13.27)	(8.15)	(8.97)	(7.46)	(4.93)	(4.38)
debtratio	0.0393***	0.0417***	0.0410***	−0.0132**	−0.0124**	−0.0136***
	(7.53)	(6.05)	(7.13)	(−2.38)	(−2.21)	(−7.14)
age	0.0017***	0.0017***	0.0018***	0.0027***	0.0026***	0.0026***
	(11.01)	(9.77)	(8.34)	(6.91)	(6.01)	(5.73)
exdum	0.0163***	0.0166***	0.0153***	0.0260***	0.0267***	0.0262***
	(7.27)	(5.74)	(5.07)	(7.87)	(6.44)	(6.17)
subsidydum	0.0067***	0.0085**	0.0091***	0.0042	0.0047	0.0044
	(2.85)	(2.10)	(3.35)	(1.11)	(0.96)	(0.72)
newprodum	0.0041	0.0021	0.0020	−0.0099***	−0.0096**	−0.0104**
	(1.03)	(0.31)	(0.34)	(−3.06)	(−2.48)	(−2.34)
c	0.4626***	0.4314***	0.4292***	0.6113***	0.6001***	0.5972***
	(22.49)	(13.23)	(15.68)	(29.58)	(24.26)	(23.62)
样本数	457805	682622	756570	221785	221785	221785
R^2	0.2971	0.2990	0.3015	0.3123	0.3103	0.3101

注:括号中为 t 值,* $p<0.1$,** $p<0.05$,*** $p<0.01$,所有解释变量均为滞后一期值,同时控制了年度和行业(国民经济四分位行业分类)固定效应,并在区域(城市、省级、地区)层面使用了聚类(cluster)稳健标准误。

此外,由表 5 - 3 可知,内资企业子样本中的政府补贴变量(*subsidydum*)的系数显著为正,而外资企业子样本中这一系数却并不显著,这说明中国政府对内、外资企业在提供补贴上存在系统性差异,政府更倾向于补贴那些高单位劳动成本的内资企业(比如国有企业),而对外资企业的政府补贴则并没有这一倾向。

最后,外资企业子样本中的是否有新产品在售变量(*newprodum*)的系数显著为负,而内资企业子样本中这一变量的系数并不显著,这表明外资企业中那些创新能力更强的企业,其单位劳动成本也更低,而内资企业中创新能力强的企业却并没有表现出相同的特征,这说明内资企业在单位劳动成本控制上,没有能够向外资企业一样做到"向创新要效益",在依靠创新降低成本上与外资企业仍有很大差距。

(二) 东、中、西部企业子样本回归结果

水平行业外资进入强度上升对中国同行业制造业企业单位劳动成本的影响还可能会存在地区差异。外资企业在中国的区域分布十分不均衡,严重聚集于东部大城市。中国商务部数据显示:2015 年东部沿海省份实际利用外资占比高达 83.85%,因此,本书把样本总体按东、中、西部地区拆分后进行了回归分析,结果见表 5 - 4。

由表 5 - 4 可以发现,水平行业外资进入强度上升对中国同行业制造业企业单位劳动成本的正面影响只有在东部地区是显著的,在中、西部地区并不显著,而且在西部地区子样本地区层面上的回归系数甚至显著为负。

表 5 - 4   东、中、西部子样本回归结果对比

被解释变量 *ULC*	劳动力市场								
	城市层面			省级层面			地区层面		
	东部	中部	西部	东部	中部	西部	东部	中部	西部
	1	2	3	4	5	6	7	8	9
FDI_share	0.0717***	−0.0082	−0.0011	0.0766**	−0.0111	−0.0081	0.0924***	0.0040	−0.0197***
	(5.30)	(−0.86)	(−0.11)	(2.43)	(−0.52)	(−0.62)	(3.10)	(0.38)	(−7.51)

续表

被解释变量 ULC	劳动力市场								
	城市层面			省级层面			地区层面		
	东部	中部	西部	东部	中部	西部	东部	中部	西部
	1	2	3	4	5	6	7	8	9
HHI	−0.0421***	0.0259**	0.0138	0.0126	0.0492***	0.0433**	0.0572	0.0191	0.0005
	(−5.25)	(2.22)	(1.02)	(0.38)	(4.25)	(2.30)	(1.46)	(0.61)	(0.02)
op_tfp	−0.0768***	−0.0727***	−0.0846***	−0.0743***	−0.0694***	−0.0794***	−0.0736***	−0.0709***	−0.0805***
	(−28.06)	(−25.01)	(−17.40)	(−27.29)	(−28.28)	(−11.08)	(−47.43)	(−39.17)	(−52.60)
ln_pck	−0.0407***	−0.0264***	−0.0333***	−0.0382***	−0.0257***	−0.0309***	−0.0374***	−0.0248***	−0.0309***
	(−20.15)	(−12.36)	(−8.27)	(−10.71)	(−7.73)	(−7.87)	(−35.00)	(−11.29)	(−13.74)
ln_worker	0.0237***	0.0274***	0.0261***	0.0247***	0.0288***	0.0277***	0.0250***	0.0315***	0.0295***
	(12.41)	(14.19)	(11.60)	(7.32)	(19.23)	(14.30)	(7.46)	(17.69)	(44.76)
debtratio	0.0133***	0.0329***	0.0020	0.0185**	0.0345***	0.0115***	0.0175***	0.0332***	0.0168***
	(2.65)	(5.47)	(0.26)	(2.05)	(5.97)	(2.94)	(2.31)	(9.99)	(5.15)
age	0.0017***	0.0015***	0.0029***	0.0016***	0.0015***	0.0025***	0.0016***	0.0016***	0.0025***
	(8.96)	(9.66)	(8.32)	(6.67)	(13.61)	(13.19)	(5.30)	(20.09)	(14.62)
exdum	0.0241***	0.0072	−0.0034	0.0263***	0.0069***	0.0020	0.0262***	0.0042	0.0017
	(9.51)	(1.62)	(−0.84)	(5.36)	(2.67)	(0.62)	(5.22)	(1.45)	(0.89)
subsidydum	0.0041	0.0171***	0.0107***	0.0051	0.0172***	0.0065*	0.0054**	0.0165***	0.0066***
	(1.49)	(4.23)	(2.79)	(1.20)	(4.79)	(1.93)	(2.78)	(4.48)	(4.23)
newprodum	0.0022	−0.0084	−0.0050*	0.0034	−0.0098**	−0.0009	0.0027	−0.0056**	−0.0011
	(0.57)	(−1.49)	(−1.65)	(0.53)	(−2.02)	(−0.38)	(0.49)	(−2.00)	(−0.42)
c	0.5037***	0.3550***	0.4350***	0.4671***	0.3435***	0.4460***	0.4653***	0.3451***	0.4477***
	(24.10)	(12.77)	(15.03)	(14.03)	(12.58)	(13.64)	(40.91)	(22.43)	(28.39)
样本数	608677	47846	23067	758135	105012	41260	780360	142349	55646
R^2	0.3008	0.3253	0.3336	0.2995	0.3149	0.3136	0.2982	0.3227	0.3234

注:括号中为 t 值, * $p<0.1$, ** $p<0.05$, *** $p<0.01$,所有解释变量均为滞后一期值,同时控制了年度和行业(国民经济四分位行业分类)固定效应,并在区域(城市、省级、地区)层面使用了聚类(cluster)稳健标准误。

这一结果表明,虽然中国东部地区的水平行业外资进入强度上升会显著推高了中国东部同行业制造业企业的单位劳动成本,威胁到了当地同行业企业的竞争力,但在中、西部地区却并不存在这一问题。对此,中国政府应该继续引导外资企业来华投资向中、西部地区倾斜,这不仅能减缓东部地区制造业企业面临的劳动力成本快速上涨的竞争压力,而且还能通过引入竞争,刺激中、西部地区制造业企业的竞争意识,激发市场活力。

(三) 外国投资和港澳台资进入强度回归结果

考虑到外资企业包含外国投资企业(NHMT)和港澳台资企业(HMT)两种类型,且大量文献表明这外国投资和港澳台资企业进入中国对中国本土企业的影响效应并不相同(Wei 和 Liu,2006[①];Buckley 等,2007[②]),那么,外国投资和港澳台资在水平行业上的进入强度对中国同行业制造业企业单位劳动成本的影响是否相同?

为回答这一问题,本书将前文中的"外资"进一步细分为"外国投资"和"港澳台资"两种类型,并重新计算了相应的水平行业外资进入强度指标进行回归分析,结果见表 5-5。

表 5-5 外国投资和港澳台资进入强度的回归结果对比

被解释变量 ULC	劳动力市场					
	外国投资			港澳台资		
	城市层面	省级层面	地区层面	城市层面	省级层面	地区层面
	1	2	3	4	5	6
NHMT_share	0.0260***	0.0294	0.0293			
	(4.75)	(1.62)	(0.73)			
HMT_share				0.0710***	0.1061***	0.1295***
				(4.07)	(3.62)	(5.49)
HHI	−0.0425***	−0.0145	0.0154	−0.0552***	−0.0312	0.0025
	(−5.14)	(−0.48)	(0.34)	(−5.28)	(−1.23)	(0.06)
op_tfp	−0.0764***	−0.0734***	−0.0730***	−0.0772***	−0.0739***	−0.0735***
	(−27.94)	(−32.46)	(−46.35)	(−27.87)	(−33.09)	(−53.21)

① Wei Y., Liu X., 2006, "Productivity Spillovers from R&D, Exports and FDI in China's Manufacturing Sector"[J]. *Journal of International Business Studies*, Vol.37(4): 544-557.

② Buckley, P., Clegg, J., Wang, C., 2007, "Is the Relationship between Inward FDI and Spillover Effects Linear? An Empirical Examination of the Case of China"[J]. *Journal of International Business Studies*, Vol.38(3):447-459.

被解释变量 ULC	劳动力市场					
	外国投资			港澳台资		
	城市层面	省级层面	地区层面	城市层面	省级层面	地区层面
	1	2	3	4	5	6
ln_pck	−0.0396***	−0.0364***	−0.0352***	−0.0401***	−0.0365***	−0.0351***
	(−19.92)	(−11.12)	(−20.01)	(−19.41)	(−10.86)	(−20.18)
ln_worker	0.0250***	0.0252***	0.0260***	0.0242***	0.0244***	0.0250***
	(11.71)	(7.91)	(7.90)	(12.97)	(8.78)	(9.58)
debtratio	0.0134***	0.0203**	0.0224***	0.0141***	0.0225***	0.0230***
	(2.67)	(2.33)	(2.78)	(2.89)	(2.87)	(3.14)
age	0.0016***	0.0016***	0.0016***	0.0017***	0.0016***	0.0017***
	(9.02)	(8.44)	(8.02)	(9.59)	(7.76)	(7.23)
exdum	0.0256***	0.0259***	0.0252***	0.0252***	0.0251***	0.0239***
	(7.72)	(4.63)	(4.46)	(9.31)	(5.91)	(6.10)
subsidydum	0.0032	0.0061	0.0068**	0.0050*	0.0071**	0.0080***
	(1.05)	(1.38)	(2.07)	(1.86)	(2.03)	(3.80)
newprodum	−0.0045	−0.0053	−0.0054	−0.0035	−0.0044	−0.0043
	(−1.10)	(−0.81)	(−0.70)	(−0.97)	(−0.73)	(−0.65)
c	0.4744***	0.4326***	0.4266***	0.4791***	0.4359***	0.4310***
	(22.58)	(16.02)	(20.56)	(18.31)	(14.23)	(19.56)
样本数	566271	843132	946941	549571	813711	929598
R^2	0.2963	0.2962	0.2968	0.3014	0.3038	0.3030

注：括号中为 *t* 值，* $p<0.1$，** $p<0.05$，*** $p<0.01$，所有解释变量均为滞后一期值，同时控制了年度和行业（国民经济四分位行业分类）固定效应，并在区域（城市、省级、地区）层面使用了聚类（cluster）稳健标准误。

由表 5-5 可知，水平行业外国投资进入强度（NHMT_share）的系数只在城市层面显著为正，而水平行业港澳台资进入强度（HMT_share）的系数在城市、省级和地区层面都显著为正。这说明：平均而言，相对于外国投资，水平行业港澳台资进入强度上升对中国同行业制造业企业单位劳动成本的正向冲击更强。这可能是因为港澳台资企业相对于外国投资企业而言平均技术水平（人均增加值）更低，更具劳动密集型特征，因此，港澳台资企业会在劳动力市场上与中国同行业制造业企业更激烈地争夺劳动力资源,抬升工资水平,产生显著的"工资外溢"效应;而且其劳动生产率更低也限制了港澳台资企业对中国同行业制造业企业产生正向的"技术溢出"效应,这自然会推高中国同行业制造业企业的单位劳动成本。因此,中国应该继续放宽对外国投资企业的开放水平,通过继续推进与发达经济体签署多(双)边投资协定等方式,有序推进对外国资本的开放力度,重点要吸引生产率水平更高的高技术外资企业投资中国。对于生产率技术水平一般的劳动力密集型港澳台资企业,引导其向劳动力资源充裕、劳动力工资水平更低的中、西部地区投资发展,缓解中国制造业企业的单位劳动成本上涨压力。

(四)二分位行业子样本回归结果

在前述分析中,本书虽然控制了四分位行业固定效应,但仍然无法得到每个具体的制造业子行业中水平行业外资进入强度上升对企业单位劳动成本的影响系数,也就无法判断是否所有细分制造业行业中都存在外资进入强度上升推高了中国制造业企业单位劳动成本的问题。

考虑到样本数据所包含的国民经济三分位行业数已达 164 个,四分位行业数更是高达 440 个,且划分过细将会大大降低回归自由度,所以,本书仅在二分位行业层面将样本总体拆分成了 29 个行业子样本进行回归分析,结果如表5-6所示。

表5-6 各二分位行业子样本的回归结果

行业代码	行业名称	FDI_share	t 值	样本数	R^2
13—42	所有行业	0.0720***	(5.68)	679590	0.3027
13	农副食品加工业	0.0857***	(5.53)	54415	0.2256
14	食品制造业	0.0737***	(3.77)	20807	0.2466
15	饮料制造业	0.0536***	(3.35)	13405	0.2305
16	烟草制品业	0.4823*	(1.66)	411	0.5539
17	纺织业	0.1355***	(4.93)	90401	0.2906

续表

行业代码	行业名称	FDI_share	t值	样本数	R^2
18	纺织服装、鞋、帽制造业	0.2081***	(3.60)	49632	0.2493
19	皮革、毛皮、羽毛（绒）及其制品业	0.1365***	(2.89)	25170	0.3350
20	木材加工及木、竹、藤、棕、草制品业	0.0902***	(2.80)	18287	0.2150
21	家具制造业	0.1943***	(6.04)	11433	0.2546
22	造纸及纸制品业	0.1865***	(4.54)	31653	0.2408
23	印刷业和记录媒介的复制	0.0954**	(2.55)	17757	0.2971
24	文教体育用品制造业	0.1866***	(5.00)	13463	0.2886
25	石油加工、炼焦及核燃料加工业	−0.0717	(−1.51)	8263	0.2259
26	化学原料及化学制品制造业	0.1073***	(3.69)	71517	0.2483
27	医药制造业	0.0752***	(2.69)	20904	0.2275
28	化学纤维制造业	0.0774**	(2.40)	5331	0.2712
29	橡胶制品业	0.1361***	(4.01)	11910	0.3184
30	塑料制品业	0.1264***	(3.47)	49581	0.2798
31	非金属矿物制品业	0.1110***	(3.77)	80049	0.3101
32	黑色金属冶炼及压延加工业	0.0820**	(1.99)	23272	0.2318
33	有色金属冶炼及压延加工业	0.1142***	(3.41)	16517	0.2844
34	金属制品业	0.1169***	(3.10)	52477	0.2733
35	通用设备制造业	0.1375***	(5.77)	78410	0.2813
36	专用设备制造业	0.0939***	(3.14)	36563	0.2640
37	交通运输设备制造业	0.0860***	(3.82)	46813	0.2795
39	电气机械及器材制造业	0.1142***	(3.27)	62040	0.2937
40	通信设备、计算机及其他电子设备制造业	0.0528**	(2.39)	33118	0.2442

续表

行业代码	行业名称	FDI_share	t值	样本数	R^2
41	仪器仪表及文化、办公用机械制造业	0.0758***	(2.64)	14585	0.2990
42	工艺品及其他制造业	0.1676***	(4.88)	20171	0.3061

注:括号中为 t 值,* $p<0.1$,** $p<0.05$,*** $p<0.01$,所有解释变量均为滞后一期值,同时控制了年度、国民经济四分位行业和城市固定效应,控制变量同表 5-2 中的第一列,限于篇幅不予汇报。本表第一行中所有行业的回归结果即为表 5-2 的第一列回归结果。

由表 5-6 可知,所有制造业细分行业中,仅有"石油加工、炼焦及核燃料加工业"和"烟草制品业"两个高度垄断且对外资开放水平较低①的行业的外资进入强度(FDI_share)系数显著性较差,其他所有行业中外资进入强度系数都高度显著为正,这表明中国制造业面临水平行业外资进入强度上升所带来的单位劳动成本上涨压力是普遍存在的。此外,对比不同行业回归系数值的大小可以发现:典型的劳动密集型产业,如纺织服装鞋帽制造业(0.2081)、家具制造业(0.1943)、文教体育用品制造业(0.1866)、造纸及纸制品业(0.1865)的回归系数值都非常大,而典型的资本和技术密集型产业,如饮料制造业(0.0536)、医药制造业(0.0752)、化学纤维制造业(0.0774)的系数都比较小,这说明劳动力密集型行业的单位劳动成本受当地水平行业外资进入强度上升的冲击最大。因此,一方面,中国各级政府的招商引资战略应该重点向高科技企业等技术密集行业倾斜,取消对中低端劳动力密集型外资企业的优惠政策,以减缓引入大量劳动力密集型外资企业给中国同行业制造业企业带来的劳动成本上涨冲击;另一方面,总的来看,中国人口结构老龄化和劳动力质量高端化的趋势几乎不会发生变化,因此,依赖"农

---

① 在本文样本中,烟草制品业共有 1712 个样本观测值(不是企业数),其中仅有 37 个是外资企业,占比仅为 2.16%;石油加工、炼焦及核燃料加工业共有 13179 个样本观测值,其中仅有 1256 个是外资企业,占比也仅有 9.53%;而所有行业中外资样本观测值得平均占比则高达 21.41%,因此,这两个细分行业属于外资开放水平较低的行业。此外,就垄断程度而言,烟草制品业的 HHI 指数(产品市场、城市层面)的均值高达 0.87,石油加工、炼焦及核燃料加工业也高达 0.47,而所有行业均值仅为 0.29,可见这两个行业也属于垄断性行业。

民工"等低端廉价劳动力要素的劳动力密集型产业,必须要加快转型升级步伐,采用机械化、自动化、智能化的生产模式代替传统的手工劳动,以克服劳动成本上涨所带来的成本压力。

(五)年度截面子样本回归结果

企业的单位劳动成本在不同年份可能面临迥异的宏观经济因素冲击,因此,不同年份外资进入强度上升对中国同行业制造业企业单位劳动成本的影响也可能存在较大差异。因此,本书还将样本总体按年分割成了 10 年的截面数据进行回归分析,以判断不同年份间水平行业外资进入强度的变动对中国同行业制造业企业单位劳动成本的影响是否存在某种形态的时间趋势。各年水平行业外资进入强度(FDI_share)变量系数的 95% 置信区间趋势图如图 5 - 2 所示。

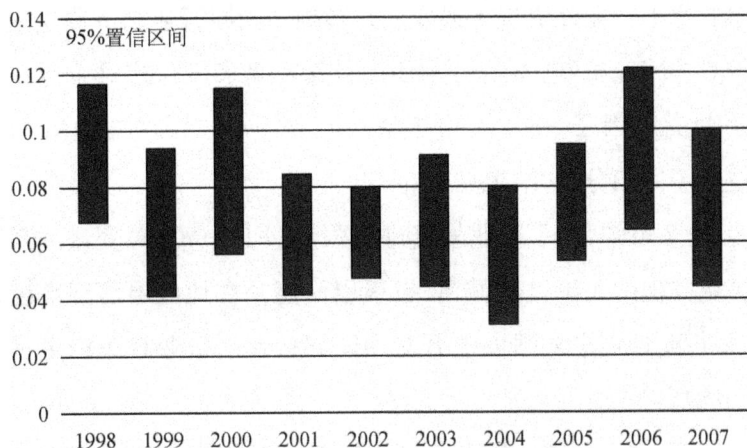

图 5 - 2　1998—2007 年度截面数据回归 FDI_share
系数的 95% 置信区间趋势图

注:同时控制了国民经济四分位行业固定效应,并使用城市层面的聚类(cluster)稳健标准误。控制变量同表 5 - 2 中的第一列,所有年份的 FDI_share 系数都在 1% 的置信水平下显著为正,结果限于篇幅不予汇报。

由图 5-2 可知,在样本观测的 10 年内,所有的 95％置信区间均在 0 值之上,而且基本不存在明显的时间趋势,这表明水平行业外资进入强度上升对中国同行业制造业企业单位劳动成本的正向影响是持续且稳健的,不会因为短期的外部宏观经济扰动等因素而发生明显变化,因此,文本的回归结果具有较好的"外部效度"。

第三节 水平行业外资进入强度影响中国制造业企业单位劳动成本的路径机制检验结果

一、全样本路径机制检验结果与分析

为检验水平行业外资进入强度上升影响中国同行业制造业企业单位劳动成本的具体路径机制,本书分别使用计量模型(5-1)式对企业单位劳动成本的两个决定因子——"人均工资(ln_pcwage)"和"人均增加值(ln_pcva)"进行了回归分析,结果见表 5-7。

由表 5-7 可知,水平行业外资进入强度(FDI_share)变量的系数在人均工资决定方程中无论是在城市、省级层面还是在地区层面都高度显著为正,即水平行业外资进入强度上升对中国同行业制造业企业产生了显著的正向"工资溢出"效应。

对比来看,在人均增加值决定方程中,水平行业外资进入强度变量的系数在城市和地区层面显著为负,在省级层面虽然也为负,但并不显著,这表明水平行业外资进入强度上升对中国同行业制造业企业不仅不存在正向的"技术溢出"效应,反而存在负向的"技术挤出"效应。一方面,这种负向的"技术挤出"效应可能是因为外资企业进入中国市场后,通过提供远高于中国同行业制造业企业的工资水平,汇集了当地同行业优质劳动力,因此,

表 5-7　全样本路径机制回归结果

被解释变量 ln_pcwage & ln_pcva	劳动力市场					
	人均工资决定方程			人均增加值决定方程		
	城市层面	省级层面	地区层面	城市层面	省级层面	地区层面
	1	2	3	4	5	6
FDI_share	0.1278***	0.2170***	0.2239***	−0.0980***	−0.1090***	−0.2070***
	(6.17)	(3.53)	(2.65)	(−2.66)	(−1.36)	(−3.22)
HHI	−0.1533***	−0.1288**	−0.1584**	0.0535	0.0163	−0.0817
	(−5.07)	(−2.34)	(−2.16)	(1.64)	(0.27)	(−1.00)
op_tfp	0.0682***	0.0654***	0.0653***	0.5045***	0.5104***	0.5120***
	(19.04)	(9.17)	(11.12)	(41.54)	(36.85)	(64.29)
ln_pck	0.0649***	0.0621***	0.0621***	0.2731***	0.2668***	0.2640***
	(19.00)	(11.82)	(15.37)	(63.74)	(68.61)	(62.99)
ln_worker	0.0291***	0.0293***	0.0298***	−0.0800***	−0.0890***	−0.0929***
	(10.01)	(6.72)	(7.37)	(−11.37)	(−7.19)	(−8.66)
debtratio	0.0075	0.0234*	0.0218	−0.0863***	−0.1094***	−0.1136***
	(0.73)	(1.72)	(1.55)	(−4.50)	(−3.01)	(−3.72)
age	−0.0006**	−0.0007***	−0.0008***	−0.0074***	−0.0071***	−0.0072***
	(−1.99)	(−3.43)	(−3.35)	(−15.97)	(−11.53)	(−12.18)
exdum	0.0381***	0.0440***	0.0452***	−0.0383***	−0.0316**	−0.0256**
	(7.93)	(5.50)	(5.32)	(−5.04)	(−2.34)	(−2.08)
subsidydum	0.0221***	0.0268***	0.0266***	−0.0178*	−0.0192	−0.0203***
	(5.79)	(4.18)	(5.40)	(−1.84)	(−1.26)	(−2.61)
newprodum	0.0158	0.0043	−0.0006	0.0391***	0.0386*	0.0385
	(1.49)	(0.21)	(−0.02)	(2.99)	(1.78)	(1.53)
c	1.4109***	1.3575***	1.3545***	2.0417***	2.0873***	2.0869***
	(28.86)	(21.77)	(23.62)	(30.30)	(37.46)	(43.31)
样本数	680495	905537	979550	679591	904408	978356
R^2	0.2271	0.2233	0.2188	0.5133	0.5176	0.5197

注:括号中为 t 值,* $p<0.1$,** $p<0.05$,*** $p<0.01$,所有解释变量均为滞后一期值,同时控制了年度和行业(国民经济四分位行业分类)固定效应,并在区域(城市、省级、地区)层面使用了聚类(cluster)稳健标准误。

外资进入强度越高,中国同行业制造业企业就越难雇佣到优质劳动力,被迫雇佣质量更差的劳动力就可能会使其企业的人均增加值出现下降;另一方面,外资企业凭借其技术和资金优势,更容易在中国这样的发展中经济体的高增加值产业和产业内部的高增加值环节中获得垄断性优势市场地位,外资企业在增加值上的这种"掐尖"行为,就可能会导致中国同行业制造业企业"被锁定"在价值链低端,因此,水平行业外资进入强度越强,中国同行业制造业企业的人均增加值就可能越低;最后,先进外资企业对中国同行业制造业企业产生正向"技术溢出"效应的重要途径之一就是"劳动力流转(labor turnover)",外资企业通过提供高工资,大大降低了学习并掌握了自身先进技术和管理经验的优秀劳动力跳槽到中国同行业制造业企业的可能性,这也可能是导致水平行业外资进入强度上升对中国同行业制造业企业没有产生显著的正向"技术溢出"效应的重要原因。

需要强调的是,正如 Arnold 和 Javorcik(2005)所总结的那样,各种对外资进入对东道国同行业企业是否存在正向的"技术溢出"效应的研究之所以结论各异,在一定程度上是因为文献中测度企业"生产率水平"的方法存在很大差异。如有的文献使用"人均产出"作为企业生产率的代理变量(如Haddad 和 Harrison,1993[1];Girma 等,2004[2] 等),而有的文献采用"全要素生产率"(如 Aitken 和 Harrison,1999[3];Harris,2002[4] 等),且在使用全要素生产率作为代理变量的文献中估算全要素生产率的方法又各不相同。因

---

[1] Haddad, Mona, Ann Harrison, 1993, "Are There Positive Spillovers from Direct Foreign Investment? Evidence from Panel Data for Morocco" [J]. *Journal of Development Economics*, Vol. 42(1):51 - 74.

[2] Girma, Sourafel, Holger Görg, Eric Strobl, 2004, "Exports, International Investment, and Plant Performance: Evidence from a Non-Parametric Test" [J]. *Economics Letters*, Vol. 83(3): 317 - 324.

[3] Aitken, Brian, Ann Harrison, 1999, "Do Domestic Firms Benefit from Direct ForeignInvestment? Evidence from Venezuela" [J]. *American Economic Review*, Vol. 89(3): 605 - 618.

[4] Harris, Richard D. , 2002, "Foreign Ownership and Productivity in the United Kingdom—Some Issues When Using the ARD Establishment Level Data" [J]. *Scottish Journal of Political Economy*, Vol. 49(3): 318 - 35.

此,虽然本书在使用"人均增加值"变量来测度企业生产效率时发现,水平行业外资进入强度上升对中国同行业制造业企业存在负面的"技术挤出"效应,但出于严谨性的考虑,本书将这种"技术挤出"效应仅仅限定为水平行业外资进入强度上升对中国同行业制造业企业"人均增加值"的负向影响,而非对更广义上的企业"生产率(如全要素生产率)"的负向影响。事实上,即使企业的全要素生产率因为外资进入强度上升而提高,其人均增加值仍可能会出现下降,对中国这种廉价劳动力大国而言,这种现象可能非常普遍。例如,外资企业投资中国大陆的重要原因之一可能就是利用中国大陆地区的廉价劳动力资源,外资企业的生产模式可能是高度劳动力密集型的(例如富士康),所以,东道国企业在学习外资企业先进生产模式的时候也可能会倾向于投入更多的劳动力,这就可能会拉低其人均增加值。

就表 5-7 中的控制变量回归结果而言,其系数符号也都基本符合理论预期。在人均工资决定方程中,企业所在地行业内的赫芬达尔指数(HHI)和企业年龄(age)的系数显著为负,表明垄断程度较高的、年龄较大的企业的人均工资较低;企业的全要素生产率(op_tfp)、资本密集度(ln_pck)、雇佣规模(ln_worker)、出口($exdum$)和政府补贴($subsidydum$)虚拟变量的系数符号均显著为正,表明生产率高、资本密集型、雇佣规模大、出口和享有政府补贴的企业人均工资更高;企业的负债率($debtratio$)和创新能力($newprodum$)则对人均工资不存在显著影响。在人均增加值决定方程中,企业的全要素生产率(op_tfp)、资本密集度(ln_pck)和创新能力($newprodum$)的系数显著为正,表明生产率高、资本密集型、创新能力强的企业人均增加值更高;企业的雇佣规模(ln_worker)、负债率($debtratio$)、年龄(age)、出口($exdum$)和政府补贴($subsidydum$)变量的系数均显著为负,表明雇佣规模越大、经营绩效越差、年龄越大、出口和享受政府补贴的企业人均增加值越低;而企业所在地行业内的赫芬达尔指数(HHI)对企业人均增加值则不存在显著影响。

综上所述,水平行业外资进入强度上升对中国制造业企业单位劳动成本的推升效应主要来自其正向的"工资溢出"效应和负向的"技术挤出"效应。针对前者,在人口老龄化带来的劳动力供给外部束缚下,可能并不存在十分有效的解决措施,但针对后者,中国政府却可以通过调整外资引进政策和反垄断政策等方式,防止外资企业的市场势力过度扩张,要在借助外资助力中国经济发展的同时,给中国企业技术升级、向高端产业和产业内的高端工序转型升级留出一定的发展空间。同时,要促进外资企业与东道国企业之间开展合作,通过促进外资企业生产网络、人才培养体系等的本土化,挖掘外资企业对中国同行业企业正向"技术溢出"的潜力,减小甚至扭转当前水平行业外资进入强度上升对中国同行业制造业企业的负向"技术挤出"效应,有助于巩固、增强中国制造业企业的单位劳动成本竞争优势。

二、子样本路径机制检验结果与分析

(一)内、外资企业子样本路径机制回归结果

虽然表 5-7 的回归结果均表明水平行业外资进入强度上升对中国同行业制造业企业单位劳动成本的正向影响,主要是通过正向的"工资溢出"和负向的"技术挤出"渠道实现的,但对于中国地内资企业和在华经营的外资企业而言,都是如此吗? 既然外资企业在工资水平、生产效率等方面都显著领先于内资企业,那么在面对同样的水平行业外资进入强度上升所带来的竞争压力下,内资企业和外资企业会不会做出不同的反应? 为了回答这一问题,本书分别对内资企业和外资企业子样本的"人均工资(ln_pcwage)"和"人均增加值(ln_pcva)"如何受水平行业外资进入强度上升影响进行了回归检验,结果见表 5-8。

表5-8 内、外资企业子样本的路径机制回归结果对比

被解释变量 ln_pcwage & ln_pcva		劳动力市场					
		人均工资决定方程			人均增加值决定方程		
		城市层面	省级层面	地区层面	城市层面	省级层面	地区层面
		1	2	3	4	5	6
内资 企业 样本	FDI_share	0.0967***	0.1970**	0.2292**	−0.0968***	−0.1101	−0.1747**
		(4.33)	(2.54)	(2.28)	(−2.60)	(−1.33)	(−2.41)
	样本数	458339	683381	757394	457806	682623	756571
	R^2	0.1948	0.1930	0.1916	0.4933	0.5073	0.5112
外资 企业 样本	FDI_share	0.0448**	0.0733	0.0164	−0.1262***	−0.1352**	−0.2836***
		(2.01)	(1.52)	(0.33)	(−3.31)	(−1.98)	(−6.39)
	样本数	222156	222156	222156	221785	221785	221785
	R^2	0.2741	0.2659	0.2634	0.5503	0.5501	0.5503

注:括号中为 t 值,* $p<0.1$,** $p<0.05$,*** $p<0.01$,所有解释变量均为滞后一期值,同时控制了年度和行业(国民经济四分位行业分类)固定效应,并在区域(城市、省级、地区)层面使用了聚类(cluster)稳健标准误。控制变量同表5-7,具体结果限于篇幅不予汇报。

由表5-8可知,在人均工资决定方程中,内资企业子样本中的水平行业外资进入强度(FDI_share)系数在城市、省级和地区层面均高度显著为正,而在外资企业子样本中,其仅在城市层面显著为正,这表明水平行业外资进入强度上升对中国制造业企业的正向"工资溢出"效应主要集中在内资企业上,这可能是由于外资企业之间的工资差距较小,而外资企业与内资企业之间的工资差距较大导致的。在人均增加值的决定方程中,水平行业外资进入强度变量的系数仅在内资企业子样本的省级层面不显著,在其他结果中均高度显著为负,这表明无论是内资企业还是外资企业,都会因为水平行业外资进入强度上升而遭受"技术挤出",这可能是因为一些强势外资企业的快速扩张导致了市场垄断性增强,具有高市场份额的强势外资企业霸占了市场上的优质劳动力资源以及高增加值的产品和产业环节,其他的企业无论是内资企业还是外资企业,则均被迫雇佣质量更差的劳动力,并被排挤到附加值更低的利基市场,所以其人均增加值会出现下降。进一步结合表5-3中内、外资企业子样本的外资进入强度系数均显著为正可知,对于内资企

业而言,水平行业外资进入强度上升导致其单位劳动成本上涨的原因是双重的,在外资企业强势扩张的压力下,其不仅要支付更高的工资水平,还被抢走了优质劳动力资源并排挤出高附加值产业环节,从而导致其人均增加值下跌;对于外资企业而言,水平行业外资进入强度上升导致其单位劳动成本上涨的原因则相对单一,主要是由于其受到了强势外资企业市场份额扩张所带来的负向"技术挤出"效应的结果。

(二) 东、中、西部企业子样本路径机制回归结果

表 5-9　东、中、西部企业子样本的路径机制回归结果对比

被解释变量 ln_pcwage & ln_pcva		劳动力市场					
		人均工资决定方程			人均增加值决定方程		
		城市层面	省级层面	地区层面	城市层面	省级层面	地区层面
		1	2	3	4	5	6
东部企业样本	FDI_share	0.1175***	0.1700**	0.1213*	−0.0945**	−0.0864	−0.1900***
		(5.23)	(2.52)	(1.87)	(−2.34)	(−0.78)	(−3.25)
	样本数	609535	759161	781422	608678	758136	780361
	R^2	0.2239	0.2151	0.2091	0.5086	0.5125	0.5135
中部企业样本	FDI_share	−0.0168	0.0118	−0.0493***	−0.0008	0.0041	−0.1731***
		(−0.56)	(0.16)	(−2.69)	(−0.02)	(0.08)	(−4.20)
	样本数	47873	105093	142453	47846	105012	142349
	R^2	0.2910	0.2318	0.2175	0.5590	0.5505	0.5550
西部企业样本	FDI_share	0.0181	0.0037	0.0152	−0.0202	−0.0028	0.0659
		(0.91)	(0.14)	(1.03)	(−0.63)	(−0.07)	(0.94)
	样本数	23087	41283	55675	23067	41260	55646
	R^2	0.3236	0.2906	0.2787	0.5574	0.5392	0.5318

注:括号中为 t 值,* $p<0.1$,** $p<0.05$,*** $p<0.01$,所有解释变量均为滞后一期值,同时控制了年度和行业(国民经济四位行业分类)固定效应,并在区域(城市、省级、地区)层面使用了聚类(cluster)稳健标准误。控制变量同表 5-7,具体结果限于篇幅不予汇报。

由表5-4可知水平行业外资进入强度上升只会显著推高中国东部地区同行业制造业企业的单位劳动成本,而对中国中、西部地区同行业制造业企业的单位劳动成本没有显著影响。为进一步探明水平行业外资进入强度上升是否对中、西部地区同行业制造业企业既不存在"工资溢出"效应,也不存在"技术溢出(或挤出)"效应,本书分别对东、中、西部企业子样本的"人均工资(ln_pcwage)"和"人均增加值(ln_pcva)"如何受水平行业外资进入强度上升影响进行了计量检验,结果见表5-9。

由表5-9可知,水平行业外资进入强度的系数仅在东部地区显著性较高,在中部地区仅在地区层面显著,在西部地区均不显著。这表明东部地区的水平行业外资进入强度过高,外资企业的强势市场地位通过正向的"工资溢出"效应和负向的"技术挤出"效应威胁到了中国当地同行业制造业企业的劳动竞争力;然而,中、西部地区的外资进入强度还很低,当地的同行业制造业企业甚至都没有采取提升工资的方式来对抗来自外资企业的竞争。因此,引导新进入的外资企业和东部地区已在位外资企业向中、西部地区扩张和发展,不仅能减缓东部制造业企业面临的劳动力成本快速上涨的竞争压力,而且还能通过引入竞争,刺激中、西部地区企业的竞争意识,激发市场活力。

(三)外国投资和港澳台资进入强度路径机制回归结果

最后,由于表5-5的回归结果显示水平行业港澳台资进入强度上升对推高中国同行业制造业企业单位劳动成本的影响力要比外国投资更强,所以本书还分别对外国投资进入强度($NHMT\_share$)和港澳台资进入强度(HMT_share)各自如何影响了中国同行业制造业企业的"人均工资(ln_pcwage)"和"人均增加值(ln_pcva)"进行了计量检验,结果见表5-10。

表 5-10　外国投资和港澳台资进入强度的全样本路径机制回归结果对比

被解释变量 *ln_pcwage* & *ln_pcva*	劳动力市场					
	人均工资决定方程			人均增加值决定方程		
	城市层面	省级层面	地区层面	城市层面	省级层面	地区层面
	1	2	3	4	5	6
NHMT_share	0.0976***	0.1574***	0.1273	0.0457	0.0774	−0.0465
	(4.19)	(2.59)	(1.47)	(1.60)	(1.37)	(−0.40)
样本数 R^2	566941	844168	948078	566272	843133	946942
	0.2226	0.2112	0.2085	0.5122	0.5156	0.5179
HMT_share	0.0611***	0.1818***	0.2103***	−0.1704***	−0.2230**	−0.2455***
	(2.68)	(3.03)	(2.91)	(−4.42)	(−2.48)	(−5.74)
样本数 R^2	550293	814760	930758	549572	813712	929599
	0.2237	0.2187	0.2159	0.5087	0.5175	0.5200

注:括号中为 t 值,* $p<0.1$,** $p<0.05$,*** $p<0.01$,所有解释变量均为滞后一期值,同时控制了年度和行业(国民经济四分位行业分类)固定效应,并在区域(城市、省级、地区)层面使用了聚类(cluster)稳健标准误。控制变量同表 5-7,具体结果限于篇幅不予汇报。

由表 5-10 可知,在人均工资决定方程中,仅有水平行业外国投资进入强度在地区层面的系数不显著,其余均显著为正,这表明水平行业外国投资和港澳台资进入强度上升,都会对中国同行业制造业企业产生显著的正向"工资溢出"效应,但相比之下,港澳台资进入的"工资溢出"效应要更强,这可能是由于港澳台资企业在工资水平和生产率水平上与中国同行业企业更接近,市场重叠程度更高,二者之间的竞争也就更激烈所导致的。在人均增加值决定方程中,仅有水平行业港澳台资进入强度的系数在城市、省级和地区层面均显著为负,水平行业外国投资进入强度的系数均不显著,且在城市和省级层面系数符号还为正,这表明水平行业外资进入强度上升给中国同行业制造业企业带来的负向"技术挤出"效应主要来自港澳台资企业,与外国投资企业无关,这可能是因为港澳台资企业兼具"高工资"和"低生产效率"的特性,其既拉高了当地同行业企业的劳动力工资水平,又不可能对当地同行业企业提高生产率水平产生显著的正向"技术溢出"。

第四节　稳健性检验

一、基于面板分位数回归方法的稳健性检验回归结果

中国工业企业数据样本的有偏分布可能会使得 OLS 回归难以满足残差正态分布的要求,使用 OLS 的古典均值回归方法,以残差平方和为最小化目标函数易受极端值影响[①],而以残差绝对值的加权平均作为最小化目标函数的分位数回归则可以有效解决这一问题,其估计结果对离群值和非正态分布的残差更加稳健;而且分位数回归的另一优势在于可以让我们了解解释变量对不同分位数上被解释变量的影响是否存在差异,因此,本书以 Powel 和 Wagner(2014)[②]提出的面板分位数回归方法作为另一种稳健性检验方式,结果如表 5-11 所示。

表 5-11　基于面板分位数回归方法的全样本稳健性检验结果

被解释变量 ULC	劳动力市场								
	城市层面			省级层面			地区层面		
	25%	50%	75%	25%	50%	75%	25%	50%	75%
	1	2	3	4	5	6	7	8	9
FDI_share	0.0038*	0.0074**	0.0005	0.0097***	0.0155***	0.0036	0.0117***	0.0180***	0.0036
	(1.92)	(2.32)	(0.09)	(4.61)	(4.26)	(0.57)	(4.48)	(4.15)	(0.46)
HHI	−0.0037	−0.0036	0.0032	−0.0065**	−0.0024	0.0018	−0.0061	0.0009	0.0045
	(−1.39)	(−0.87)	(0.40)	(−2.04)	(−0.46)	(0.17)	(−1.25)	(0.11)	(0.28)
op_tfp	−0.0043***	−0.0018**	0.0143***	−0.0090***	−0.0068***	0.0102***	−0.0065***	−0.0067***	0.0073***
	(−9.29)	(−2.35)	(10.73)	(−24.70)	(−10.73)	(9.32)	(−18.80)	(−11.07)	(6.73)

---

① 为克服极端值的影响,本文还对被解释变量 ULC 进行了上下各 5% 的缩尾(Winsorize)处理。

② Powell, D., Wagner, J., 2014, "The Exporter Productivity Premium along the Productivity Distribution: Evidence from Quantile Regression with Nonadditive Firm Fixed Effects" [J]. *Review of World Economics*, Vol. 150(4):763-785.

被解释变量 ULC	劳动力市场								
	城市层面			省级层面			地区层面		
	25%	50%	75%	25%	50%	75%	25%	50%	75%
	1	2	3	4	5	6	7	8	9
ln_pck	−0.0022***	−0.0071***	−0.0054***	−0.0037***	−0.0057***	−0.0056***	−0.0039***	−0.0054***	−0.0073***
	(−4.29)	(−8.25)	(−4.12)	(−9.88)	(−8.43)	(−5.01)	(−10.65)	(−8.02)	(−6.95)
ln_worker	0.0113***	0.0167***	0.0215***	0.0097***	0.0142***	0.0221***	0.0100***	0.0150***	0.0208***
	(16.00)	(15.19)	(11.99)	(18.31)	(14.96)	(15.57)	(20.42)	(16.54)	(15.47)
debtratio	0.0005	−0.0009	−0.0049	0.0020*	0.0019	−0.0026	0.0022*	0.0021	−0.0030
	(0.31)	(−0.37)	(−1.18)	(1.67)	(0.95)	(−0.77)	(1.93)	(1.07)	(−0.92)
age	0.0004***	0.0007***	0.0009***	0.0004***	0.0006***	0.0006***	0.0003***	0.0006***	0.0007***
	(5.24)	(6.72)	(5.34)	(7.67)	(8.13)	(4.76)	(7.71)	(9.44)	(5.68)
exdum	0.0011	0.0006	0.0022	0.0027***	0.0017	0.0015	0.0012	0.0013	0.0018
	(1.04)	(0.41)	(1.02)	(3.10)	(1.32)	(0.75)	(1.45)	(1.07)	(0.91)
subsidydum	0.0008	0.0018	0.0012	0.0021***	0.0022**	0.0011	0.0014**	0.0021**	0.0011
	(1.06)	(1.57)	(0.66)	(3.25)	(2.24)	(0.73)	(2.34)	(2.32)	(0.77)
newprodum	−0.0008	−0.0006	0.0007	−0.0022	−0.0020	−0.0001	−0.0018	−0.0020	0.0009
	(−0.32)	(−0.16)	(0.12)	(−1.29)	(−0.76)	(−0.01)	(−1.22)	(−0.80)	(0.22)
样本数	679590	679590	679590	904407	904407	904407	978355	978355	978355

注:括号中为 t 值,* p<0.1,** p<0.05,*** p<0.01。解释变量都为滞后一期值,控制了企业和年度固定效应。Powel 和 Wagner(2014)提出的面板分位数回归方法虽然属于当前较为前沿的面板分位数回归技术,但其也存在明显的不足,这一方法对解释变量的个数存在严格限制,因此本书中无法以虚拟变量的形式控制地区和行业固定效应。

对比表 5-11 和表 5-2 的回归结果可知,对于本书的核心解释变量水平行业外资进入强度(FDI_share)而言,基于均值的 OLS 回归和基于中位数(50%分位数)的面板分位数回归结果差别不大,不论是在城市、省级还是地区层面都高度显著为正,进一步证实了本书回归结果的稳健性。对比表 5-11 中不同分位数下的回归结果可知,在 25%和 50%分位上,水平行业外资进入强度上升对中国同行业制造业企业单位劳动成本均存在显著的正向影响,但在 75%分位上却并不存在显著影响。这表明水平行业外资进入强度上升主要影响的是中国那些单位劳动成本水平处于当地同行业中、低等水平的制造业企业,而对那些原本单位劳动成本就很高的企业并不存在显著影响。这可能是因为在样本观测期内,中国引进的制造业外资企业的生产技术水平普遍高于中国本土企业,先进的外资企业进入中国市场会主要跟同样处于行业领先水平的中国本土企业展开工资竞争,争夺人才,进而迅速推高这些企业的单位劳动成本,反而是那些在中国本身就处于落后地位的高单位劳动成本企业,其雇员的技术水平通常较低,并不是外资企业招聘的主要目标人才,所以,其面临的外资进入所带来的工资竞争压力也就较小。

此外,就表 5 - 11 中的其他控制变量的回归结果而言,市场集中程度 (HHI)、负债率($debtratio$)以及出口($exdum$)和政府补贴($subsidydum$)的虚拟变量的显著性水平都有所下降,但系数符号并未发生改变,这说明本书的研究结论基本是稳健可靠的。

二、基于外资"存量"替代变量法的稳健性检验回归结果

前文中使用外资企业在当地四分位行业内劳动力市场和产品市场上的"市场份额"来定义"外资进入强度"指标,并测度"外资进入强度"上升对中国同行业制造业企业的"工资溢出"和"技术溢出"效应,这一做法的合理性在于以"市场份额"来定义的"外资进入强度"指标能够准确衡量中国一家本土企业在其所在地同行业市场上受到外资企业带来的竞争和外溢效应的"概率",显然,"外资进入强度"越高,中国本土企业在当地和同行业外资企业产生交集的概率就越高,受到其带来的"工资溢出"和"技术溢出"效应的影响就可能越大。但是,这种做法也可能存在低估了外资"存量"对东道国企业的影响的缺点。例如,属于同一行业的 A 和 B 两家规模相同的中国本土企业分别位于银川和上海,位于银川的 A 企业,其所在地只有 1 家与其规模相同的外资同行业企业,没有内资同行业企业;而地处上海的 B 企业,其所在地却有 9 家和其规模相同的内资同行业企业和 10 家与其规模相同的外资同行业企业。显然,此时 A 和 B 两家企业在其所在地行业内的"外资进入强度"均为 50%,但是 B 企业所在地(上海)的行业内外资"存量"却是 A 企业所在地(银川)的行业内外资"存量"的 10 倍,那么,这种外资"存量"维度上的差异,是否会显著改变前文中使用"外资进入强度"指标所得出的研

究结论呢？本书使用劳动力市场和产品市场数据在城市、省级和地区三个层面测度了当地四分位行业内的"外资规模（ln_FDI_size）"指标[①]，并对本书的实证结果进行了稳健性检验，回归结果如表 5-12 所示。

表 5-12　基于外资"存量"替代变量法的全样本稳健性检验回归结果

市场类型	劳动力市场			产品市场		
地区类型	城市层面	省级层面	地区层面	城市层面	省级层面	地区层面
被解释变量	ULC_{it+1}					
ln_FDI_size	0.0120***	0.0089**	0.0062	0.0082***	0.0067*	0.0040
	(6.07)	(2.16)	(1.30)	(6.03)	(1.92)	(0.90)
N	679590	904407	978355	679590	904407	978355
R^2	0.3011	0.2989	0.2985	0.2996	0.2985	0.2982
被解释变量	ln_pcwage_{it+1}					
ln_FDI_size	0.0267***	0.0290***	0.0320***	0.0311***	0.0305***	0.0311***
	(6.38)	(3.19)	(3.59)	(8.43)	(3.76)	(4.04)
N	680495	905537	979550	680495	905537	979550
R^2	0.2289	0.2199	0.2197	0.2349	0.2237	0.2204
被解释变量	ln_pcva_{it+1}					
ln_FDI_size	−0.0163**	−0.0114	−0.0078	0.0054	0.0005	0.0017
	(−2.52)	(−1.35)	(−0.69)	(1.15)	(0.06)	(0.16)
N	679591	904408	978356	679591	904408	978356
R^2	0.5131	0.5172	0.5192	0.5127	0.5171	0.5192

注：括号中为 t 值，* $p<0.1$，** $p<0.05$，*** $p<0.01$，所有解释变量均为滞后一期值，同时控制了年度和行业（国民经济四分位行业分类）固定效应，并在区域（城市、省级、地区）层面使用了聚类（cluster）稳健标准误。控制变量同表 5-2 和表 5-7，回归结果与表 5-2 和表 5-7 并无显著差异，此处不予汇报。

由表 5-12 以 ULC_{it+1} 为被解释变量的回归结果可知，无论是在劳动力市场上还是在产品市场上，外资规模（ln_FDI_size）变量的系数在城市和省

[①]　劳动力市场的"外资规模（ln_FDI_size）"即为外资企业在当地行业内总雇佣规模的自然对数，产品市场的"外资规模（ln_FDI_size）"即为外资企业在当地行业内总销售规模的自然对数。

级层面都依然显著为正,只是在地区层面不再显著,与表5-2的回归结果基本一致。由表5-12以 ln_pcwage_{it+1} 为被解释变量的回归结果可知,无论是在劳动力市场上还是在产品市场上,外资规模(ln_FDI_size)变量的系数在城市、省级和地区层面都显著为正,与表5-7的回归结果高度一致。由表5-12以 ln_pcva_{it+1} 为被解释变量的回归结果可知,只有在劳动力市场上,在城市层面,外资规模(ln_FDI_size)变量的系数才显著为负,其他情况并不显著,与表5-7的回归结果存在一定差异,造成这种差异的原因可能是由于"外资规模"上升并不一定表明外资企业挤占了中国本土同行业企业的市场空间,本土同行业企业市场份额的扩张速度可能比外资企业更快,因此其不一定会导致中国本土同行业企业的边际成本上涨,进而遭受到负向的"技术挤出";但相比之下,"外资进入强度"上升则表明外资企业市场势力的扩张速度超过了本土同行业企业的成长速度,因此,"外资进入强度"上升必然是以挤占中国本土同行业企业的市场份额为代价的,其负向"技术挤出"效应就会更显著。

综上所述,即使是以外资"存量"来测度,水平行业外资进入规模上升还是显著推高了中国同行业制造业企业的单位劳动成本,本书的核心结论基本是稳健可靠的,只是以外资"存量"来测度,水平行业外资进入规模上升主要是通过正向的"工资溢出"效应这一单一渠道,推高了中国同行业制造业企业的单位劳动成本;而以"外资进入强度"来测度,水平行业外资进入强度上升主要是通过正向的"工资溢出"效应和负向的"技术挤出"这两条渠道,共同推高了中国同行业制造业企业的单位劳动成本。

三、水平行业外资进入强度影响企业单位劳动成本路径机制的再探讨

部分研究外资进入对东道国企业"技术溢出"效应的文献认为:东道国企业能否接收到外资企业带来的正向"技术溢出"效应,在很大程度上取决于企业自身技术水平与行业前沿企业技术水平之间的"技术差距"有多大

(Perez，1977[①]；Girma，2005[②]；邵敏和包群，2012[③]；Crespo 和 Fontoura，2013[④]）。因此，为保证回归结果的稳健性，本书在研究水平行业外资进入强度（FDI_share）对中国制造业企业人均增加值（ln_pcva）的"技术溢出"效应时，也将这种"技术差距（tfp_gap）"[⑤]以及其与水平行业外资进入强度的交互项（$FDI\_share * tfp\_gap$）加入了回归模型。同理，本书在研究水平行业外资进入强度（FDI_share）对中国制造业企业人均工资（ln_pcwage）的"工资溢出"效应时，也将企业自身工资水平与行业前沿企业工资水平之间的"工资差距（$wage\_gap$）"及其与水平行业外资进入强度的交互项（$FDI\_share * wage\_gap$）加入了回归模型，具体计量模型如(5-4)式和(5-5)式所示，为控制内生性问题，所有被解释变量同样滞后一期。

表5-13　技术与工资差距视角下的全样本路径机制回归结果

被解释变量 ln_pcwage & ln_pcva	劳动力市场					
	人均工资决定方程			人均增加值决定方程		
	城市层面	省级层面	地区层面	城市层面	省级层面	地区层面
	1	2	3	4	5	6
FDI_share	0.1035***	0.1591***	0.1232*	−0.1514***	−0.2405***	−0.3601***
	(4.43)	(2.79)	(1.85)	(−3.88)	(−2.70)	(−4.42)

①　Perez，T.，1997，"Multinational Enterprises and Technological Spillovers：An Evolutionary Model" [J]. *Journal of Evolutionary Economics*，Vol. 7(2)：169-192.

②　Girma，S.，2005，"Absorptive Capacity and Productivity Spillovers from FDI：A Threshold Regression Analysis" [J]. *Oxford Bulletin of Economics and Statistics*，2005，Vol. 67(3)：281-306.

③　邵敏，包群：《外资进入是否加剧中国国内工资扭曲：以国有工业企业为例》，《世界经济》，2012 年第 10 期，第 3—24 页。

④　Crespo，N.，Fontoura，M. P.，2013，"Determinant Factors of FDI Spillovers— What Do We Really Know?" [J]. *World Development*，Vol. 35(3)：410-425.

⑤　本文中，企业与行业前沿的"技术差距（tfp_gap）"为企业自身 op_tfp 与本地（分城市、省级、地区三个层面）、相同四分位行业中同年 op_tfp 最高的企业之间的差距，"工资差距（$wage\_gap$）"则为企业自身 ln_pcwage 与本地（分城市、省级、地区三个层面）、相同四分位行业中同年 ln_pcwage 最高的企业之间的差距。

续表

被解释变量 ln_pcwage & ln_pcva	劳动力市场					
	人均工资决定方程			人均增加值决定方程		
	城市层面	省级层面	地区层面	城市层面	省级层面	地区层面
	1	2	3	4	5	6
$wage\_gap$	-0.1448^{***}	-0.2214^{***}	-0.2696^{***}			
	(-13.64)	(-18.18)	(-22.17)			
$FDI\_share *$ $wage\_gap$	0.0415^{***}	0.0731^{***}	0.1020^{***}			
	(3.11)	(2.95)	(3.66)			
tfp_gap				0.0752^{***}	0.0617^{***}	0.0582^{**}
				(8.50)	(4.66)	(2.19)
$FDI\_share *$ tfp_gap				0.0511^{***}	0.0970^{***}	0.1066^{***}
				(4.17)	(4.74)	(7.50)
$\partial ln\_pcwage/$ ∂FDI_share	0.1292	0.2246	0.2242			
$\partial ln\_pcva/$ ∂FDI_share				-0.0997	-0.1072	-0.1998
样本数	680495	905537	979550	679591	904408	978356
R^2	0.2996	0.3596	0.3926	0.5145	0.5182	0.5200

注:括号中为 t 值,* $p<0.1$,** $p<0.05$,*** $p<0.01$,所有解释变量均为滞后一期值,同时控制了年度和行业(国民经济四分位行业分类)固定效应,并在区域(城市、省级、地区)层面使用了聚类(cluster)稳健标准误。控制变量同表 5-7,回归结果与表 5-7 并无显著差异,此处不予汇报。

计量模型(5-4)式和(5-5)式的 OLS 回归结果如表 5-13 所示。

$$ln\_pcva_{it+1} = \beta_0 + \beta_{1*}FDI\_share_{jkt} + \beta_{2*}tfp\_gap_{it}$$

$$+ \beta_{3*}FDI\_share_{jkt} * tfp\_gap_{it} + \gamma_* \sum X + \varepsilon_{ijkt} \qquad (5-4)$$

$$ln\_pcwage_{it+1} = \delta_0 + \delta_{1*}FDI\_share_{jkt} + \delta_{2*}wage\_gap_{it}$$

$$+ \delta_{3*}FDI\_share_{jkt} * wage\_gap_{it} + \eta_* \sum X + \varepsilon_{ijkt} \qquad (5-5)$$

由表 5-13 可知,引入"技术差距(tfp_gap)"和"工资差距($wage\_gap$)"变量及其与外资进入强度的交互项($FDI\_share * tfp\_gap$ 和 $FDI\_$

$share * wage\_gap$)之后,主要变量的系数符号和显著性水平并未发生显著改变,拟合优度 R^2 在人均工资决定方程中有显著增加,但在人均增加值决定方程中却未见明显改善。在有交互项的情况下,通过使用被解释变量对外资进入强度分别求偏导数,可以得出水平行业外资进入强度对被解释变量的真实影响系数。对比表 5-13 中 $\partial ln\_pcwage/\partial FDI\_share$ 和 $\partial ln\_pcva/\partial FDI\_share$ 的值与表 5-7 中 FDI_share 的系数值可知,二者不存在显著差异,这说明是否引入"技术差距"和"工资差距"变量及其与外资进入强度的交互项对本书的结论没有显著改变,表 5-7 的回归结果稳健可靠。

此外,由表 5-13 可知,在人均工资决定方程中,水平行业外资进入强度与工资差距的交互项($FDI\_share * wage\_gap$)系数高度显著为正,人均工资对外资进入强度的偏导数($\partial ln\_pcwage/\partial FDI\_share$)的值也为正,这说明工资差距变量正向调节了外资进入强度上升所带来的正向"工资溢出"效应,即企业与本地区同行业前沿工资水平的差距越大,企业受外资进入强度上升所带来的正向"工资溢出"效应的影响也就越强烈,低工资水平的同行业企业要比高工资水平的同行业企业受外资进入带来的正向"工资溢出"效应的影响更大,水平行业外资进入强度上升事实上促进了中国制造业企业间工资差距的向上"收敛"。在人均增加值决定方程中,水平行业外资进入强度与技术差距的交互项($FDI\_share * tfp\_gap$)系数也高度显著为正,外资进入强度(FDI_share)变量的系数和人均增加值对外资进入强度的偏导数($\partial ln\_pcva/\partial FDI\_share$)仍显著为负,说明技术差距变量正向调节了外资进入强度上升所带来的负向"技术挤出"效应,企业与本地区同行业前沿技术水平的差距越大,企业受外资进入强度上升所带来的负向"技术挤出"效应的影响越小,这可能是因为人均增加值越低的企业,其与外资企业发生竞争的可能性就越低,因此受外资进入的影响也就越小。

综上,本章使用 1998—2007 年中国工业企业数据库,测算出了各区域(分城市、省级、地区三级)国民经济四分位行业层面的"外资进入强度"和企业层面的"单位劳动成本",并实证分析了水平行业外资进入强度上升如何通过"工资溢出"和"技术溢出"两条渠道影响了中国同行业制造业企业的"单位劳动成本",主要研究结论如下:

第一,水平行业外资进入强度越高,中国同行业制造业企业的单位劳动成本就越高,即水平行业外资进入强度上升显著推高了中国同行业制造业企业的单位劳动成本,弱化了中国制造业的整体劳动力竞争优势。这主要是因为:一方面,水平行业外资进入强度上升对中国同行业制造业企业产生了显著的正向"工资溢出"效应,直接抬高了企业的劳动力雇佣成本;另一方面,水平行业外资进入强度上升对中国同行业制造业企业的人均增加值存在负向的"技术挤出"效应,即外资进入强度越高,中国同行业制造业企业的人均增加值就越低。

第二,不论是中国内资制造业企业,还是在华经营的外资制造业企业,均会因水平行业外资进入强度上升而遭受单位劳动成本上涨的损失,即新外资企业的进入或部分已在位强势外资企业市场势力的进一步扩张,不论是对内资企业还是其他外资企业而言,都会削弱其劳动力成本优势。不过,对于内资企业而言,水平行业外资进入强度上升导致其单位劳动成本上涨的原因是双重的:在外资企业强势扩张的压力下,其不仅要支付更高的工资水平,还被抢走了优质劳动力资源并排挤出高附加值产品市场和产业环节而导致其人均增加值下跌;对于外资企业而言,水平行业外资进入强度上升导致其单位劳动成本上涨的原因则相对单一,主要是由于其受到了强势外资企业市场份额扩张所带来的负向"技术挤出"效应的结果。

第三,将中国全部制造业企业按其所在地区划分为东、中、西部企业子样本进行回归分析,发现:水平行业外资进入强度上升仅会显著推高东部当地同行业制造业企业的单位劳动成本,弱化其劳动力竞争优势,而对中、西部地区的制造业企业来说,水平行业外资进入强度上升并不会给其带来这种压力。这主要是因为在中国的东部沿海地区,外资进入强度过高,外资企业的强势市场地位通过正向的"工资溢出"效应和负向的"技术挤出"效应威胁到了当地同行业制造业企业的劳动力竞争优势,然而在中、西部地区,外资进入强度还很低,外资企业与当地的同行业制造业企业之间的竞争性并不明显,当地的同行业企业甚至都没有采取提升工资的策略来对抗来自外资企业的竞争。

第四,通过将外资企业类型细分为"外国投资"和"港澳台资",本书发现:水平行业港澳台资企业进入强度上升对中国同行业制造业企业劳动力成本优势的威胁要明显大于外国投资企业。进一步的路径机制回归结果显示:一方面,水平行业港澳台资企业进入强度上升给中国同行业制造业企业所带来的"工资溢出"效应要比外国投资企业更强;另一方面,水平行业港澳台资企业进入强度上升给中国同行业制造业企业所带来的显著的负向"技术挤出"效应,而水平行业外国投资企业进入强度上升则并不存在这一效应。

第五,二分位行业子样本回归结果显示,中国制造业面临外资进入强度上升所带来的单位劳动成本上涨压力是普遍存在的,而且典型的劳动密集型产业企业的单位劳动成本受水平行业外资进入强度上升的冲击要大于资本和技术密集型行业。

第六,为进一步验证水平行业外资进入强度上升对中国制造业企业单位劳动成本的影响是否存在一定的时间趋势,本书还将样本总体按年分割成了 10 年的截面数据并进行了回归分析,结果显示:在样本观测期内,所有年份水平行业外资进入强度变量系数的 95% 置信区间均在 0 值之上,而且基本不存在明显的时间趋势,这表明外资进入强度上升对中国制造业企业单位劳动成本的正向影响是持续且稳健的,不会因为短期的外部宏观经济扰动等因素而发生明显变化。

第六章　水平行业外资进入速度与
中国制造业企业单位劳动成本

在第五章中,本书已经证明了水平行业外资进入强度上升通过正向"工资溢出"效应和负向"技术挤出"效应两个渠道,显著推高了中国同行业制造业企业的单位劳动成本,不过在第五章中本书并没有考虑"外资进入速度"在上述关系中是否发挥了作用。外资进入速度的"快"和"慢"是否会显著改变中国制造业企业单位劳动成本受外资进入强度变动的影响方向或影响程度? 如果会,背后的理论机制又是什么? 现有文献倾向于认为水平行业外资进入速度过快有损东道国企业从外资企业那里获得正向"技术溢出"的能力(Wang 等,2012①)。在第五章中本书已经证实了水平行业外资进入强度上升会通过负向的"技术挤出"效应降低中国同行业制造业企业的人均增加值,那么如果外资进入速度减缓,这种负向的"技术挤出"效应是否会发生改变? 第五章中发现水平行业外资进入没有对中国同行业制造业企业产生显著的正向"技术溢出"效应会不会就是因为外资进入速度过快,导致中国同行业企业没有足够的时间来模仿和学习外资企业的先进技术,就已经被外资企业大肆抢占了市场份额,并被挤出了高增加值产品市场或高增加值产业环节导致的? 若通过调整引进外资政策,减缓水平行业外资进入中国市场的速度,会不会有助于降低水平行业外资进入强度上升

---

①　Wang C., Deng Z., Kafouros M. I., et al., 2012, "Reconceptualizing the Spillover Effects of Foreign Direct Investment: A Process-dependent Approach" [J]. *International Business Review*, Vol. 21(3):452 - 464.

推高中国制造业企业单位劳动成本的程度？在本章中，将对上述问题展开一一讨论。

借助 1998—2007 年中国工业企业数据库，本章发现：在样本观测期间，水平行业外资进入速度显著地负向调节了外资进入强度上升对中国同行业制造业企业单位劳动成本的正向影响，即在相同的水平行业外资进入强度下，外资进入速度越快，外资进入强度上升对中国同行业制造业企业单位劳动成本的正向影响就越弱；外资进入速度越慢，外资进入强度上升对中国同行业制造业企业单位劳动成本的正向影响就越强。通过进一步的路径机制分析，本章发现水平行业外资进入速度的这种负向调节效应主要是由于两个方面原因导致的：第一，水平行业外资进入速度负向调节了外资进入强度上升对中国同行业制造业企业的正向"工资溢出"效应，即水平行业外资进入速度越快，外资进入强度上升对中国同行业制造业企业人均工资的正向冲击就越小，反之则越大；第二，水平行业外资进入速度正向调节了外资进入强度上升对中国同行业制造业企业的负向"技术挤出"效应，即水平行业外资进入速度越快，外资进入强度上升对中国同行业制造业企业人均增加值的负向冲击就越小，反之则越大。

第一节　计量模型、变量设计与数据说明

一、计量模型与方法

本书设计了如(6-1)式所示的计量模型，来分析水平行业外资进入速度如何调节了外资进入对中国制造业企业单位劳动成本的影响：

$$
\begin{aligned}
ULC_{it+1} = {} & \alpha_0 + \alpha_1 * FDI\_share_{jkt} + \alpha_2 * PACE\_FDI_{jkt} \\
& + \alpha_3 * FDI\_share_{jkt} * PACE\_FDI_{jkt} + \alpha_4 * PACE\_FDI_{jkt}{}^2 \\
& + \alpha_5 * FDI\_share_{jkt} * PACE\_FDI_{jkt}{}^2 + \beta * \sum X + \varepsilon_{ijkt} \quad (6-1)
\end{aligned}
$$

(6-1)式中的下角标 i、j、k、t 分被代表企业、行业、地区和年份[①]。被解释变量 ULC_{it+1} 为 i 企业 $t+1$ 年的单位劳动成本；FDI_share_{jkt} 为 t 年 j 行业 k 地区的外资进入强度；$PACE\_FDI_{jkt}$ 为 t 年 j 行业 k 地区的外资进入速度；$FDI\_share_{jkt} * PACE\_FDI_{jkt}$ 则为 t 年 j 行业 k 地区外资的进入强度与进入速度的交互项，引入交互项的目的在于衡量外资进入速度（$PACE\_FDI_{jkt}$）对外资进入强度（FDI_share_{jkt}）影响被解释变量 ULC_{it+1} 的"调节效应"，由第五章的实证结果已知(6-1)式中的系数 α_1 显著为正，那么如果系数 α_3 显著也为正，表明外资进入速度越快，外资进入强度上升对中国制造业企业单位劳动成本的影响就越强，反之则反是。此外，为考察外资进入速度的调节效应是否为非线性，本书还参考 Buckley(2007)[②]、Wang 等(2012)[③]以及钟昌标等(2015)[④]的方法，在计量模型中引入了外资进入速度的平方项（$PACE\_FDI_{jkt}{}^2$）以及外资进入速度平方项与外资进入强度的交互项（$FDI\_share_{jkt} * PACE\_FDI_{jkt}{}^2$）。$\sum X$ 为控制变量向量，包含：t 年 j 行业 k 地区的赫芬达尔指数（HHI_{jkt}），刻画该地区行业内部的市场竞争程度；以及 t 年 i 企业的全要素生产率（op_tfp_{it}）、资本密集度（ln_pck_{it}）、雇佣规模（ln_worker_{it}）、负债率（$debtratio_{it}$）、年龄（age_{it}）、是否出口虚拟变量（$exdum_{it}$）、是否享有政府补贴虚拟变量（$subsidydum_{it}$）以及是否有新产品在售虚拟变量（$newprodum_{it}$）。ε_{ijkt} 为随机误差项。

显然，由于不可避免的测量误差、遗漏变量等问题，计量模型(6-1)式中可能存在一定的内生性问题，但对于本书的核心解释变量水平行业的外资进入强度（FDI_share_{jkt}）和外资进入速度（$PACE\_FDI_{jkt}$）而言，内生性问题并不严重。一方面，这两个变量均为行业-地区汇总型变量，没有理由认

[①]　为表达简洁，在不引起歧义的前提下，后文中将省略变量的下角标。

[②]　Buckley, P., Clegg, J., Wang, C., 2007, "Is the Relationship between Inward FDI and Spillover Effects Linear? An Empirical Examination of the Case of China" [J]. *Journal of International Business Studies*, Vol. 38(3):447-459.

[③]　Wang C., Deng Z., Kafouros M. I., et al., 2012, "Reconceptualizing the Spillover Effects of Foreign Direct Investment: A Process-dependent Approach" [J]. *International Business Review*, Vol. 21(3):452-464.

[④]　钟昌标，黄远浙，刘伟：《外资进入速度、企业异质性和企业生产率》，《世界经济》，2015 年第 7 期，第 53—72 页。

为其和被解释变量——单一企业的单位劳动成本(ULC_{it})存在严重的反向因果关系。另一方面,在(6-1)式中同时控制年度和四分位行业固定效应,可以在很大程度上解决遗漏变量导致的内生性问题。同时,Moulton(1990)[①]指出使用加总的宏观经济变量对微观变量进行回归分析,可能会导致回归标准误下偏。因此,本书在所有 OLS 回归中均使用了区域层面(城市、省级、地区)的聚类(cluster)稳健标准误[②]。对于外资进入强度变量可能存在的测度误差问题,本书同时使用劳动力市场外资进入强度和产品市场外资进入强度两种方法,对城市、省级和地区三个层面的数据进行测度,可以在很大程度上解决这一问题对回归结果的干扰,进一步确保回归结果的稳健性。至于企业层面的控制变量则很有可能会受到与被解释变量之间互为因果等问题导致的内生性困扰,本书参考 Bernard 和 Jensen(2004)[③]的方法,将(6-1)式中的所有解释变量均滞后一期,这也可以在一定程度上缓解反向因果导致的内生性问题。此外,由于企业"单位劳动成本变量(ULC)"为"人均工资($pcwage$)"和"人均增加值($pcva$)"的比值,因此,通过分析水平行业外资进入速度($PACE\_FDI$)如何调节了外资进入强度(FDI_share)对中国同行业制造业企业"人均工资($pcwage$)"和"人均增加值($pcva$)"的影响,便可以把水平行业外资进入速度影响中国同行业制造业企业单位劳动成本影响的具体路径机制进行分解,其计量模型只需将(6-1)式中的被解释变量分别替换为企业人均工资和人均增加值的自然对数 ln_pcwage_{it+1} 和 ln_pcva_{it+1},即可。

一、变量设计与数据说明

本书的解释变量"外资进入强度指标(FDI_share)"及其他控制变量的计

---

① Moulton, B. R., 1990, "An Illustration of a Pitfall in Estimating the Effects of Aggregate Variables on Micro Units"[J]. *Review of Economics and Statistics*, Vol. 72(2): 334-338.

② 为了在区域层面(城市、省级、地区)使用聚类稳健标准误,本文删除了在样本观测期间内所在地不在同一城市、同一省份和同一地区的样本企业,这一做法也有利于剔除掉在工业企业数据库跨年合并中被误归纳为同一企业的错误样本,提高回归分析的精度。当然,被删除的样本企业并不多,占比不足5%。

③ Bernard, A. B., Jensen, J. B., 2004, "Why some Firms Export?"[J]. *Review of Economics and Statistics*, Vol. 86(2):561-569.

算方法与第五章相同,此处不再赘述。至于另一个核心解释变量"外资进入速度(PACE_FDI)",本书参考 Wang 等(2012)[1]以及钟昌标等(2015)[2]的方法,采用(6-2)式所示的方法对其进行定义,由(6-2)式可知,"外资进入速度"即为"外资进入强度"的增长速度。本章所使用的主要变量描述性统计见表6-1。

表6-1 主要变量的描述性统计表

	变量名	样本数	均值	标准差	变量名	样本数	均值	标准差
企业层面变量	ULC	1,021,801	0.30	0.24	op_tfp	1,492,936	3.06	0.83
	ln_pcwage	1,030,084	2.44	0.50	debtratio	1,509,976	0.56	0.25
	ln_pcva	1,021,802	4.01	1.06	age	1,509,976	9.15	10.47
	ln_worker	1,509,976	4.81	1.11	exdum	1,509,974	0.38	0.49
	ln_pck	1,506,065	3.68	1.24	subsidydum	1,509,976	0.13	0.34
					newprodum	1,509,976	0.21	0.41

	变量名	城市层面			省级层面			地区层面		
		样本数	均值	标准差	样本数	均值	标准差	样本数	均值	标准差
地区—行业汇总型变量 / 劳动力市场	FDI_share	1,011,378	0.37	0.29	1,342,817	0.30	0.25	1,453,416	0.28	0.22
	NHMT_share	847,877	0.22	0.22	1,253,154	0.16	0.15	1,408,233	0.14	0.12
	HMT_share	819,172	0.24	0.24	1,207,886	0.17	0.18	1,379,701	0.15	0.15
	HHI	1,509,976	0.27	0.29	1,509,976	0.10	0.16	1,509,976	0.05	0.09
	PACE_FDI	661,106	0.10	0.42	897,662	0.11	0.38	981,980	0.09	0.30
	PACE_NHMT	538,923	0.17	0.60	828,061	0.18	0.55	944,212	0.15	0.44
	PACE_HMT	522,516	0.10	0.50	793,941	0.10	0.47	922,726	0.09	0.38
产品市场	FDI_share	1,003,287	0.40	0.30	1,331,894	0.33	0.25	1,441,016	0.32	0.22
	NHMT_share	841,611	0.25	0.24	1,243,588	0.19	0.18	1,396,602	0.18	0.15
	HMT_share	812,839	0.24	0.25	1,198,231	0.17	0.18	1,368,061	0.15	0.15
	HHI	1,509,976	0.29	0.30	1,509,976	0.12	0.17	1,509,976	0.06	0.10
	PACE_FDI	655,126	0.09	0.44	889,561	0.09	0.42	972,691	0.06	0.31
	PACE_NHMT	534,546	0.17	0.66	821,041	0.18	0.64	935,588	0.12	0.46
	PACE_HMT	518,042	0.12	0.59	786,923	0.11	0.56	914,184	0.07	0.41

[1] Wang C., Deng Z., Kafouros M. I., et al., 2012, "Reconceptualizing the Spillover Effects of Foreign Direct Investment: A Process-dependent Approach" [J]. International Business Review, Vol.21(3):452-464.

[2] 钟昌标,黄远浙,刘伟:《外资进入速度、企业异质性和企业生产率》,《世界经济》,2015年第7期,第53—72页。

$$PACE\_FDI_{jkt} = (FDI\_share_{jkt} - FDI\_share_{jk(t-1)}) / FDI\_share_{jk(t-1)}$$

$$(6-2)$$

此外,附表 2 列示了主要变量之间的相关系数矩阵,本书核心解释变量之间的相关系数绝对值均在 0.6 以下,因此,不存在严重的多重共线性问题。

第二节 水平行业外资进入速度影响中国制造业 企业单位劳动成本的实证结果

一、全样本基准回归结果与分析

表 6-2 列示了使用 OLS 方法对计量模型(6-1)式进行回归的全样本基准回归结果,回归结果中拟合优度(R^2)较高,解释变量的系数符号符合预期,且在城市、省级和地区层面的回归结果中都基本保持稳定,由此可见计量模型(6-1)式的设计基本合理。

表 6-2 全样本基准回归结果

被解释变量 ULC	劳动力市场					
	城市层面		省级层面		地区层面	
	1	2	3	4	5	6
FDI_share	0.0861***	0.0860***	0.1069***	0.1059***	0.1348***	0.1358***
	(5.99)	(5.69)	(3.94)	(3.76)	(4.22)	(4.30)
PACE_FDI	0.0007	0.0020	−0.0002	0.0043	0.0014	0.0001
	(0.39)	(0.80)	(−0.13)	(0.89)	(0.89)	(0.03)
PACE_FDI * FDI_share	−0.0267***	−0.0360***	−0.0456***	−0.0693***	−0.0612***	−0.0719***
	(−3.69)	(−2.72)	(−6.12)	(−6.99)	(−9.00)	(−5.62)

续表

被解释变量 ULC	劳动力市场					
	城市层面		省级层面		地区层面	
	1	2	3	4	5	6
$PACE\_FDI^2$		−0.0015		−0.0062		0.0028
		(−0.48)		(−1.00)		(0.30)
$PACE\_FDI^2 *$ FDI_share		0.0092		0.0276**		0.0138
		(1.17)		(2.46)		(0.68)
HHI	−0.0473***	−0.0473***	−0.0079	−0.0075	0.0324	0.0309
	(−6.11)	(−6.03)	(−0.32)	(−0.31)	(0.99)	(0.98)
op_tfp	−0.0909***	−0.0909***	−0.0879***	−0.0879***	−0.0875***	−0.0875***
	(−31.51)	(−31.50)	(−33.98)	(−34.03)	(−56.91)	(−56.87)
ln_pck	−0.0450***	−0.0450***	−0.0410***	−0.0411***	−0.0396***	−0.0396***
	(−21.58)	(−21.57)	(−10.91)	(−10.90)	(−15.90)	(−15.95)
ln_worker	0.0227***	0.0227***	0.0235***	0.0236***	0.0246***	0.0246***
	(12.79)	(12.80)	(8.49)	(8.54)	(9.35)	(9.38)
debtratio	0.0107**	0.0107**	0.0176**	0.0176**	0.0175**	0.0175**
	(2.42)	(2.43)	(2.20)	(2.22)	(2.17)	(2.17)
age	0.0015***	0.0016***	0.0014***	0.0014***	0.0015***	0.0015***
	(9.61)	(9.58)	(7.57)	(7.57)	(5.94)	(5.95)
exdum	0.0241***	0.0241***	0.0249***	0.0249***	0.0238***	0.0238***
	(9.22)	(9.28)	(6.08)	(6.11)	(5.47)	(5.50)
subsidydum	0.0052*	0.0052*	0.0069**	0.0069**	0.0073***	0.0073***
	(1.87)	(1.89)	(2.05)	(2.05)	(3.17)	(3.23)
newprodum	−0.0042	−0.0042	−0.0046	−0.0046	−0.0058	−0.0058
	(−1.01)	(−1.01)	(−0.72)	(−0.71)	(−0.87)	(−0.87)
C	0.5339***	0.5341***	0.4864***	0.4873***	0.4741***	0.4738***
	(25.57)	(25.54)	(15.46)	(15.32)	(17.07)	(17.20)
$\partial ULC/\partial FDI\_share$	0.0794	0.0787	0.0953	0.0926	0.1212	0.1212
样本数	434375	434375	594424	594424	651871	651871
R^2	0.3332	0.3332	0.3332	0.3333	0.3324	0.3324

注:括号中为 t 值,* $p<0.1$,** $p<0.05$,*** $p<0.01$,所有解释变量均为滞后一期值,同时控制了年度和行业(国民经济四分位行业分类)固定效应,并在区域(城市、省级、地区)层面使用了聚类(cluster)稳健标准误。

由表6-2可知,在城市、省级和地区层面,核心解释变量水平行业外资进入强度(FDI_share)的回归系数均高度显著为正,水平行业外资进入速度与外资进入强度的交互项($PACE\_FDI * FDI\_share$)的系数均高度显著为负,这表明水平行业外资进入速度显著地"负向调节"了外资进入强度上升对中国同行业制造业企业单位劳动成本的正向影响。即在相同的外资进入强度下,外资进入速度越快,外资进入强度上升对中国同行业制造业企业单位劳动成本的正向影响就越弱,反之则越强。由表6-2中的第2、4、6列回归结果可知,在回归模型中引入水平行业外资进入速度的平方项($PACE\_FDI^2$)以及其与外资进入强度的交互项($FDI\_share * PACE\_FDI^2$)之后,$FDI\_share * PACE\_FDI^2$的系数仅在省级层面显著为正,在城市和地区层面都并不显著,这表明水平行业外资进入速度的调节效应基本上是线性的。而且不论是否引入外资进入速度的平方项以及其与外资进入强度的交互项,被解释变量企业的单位劳动成本(ULC)对外资进入强度(FDI_share)的偏导数($\partial ULC/\partial FDI\_share$)都一直为正,这表明:虽然水平行业外资进入速度负向调节了外资进入强度上升对中国同行业制造业企业单位劳动成本的正向影响,但外资进入强度上升对中国同行业制造业企业单位劳动成本的"净影响"仍然为正。此外,表6-2中的控制变量回归结果与第五章中的表5-2高度一致,这进一步证明了本书回归结果的稳健性,控制变量回归结果的具体含义此处不再赘述。

以往文献认为外资进入速度过快可能是阻碍东道国企业获得外资正向"技术溢出"效应的重要原因,因此,通过政策引导,让外资以较慢的速度流入是对东道国而言更有利的策略(Wang 等,2012[①];钟昌标等,2015[②]),但本

① Wang C., Deng Z., Kafouros M. I., et al., 2012, "Reconceptualizing the Spillover Effects of Foreign Direct Investment: A Process-dependent Approach" [J]. *International Business Review*, Vol. 21(3):452-464.

② 钟昌标,黄远浙,刘伟:《外资进入速度、企业异质性和企业生产率》,《世界经济》,2015 年第 7 期,第 53—72 页。

书的上述回归结果表明:仅仅依靠收紧对外资的开放政策来降低外资企业进入中国的速度,并不能减轻外资进入强度上升对中国制造业企业单位劳动成本的推升效应,反而是外资进入速度越慢,外资进入强度上升对中国同行业制造业企业单位劳动成本的推升效应就会越强烈。至于这一现象背后的具体原因,仍需要通过进一步对外资进入速度的这种"负向调节效应"的具体机制进行分解,才能予以回答。

二、子样本基准回归结果与分析

在上述基于全样本的回归分析中,本书对中国制造业企业的异质性没有给予充分的考虑,因此,本书将样本总体按所有制类型细分为"内资企业"和"外资企业"子样本,按所在地区细分为东、中、西部企业子样本分别进行了回归分析,还将外资企业细分为"外国投资企业"和"港澳台资企业",并分别测算外国投资进入强度($NHMT\_share$)、港澳台资进入强度(HMT_share)以及外国投资进入速度($PACE\_NHMT$)、港澳台资进入速度($PACE\_HMT$),以对比不同类型外资进入的速度和强度对中国同行业制造业企业单位劳动成本的影响是否存在差异。

(一) 内、外资企业子样本回归结果

新的外资企业进入或者已在位外资企业在华投资扩张,不仅会影响中国本土的同行业企业,还会影响其他在华经营的外资同行业企业,但是由于外资企业的人均工资和人均增加值都高于内资企业,那么他们的单位劳动成本受"外资进入强度"上升的影响是否会有所差异? 鉴于此,在表6-3中,本书将样本总体细分为"内资企业"和"外资企业"两个子样本,并按照计量模型(6-1)式进行了回归分析。

表 6-3 内、外资企业子样本回归结果对比

被解释变量 ULC		劳动力市场					
		城市层面		省级层面		地区层面	
		1	2	3	4	5	6
内资企业子样本	FDI_share	0.0663***	0.0648***	0.0823***	0.0804**	0.1019***	0.1026***
		(4.88)	(4.55)	(2.66)	(2.50)	(2.79)	(2.81)
	$PACE\_FDI$	0.0034*	0.0061**	0.0011	0.0061	0.0011	−0.0004
		(1.87)	(2.42)	(0.64)	(1.23)	(0.73)	(−0.11)
	$PACE\_FDI *$ FDI_share	−0.0254***	−0.0290*	−0.0394***	−0.0585***	−0.0448***	−0.0423***
		(−3.34)	(−1.88)	(−5.00)	(−5.21)	(−5.94)	(−3.78)
	$PACE\_FDI^2$		−0.0037		−0.0071		0.0027
			(−1.26)		(−1.15)		(0.35)
	$PACE\_FDI^2 *$ FDI_share		0.0053		0.0235		−0.0047
			(0.47)		(1.61)		(−0.30)
	$\partial ULC/\partial FDI\_share$	0.0635	0.0627	0.0777	0.0774	0.0974	0.0979
	样本数	282126	282126	441307	441307	498559	498559
	R^2	0.3289	0.3289	0.3296	0.3297	0.3313	0.3313
外资企业子样本	FDI_share	0.0672***	0.0683***	0.0823***	0.0829***	0.1188***	0.1207***
		(4.84)	(4.59)	(3.98)	(3.80)	(6.81)	(7.22)
	$PACE\_FDI$	−0.0093***	−0.0130***	−0.0065**	−0.0063	0.0021	−0.0012
		(−3.72)	(−2.79)	(−2.23)	(−1.01)	(0.40)	(−0.18)
	$PACE\_FDI *$ FDI_share	−0.0062	0.0011	−0.0240***	−0.0318**	−0.0553***	−0.0659***
		(−1.00)	(0.08)	(−3.48)	(−2.25)	(−8.01)	(−3.42)
	$PACE\_FDI^2$		0.0049		0.0004		0.0079
			(0.84)		(0.04)		(0.52)
	$PACE\_FDI^2 *$ FDI_share		−0.0084		0.0080		0.0114
			(−0.91)		(0.64)		(0.34)
	$\partial ULC/\partial FDI\_share$	0.0668	0.0673	0.0805	0.0814	0.1152	0.1171
	样本数	152249	152249	153117	153117	153312	153312
	R^2	0.3414	0.3414	0.3394	0.3394	0.3393	0.3393

注：括号中为 t 值，* $p<0.1$，** $p<0.05$，*** $p<0.01$，所有解释变量均为滞后一期值，同时控制了年度和行业（国民经济四分位行业分类）固定效应，并在区域（城市、省级、地区）层面使用了聚类（cluster）稳健标准误。控制变量同表 6-2，回归结果高度相似，限于篇幅不予汇报。

由表6-3的回归结果可知,在内资企业子样本中,水平行业外资进入强度(FDI_share)的系数在城市、省级和地区层面均高度显著为正,这与第五章表5-3中的回归结果保持一致,水平行业外资进入速度与外资进入强度的交互项($PACE\_FDI * FDI\_share$)的系数在城市、省级和地区层面则均高度显著为负,外资进入速度的平方项与外资进入强度的交互项($PACE\_FDI^2 * FDI\_share$)系数则均不显著;在外资企业子样本中,水平行业外资进入强度(FDI_share)的系数在城市、省级和地区层面也均高度显著为正,这也与第五章表5-3中的回归结果保持一致,但水平行业外资进入速度与外资进入强度的交互项($PACE\_FDI * FDI\_share$)的系数仅在省级和地区层面显著为负,外资进入速度的平方项与外资进入强度的交互项($PACE\_FDI^2 * FDI\_share$)的系数也均不显著。

上述结论表明,不论是内资企业还是外资企业,在面对水平行业外资进入强度上升所带来的竞争压力下,其单位劳动成本均会显著上升,这一点与第五章的结论相一致。此外,水平行业外资进入速度"负向调节"了外资进入强度上升对中国内资和外资同行业制造业企业单位劳动成本的正向冲击,且其负向调节效应是线性的。但是外资进入速度的这种负向调节效应在内资企业子样本中在城市、省级和地区层面均显著,而在外资企业子样本中则仅在省级层面和地区层面显著,在城市层面并不显著。这可能是因为相对于内资企业而言,外资企业的生产经营网络所覆盖的地理范围更大,跨地级市经营的现象更加普遍,他们通过调度各生产环节在不同城市子公司之间的生产安排,可以更加灵活地消化掉部分子公司所在城市劳动力供给紧张、工资上涨等不利的负面冲击,因此,外资企业自身所处城市范围内水平行业外资进入速度的变化给其单位劳动成本带来的影响,就可能更加微弱。

(二)东、中、西部企业子样本回归结果

除所有制类型之外,企业所处地区的经济发展水平也是企业异质性的重要来源之一,因此,在表6-4中,本书将样本总体按企业所处地区拆分为东、中、西部三个子样本,并按照计量模型(6-1)式进行了回归分析。由表6-4的回归结果可知,在东部地区企业子样本中,水平行业外资进入强度(FDI_share)的系数在城市、省级和地区层面均高度显著为正,这与第五章表5-4中的回归结果保持一致,水平行业外资进入速度与进入强度的交互项($PACE\_FDI * FDI\_share$)系数在城市、省级和地区层面则均高度显著为负,外资进入速度的平方项与外资进入强度的交互项($PACE\_FDI^2 * FDI\_share$)系数则

表6-4　东、中、西部企业子样本回归结果对比

被解释变量 ULC		城市层面		省级层面		地区层面	
		1	2	3	4	5	6
东部企业样本	FDI_share	0.0863***	0.0870***	0.0977***	0.0977***	0.1178***	0.1200***
		(5.65)	(5.42)	(3.17)	(3.08)	(4.13)	(4.17)
	$PACE\_FDI$	0.0009	0.0007	0.0012	0.0045	0.0012	−0.0045
		(0.45)	(0.26)	(0.64)	(0.70)	(1.26)	(−0.63)
	$PACE\_FDI * FDI\_share$	−0.0273***	−0.0371***	−0.0468***	−0.0731***	−0.0553***	−0.0566***
		(−3.47)	(−2.69)	(−6.34)	(−6.08)	(−10.62)	(−2.91)
	$PACE\_FDI^2$		0.0007		−0.0042		0.0115
			(0.20)		(−0.57)		(0.90)
	$PACE\_FDI^2 * FDI\_share$		0.0088		0.0296**		−0.0032
			(1.10)		(2.52)		(−0.12)
东部企业样本	$\partial ULC/\partial FDI\_share$	0.0837	0.0850	0.0930	0.0945	0.1132	0.1150
	样本数	392933	392933	507168	507168	526828	526828
	R^2	0.3321	0.3321	0.3303	0.3304	0.3284	0.3285
中部企业样本	FDI_share	−0.0067	−0.0103	−0.0075	−0.0091	0.0055	0.0014
		(−0.49)	(−0.73)	(−0.29)	(−0.33)	(0.27)	(0.07)
	$PACE\_FDI$	−0.0001	0.0067	−0.0012	0.0006	−0.0002	0.0044
		(−0.01)	(0.81)	(−0.46)	(0.13)	(−0.13)	(1.15)
	$PACE\_FDI * FDI\_share$	−0.0087	−0.0198	0.0016	0.0499	−0.0012	0.0123
		(−0.75)	(−0.78)	(0.13)	(1.34)	(−0.06)	(0.29)
	$PACE\_FDI^2$		−0.0098		−0.0038		−0.0089
			(−1.15)		(−0.85)		(−1.54)
	$PACE\_FDI^2 * FDI\_share$		0.0150		−0.0443		−0.0112
			(0.68)		(−1.46)		(−0.28)
	$\partial ULC/\partial FDI\_share$	−0.0075	−0.0086	−0.0073	−0.0140	0.0054	0.0010
	样本数	27236	27236	61720	61720	89530	89530
	R^2	0.3599	0.3601	0.3455	0.3457	0.3505	0.3505

续表

被解释变量 ULC		城市层面		省级层面		地区层面	
		1	2	3	4	5	6
西部企业样本	FDI_share	0.0036 (0.28)	−0.0081 (−0.59)	0.0127 (0.61)	0.0068 (0.32)	−0.0166 (−0.71)	−0.0131 (−0.45)
	PACE_FDI	0.0027 (0.53)	0.0210* (1.93)	−0.0004 (−0.14)	0.0078 (0.93)	0.0054*** (25.91)	0.0018 (0.50)
	PACE_FDI * FDI_share	−0.0016 (−0.10)	−0.0111 (−0.25)	−0.0032 (−0.18)	−0.0155 (−0.33)	0.0064 (0.32)	−0.0135 (−0.45)
	PACE_FDI²		−0.0254** (−2.50)		−0.0117 (−1.38)		0.0072 (0.93)
	PACE_FDI² * FDI_share		0.0212 (0.66)		0.0186 (0.46)		0.0191*** (3.62)
	∂ULC/∂FDI_share	0.0034	−0.0041	0.0123	0.0094	−0.0158	−0.0114
	样本数	14206	14206	25536	25536	35513	35513
	R^2	0.3472	0.3479	0.3281	0.3282	0.3401	0.3401

注:括号中为 t 值,* $p<0.1$,** $p<0.05$,*** $p<0.01$,所有解释变量均为滞后一期值,同时控制了年度和行业(国民经济四分位行业分类)固定效应,并在区域(城市、省级、地区)层面使用了聚类(cluster)稳健标准误。控制变量同表 6-2,回归结果高度相似,限于篇幅不予汇报。

仅在省级层面显著为正[①];在中部和西部地区企业子样本中,水平行业外资进入强度(FDI_share)的系数均不显著,这也与第五章表 5-4 中的回归结果保持一致,水平行业外资进入速度与外资进入强度的交互项(PACE_FDI * FDI_share)系数也均不显著。上述结论表明,水平行业外资进入强度上升仅仅推高了中国东部沿海制造业发达地区同行业企业的单位劳动成本,而对中、西部制造业欠发达地区同行业企业的单位劳动成本则没有明显的影响。至于水平行业外资进入速度对外资进入强度上升推高中国同行业制造业企业单位劳动成本的"负向调节效应",也只在东部地区显著存在,在中、西部地区并不显著。因此,通过制定合理的区域协调发展政策,引导外

① 虽然 PACE_FDI² * FDI_share 的系数在东部地区、省级层面显著为正,表明外资进入速度的"调节效应"可能是"U 形"的,但由于 ∂ULC/∂FDI_share 的值仍然为正(0.0945),且小于 FDI_share 的系数值(0.0977),因此,外资进入速度的调节效应仍是处于"U 形"的前半段,仍然是负向的。

资企业向中、西部地区投资,可以缓解东部地区劳动力价格的上涨压力。

（三）外国投资和港澳台资进入速度的回归结果

在表6-5中,本书将前文中的水平行业外资进入强度和外资进入速度指标,进一步细分为外国投资进入强度（$NHMT\_share$）、港澳台资进入强度（HMT_share）以及外国投资进入速度（$PACE\_NHMT$）、港澳台资进入速度（$PACE\_HMT$）,并按照计量模型(6-1)式进行了回归分析。

由表6-5中的回归结果可知,水平行业外国投资进入强度（$NHMT\_share$）的系数仅在城市层面高度显著为正,在省级层面显著性较差,在地区层面则并不显著,这与第五章表5-5中的回归结果基本保持一致;水平行业外国投资进入速度与进入强度的交互项（$PACE\_NHMT * NHMT\_share$）的系数只有在省级层面引入外国投资进入速度的平方项（$PACE\_NHMT^2$）以及外国投资进入速度的平方项与进入强度的交互项（$PACE\_NHMT^2 * NHMT\_share$）之后才显著为负,在其余结果中则均不显著,而外国投资进入速度的平方项与进入强度的交互项（$PACE\_NHMT^2 * NHMT\_share$）系数也仅在省级层面显著为正,其余情况均不显著。对比来看,港澳台资进入强度（HMT_share）的系数在城市、省级和地区层面均高度显著为正,这也与第五章表5-5中的回归结果保持一致;港澳台资进入速度与进入强度的交互项（$PACE\_HMT * HMT\_share$）系数在城市、省级和地区层面均高度显著为负,只有在省级层面引入港澳台资进入速度的平方项（$PACE\_HMT^2$）以及港澳台资进入速度的平方项与进入强度的交互项（$PACE\_HMT^2 * HMT\_share$）之后才显著为负,在其余结果中则均不显著,而港澳台资进入速度的平方项与进入强度的交互项（$PACE\_HMT^2 * HMT\_share$）系数也仅在省级层面显著为正,其余情况均不显著。上述结论表明水平行业外国投资进入强度上升对中国同行业制造业企业单位劳动成本上升虽有正向影响,但这种影响远弱于港澳台资;而且水平行业港澳台资进入速度显著正向调节了港澳台资进入强度上升对中国同行业制造业企业单位劳动成本的正向影响,而且这种调节效应基本是线性的,而水平行业外国投资进入速度的这种调节效应则基本上并不存在。

表 6 - 5　外国投资和港澳台资进入速度的回归结果对比

被解释变量 ULC		劳动力市场					
		城市层面		省级层面		地区层面	
		1	2	3	4	5	6
外国投资	NHMT_share	0.0308***	0.0290***	0.0375*	0.0359*	0.0303	0.0273
		(3.80)	(3.82)	(1.77)	(1.69)	(0.65)	(0.62)
	PACE_NHMT	−0.0024	0.0011	−0.0015*	0.0022	−0.0012	0.0049
		(−1.57)	(0.25)	(−1.70)	(0.91)	(−1.16)	(1.00)
	PACE_NHMT * NHMT_share	0.0023	−0.0040	−0.0097	−0.0246**	−0.0149	−0.0486
		(0.41)	(−0.33)	(−1.56)	(−2.26)	(−1.07)	(−1.38)
	PACE_NHMT²		−0.0028		−0.0032		−0.0066
			(−1.08)		(−1.64)		(−1.24)
	PACE_NHMT² * NHMT_share		0.0049		0.0113*		0.0319
			(0.85)		(1.78)		(1.25)
	∂ULC/∂NHMT_share	0.0314	0.0289	0.0350	0.0314	0.0270	0.0197
	样本数	349524	349524	545478	545478	625061	625061
	R^2	0.3284	0.3284	0.3269	0.3270	0.3259	0.3260
港澳台资	HMT_share	0.0873***	0.0886***	0.1317***	0.1301***	0.1581***	0.1588***
		(4.28)	(4.21)	(4.72)	(4.54)	(7.71)	(8.22)
	PACE_HMT	−0.0004	−0.0020	−0.0006	0.0027	−0.0015	−0.0026
		(−0.24)	(−0.62)	(−0.64)	(0.93)	(−1.00)	(−1.60)
	PACE_HMT * HMT_share	−0.0190***	−0.0268**	−0.0486***	−0.0775***	−0.0579***	−0.0687***
		(−3.52)	(−2.23)	(−5.74)	(−5.55)	(−13.15)	(−3.21)
	PACE_HMT²		0.0020		−0.0038		0.0018
			(0.64)		(−1.11)		(0.39)
	PACE_HMT² * HMT_share		0.0053		0.0278**		0.0118
			(0.64)		(2.09)		(0.40)
	∂ULC/∂HMT_share	0.0826	0.0829	0.1193	0.1147	0.1453	0.1447
	样本数	341136	341136	524439	524439	612536	612536
	R^2	0.3345	0.3345	0.3354	0.3354	0.3334	0.3334

注:括号中为 t 值,* $p<0.1$,** $p<0.05$,*** $p<0.01$,所有解释变量均为滞后一期值,同时控制了年度和行业(国民经济四分位行业分类)固定效应,并在区域(城市、省级、地区)层面使用了聚类(cluster)稳健标准误。控制变量同表 6 - 2,回归结果高度相似,限于篇幅不予汇报。

第三节　水平行业外资进入速度影响中国制造业企业 单位劳动成本的路径机制检验结果

一、全样本路径机制检验结果与分析

在表6-2中,我们发现水平行业外资进入速度负向调节了外资进入强度上升对中国同行业制造业企业单位劳动成本的正向影响,但却不知道这种负向调节效应背后的具体理论机制是什么,在表6-6中,本书通过将计量模型(6-1)式中的被解释变量分别替换为中国制造业企业的人均工资和人均增加值的自然对数 ln_pcawge_{it+1} 和 ln_pcva_{it+1},对水平行业外资进入速度($PACE\_FDI_{jkt}$)负向调节外资进入强度(FDI_share_{jkt})上升影响中国同行业制造业企业单位劳动成本($ULC_{it+1}=pcawge_{it+1}/pcva_{it+1}$)的路径机制进行了分解。

表6-6　全样本路径机制回归结果

被解释变量 ln_pcawge & ln_pcva	劳动力市场					
	人均工资决定方程			人均增加值决定方程		
	城市层面	省级层面	地区层面	城市层面	省级层面	地区层面
	1	2	3	4	5	6
FDI_share	0.1515***	0.2673***	0.2873***	−0.1004***	−0.1202	−0.2212***
	(6.41)	(3.76)	(3.34)	(−2.94)	(−1.56)	(−3.95)
$PACE\_FDI$	0.0045	0.0101	0.0113	−0.0219***	−0.0214	0.0058
	(0.73)	(1.27)	(1.11)	(−2.63)	(−1.17)	(0.68)
$PACE\_FDI * FDI\_share$	−0.0428**	−0.1321***	−0.1694***	0.0976***	0.1694***	0.1087***
	(−2.31)	(−2.76)	(−2.78)	(3.08)	(4.96)	(2.82)
$PACE\_FDI^2$	−0.0076	−0.0244**	−0.0333**	0.0198*	0.0270	−0.0304
	(−1.08)	(−2.33)	(−2.06)	(1.81)	(0.99)	(−1.27)

续表

被解释变量 ln_pcwage & ln_pcva	劳动力市场					
	人均工资决定方程			人均增加值决定方程		
	城市层面	省级层面	地区层面	城市层面	省级层面	地区层面
	1	2	3	4	5	6
$PACE\_FDI^2 * FDI\_share$	0.0173	0.0887**	0.1396**	−0.0348	−0.0762	0.0656
	(1.13)	(2.10)	(2.10)	(−1.38)	(−1.34)	(1.06)
HHI	−0.1601***	−0.1195**	−0.1403**	0.0331	−0.0014	−0.0874
	(−5.36)	(−2.14)	(−2.05)	(1.21)	(−0.03)	(−1.20)
op_tfp	0.0738***	0.0697***	0.0692***	0.6121***	0.6207***	0.6229***
	(16.68)	(7.68)	(8.54)	(42.23)	(31.86)	(63.82)
ln_pck	0.0741***	0.0718***	0.0722***	0.3170***	0.3092***	0.3064***
	(20.72)	(13.03)	(15.53)	(80.22)	(70.54)	(62.56)
ln_worker	0.0311***	0.0320***	0.0329***	−0.0817***	−0.0891***	−0.0930***
	(10.51)	(6.97)	(8.44)	(−14.48)	(−8.75)	(−10.60)
debtratio	0.0006	0.0168	0.0161	−0.0708***	−0.0920***	−0.0961***
	(0.05)	(1.03)	(0.92)	(−4.12)	(−2.71)	(−3.31)
age	−0.0005	−0.0006**	−0.0006**	−0.0056***	−0.0054***	−0.0055***
	(−1.37)	(−2.32)	(−2.17)	(−13.32)	(−11.11)	(−10.64)
exdum	0.0407***	0.0467***	0.0467***	−0.0330***	−0.0271**	−0.0204*
	(8.56)	(5.84)	(4.65)	(−4.74)	(−2.23)	(−1.67)
subsidydum	0.0229***	0.0299***	0.0296***	−0.0180*	−0.0181	−0.0190**
	(5.54)	(4.67)	(5.78)	(−1.85)	(−1.21)	(−2.46)
newprodum	0.0175	0.0072	−0.0004	0.0445***	0.0409*	0.0433*
	(1.53)	(0.35)	(−0.01)	(3.50)	(1.89)	(1.68)
c	1.6719***	1.5922***	1.5883***	1.8454***	1.9202***	1.9490***
	(25.22)	(19.76)	(17.79)	(24.78)	(21.89)	(24.59)
$\partial ln\_pcva/\partial FDI\_share$	0.1440	0.2475	0.2636			
$\partial ln\_pcwage/\partial FDI\_share$				−0.0824	−0.0889	−0.1906
样本数	434880	595063	652565	434375	594424	651871
R^2	0.2373	0.2322	0.2262	0.5644	0.5673	0.5689

注：括号中为 t 值，* $p<0.1$，** $p<0.05$，*** $p<0.01$，所有解释变量均为滞后一期值，同时控制了年度和行业（国民经济四分位行业分类）固定效应，并在区域（城市、省级、地区）层面使用了聚类（cluster）稳健标准误。

由表6-6中的人均工资决定方程回归结果可知,水平行业外资进入速度与外资进入强度的交互项($PACE\_FDI * FDI\_share$)系数在城市、省级和地区层面均显著为负,表明水平行业外资进入速度"负向调节"了外资进入强度上升对中国同行业制造业企业的正向"工资溢出"效应,即水平行业外资进入速度越快,外资进入强度上升对中国同行业制造业企业人均工资的正向冲击就越小;而水平行业外资进入速度越慢,外资进入强度上升对中国同行业制造业企业人均工资的正向冲击就会越大。

导致这一现象的原因可能是由于在中国外资进入速度越快的制造业行业和地区的市场空缺通常越大,劳动力供给越充裕,因此,外资进入给中国当地同行业制造业企业带来的劳动力需求冲击反而较小;而外资进入速度越慢的制造业行业和地区的市场空间越饱和,劳动力供给也越紧张,外资进入给中国当地同行业制造业企业带来的劳动力需求冲击反而越大。事实上,随着中国以"大学生"为代表的中、高端劳动力供给数量的增加,和以"农民工"为代表的低端劳动力供给数量的减少,制造业企业之间在低端劳动力市场上的劳动力争夺可能要比中、高端人才市场上更为激烈,这也与近年来越演越烈的"大学生就业难"和东部沿海地区的"民工荒"在中国同时发生的"怪象"相一致。通过对比不同二分位制造业行业的外资进入速度,本书发现:皮毛羽(绒)及其制品业(3.70%)、服装鞋帽制造业(4.80%)、木材加工及木竹藤棕草制品业(5.45%)、家具制造业(5.77%)以及文教体育用品制造业(6.08%)等中国传统优势的低端劳动力密集型制造业的平均外资进入速度均低于均值(9.71%),而化学纤维制造业(14.34%)、医药制造业(14.31%)、专用设备制造业(13.95%)、有色金属冶炼及压延加工业(13.93%)、交通运输设备制造业(13.92%)、化学原料及化学品制造业(13.65%)以及通用设备制造业(12.50%)等中国发展水平相对落后的资本和技术密集型制造业的平均外资进入速度则均高于均值(9.71%)①。上述数据表明在那些中国劳动力市场"供过于求"的中、高端劳动力密集型行业,虽然外资进入速度更快,但受益于大学毕业生供给的高速增长,中国同行业制造业企业反而并没有因外资进入而面临严峻的中、高端劳动力供给不足的问题;反而是在低端劳动力密集型的制造业行业中,中国本土市场已经饱和,低端劳动力本就供给不足,这一方面导致外资进入中国市场的阻力较大,所以速度较慢,另一方面也导致外资进入带来的额外竞争给本来就"供不应求"的低端劳动力市场带来了很大的需求冲击,因此,中国同行业制造业企业不得不采取与外资企业竞相调高工资水平的方式,以抢夺劳动力资源,进而形成了外资进入速度越慢,外资进入强度上升对中国制造业企业的正向"工资溢出"效应就越强的现象。

此外,在人均工资决定方程回归结果中,水平行业外资进入速度的平方项与外资进入强度的交互项($PACE\_FDI^2 * FDI\_share$)系数在省级和地区层面均显著为正,这表明外资进入速度对外资进入强度上升影响中国同行业制造业企业人均工资的调节效应可能是"U形"的,即当水平行业外资进入速度较低时,外资进入强度上升对中国同行业制造业企业产生的正向"工资溢出"效应随着外资进入速度提升而变弱;而当外资进入速度到达一定水平之后,外资进入强度上升对中国同行业制造业企业产生的正向"工资溢出"效应会随着外资进入速度的提升而增强。这一方面可能是因为在那些外资进入速度较慢的地区和行业,例如东部沿海地区的劳动力密集行业,市场空间已经饱和,而且劳动力供给相对短缺,外资进入强度上升所带来的额外竞争对中国同行业制造业企业产生的正向"工资溢出"效应已经很强了。此时,如果外资进入速度变快,那么这表明新进入市场的外资企业的实力一定远超已在位企业,否则它不可能在激烈的市场竞争中快速扩张。也就是说,新进入市场的外资企业在技术和工资水平等方面领先于已在位企业的优势越大,其进入速度就可能越

---

① 上述括号中的数据为本文样本数据中城市层面外资进入速度变量在1998—2007年间的均值。

快,而已在位企业在实力强大的竞争对手面前可能就越不会采取跟随其提升工资的策略与之竞争,所以,此时外资进入强度上升对中国同行业制造业企业产生的正向"工资溢出"效应会随着外资进入速度提升而变弱。而当外资进入速度到达一定水平之后,强势外资企业的市场势力扩张已经将最差的那一部分原在位企业淘汰出了市场,还存活着的其他企业在这种严峻的生存危机下,就更有可能会以提高工资水平的方式展开反击,与外资企业争夺人才,因此,当外资进入速度到达一定水平之后,外资进入强度上升对中国同行业制造业企业产生的正向"工资溢出"效应就会随着外资进入速度提升而增强。另一方面,导致部分地区和部分行业外资进入速度较慢的原因除了饱和的市场和激烈的竞争之外,还有可能是政府引进外资政策的限制。在这种情况下,在政策开始放宽外资进入的初期,外资企业出于试探的目的,一开始的进入速度可能较慢,但在本地区和本行业的对外开放初期,国内企业在第一次面对外资企业进入强度上升时,可能会做出过度的反应,例如他们非常可能会采取紧跟外资企业的步伐提高工资水平的策略,防止被外资企业抢走人才和市场份额,此时外资进入强度的小幅度上升就可能会带来非常显著的正向"工资溢出"效应,而随着外资企业的逐渐增多,国内企业对外资企业的存在也会逐渐适应,其对外资企业的警惕性就可能会出现回调,此时外资进入强度上升对中国同行业制造业企业产生的正向"工资溢出"效应就可能会随着外资进入速度提升而变弱;而当外资企业的政策试探期结束,其进入速度提高到一定水平之后,外资企业在中国的进入强度也就已经高到了威胁国内企业生存的地步,此时,国内企业与外资企业之间竞争的加剧,自然就会产生外资进入强度上升对中国同行业制造业企业产生的正向"工资溢出"效应会随着外资进入速度提升而增强的效果。不过,由表 6-6 第 2 列和第 3 列中 $\partial ln\_pcva/\partial FDI\_share$ 的值仍然为正,且小于 FDI_share 的系数值可知,在样本观测期,外资进入速度的调节效应即使是"U 形"的,也仍处于"U 形"的前半段,仍是"负向调节"了外资进入强度上升对中国同行业制造业企业的正向"工资溢出"效应。

由表6-6中的人均增加值决定方程回归结果可知,水平行业外资进入速度与外资进入强度的交互项($PACE\_FDI * FDI\_share$)系数在城市、省级和地区层面均显著为正,这表明水平行业外资进入速度"正向调节"了外资进入强度上升对中国同行业制造业企业的负向"技术挤出"效应,即水平行业外资进入速度越快,外资进入强度上升对中国同行业制造业企业人均增加值的负向冲击就越小;水平行业外资进入速度越慢,外资进入强度上升对中国同行业制造业企业人均增加值的负向冲击反而会越大①。这可能是因为在外资进入速度更快的资本和技术密集型行业中,中国国内市场的饱和度相对较低,外资企业和中国同行业制造业企业均有较好的市场空间,彼此之间的竞争程度可能也相对较弱,因此外资进入通过抢夺高质量劳动力和高端市场而把中国同行业的竞争对手锁定在价值链低端的现象可能相对较少;相比之下,中国外资进入速度较慢的劳动力密集型行业则市场高度饱和,竞争非常激烈,因此外资企业进入几乎必然意味着中国同行业竞争对手被挤出市场,外资企业凭借其技术、资金、品牌、营销渠道等多重优势垄断行业内高增加值产品和高增加值产业环节,将中国同行业竞争对手锁定在价值链低端的现象就更有可能发生。此外,在人均增加值决定方程回归结果中,水平行业外资进入速度的平方项与外资进入强度的交互项($PACE\_FDI^2 * FDI\_share$)系数在城市、省级和地区层面均不显著,这表明水平行业外资进入速度对外资进入强度影响中国同行业制造业企业人均增加值的正向调节效应是线性的。

综上,水平行业外资进入速度越慢,就会导致外资进入强度上升对中

---

① 本文的这一结论与 Wang(2012)、钟昌标等(2015)等文献中认为外资进入速度越慢越有利于东道国企业吸收外资技术提升自身生产效率的结论看似正好相反,但本文使用的测度企业生产率的指标为人均增加值,而 Wang(2012)、钟昌标等(2015)等文献中使用的是全要素生产率(TFP),企业的"人均增加值"与企业的"全要素生产率"并不必然正相关,因此,两者的结论不宜做简单的直接对比。

国同行业制造业企业的正向"工资溢出"效应和负向"技术挤出"效应越强,进而使得企业的"人均工资"与"人均增加值"之比——"单位劳动成本"以更快的速度上涨。因此,本书认为采取控制外资进入速度的策略,无助于减缓中国制造业企业单位劳动成本上涨的压力,反而会进一步加剧外资进入带来的正向"工资溢出"效应和负向"技术挤出"效应,以更快的速度推高中国制造业企业的单位劳动成本。而且,随着中国制造业市场空间的逐渐饱和,即使中国政府不限制制造业外资流入中国的速度,我们也可以预见未来制造业外资进入中国市场的速度将逐渐回落,外资进入对中国制造业企业单位劳动成本的正向冲击也将会越来越强。因此,通过合理的政策引导,扭转外资进入对中国制造业企业单位劳动成本的正向冲击,迫在眉睫。本书认为在人口老龄化、劳动力结构中高端化、城市生活成本不断上涨的大背景下,中国政府在短期内并没有有效的政策手段来减弱外资进入给中国制造业企业带来的正向"工资溢出"效应,所以,解决外资进入导致中国制造业企业单位劳动成本优势快速消失这一问题的办法,仍应是通过调整外资引进政策,扭转外资进入给中国制造业企业带来的负向"技术挤出"效应。

二、子样本路径机制检验结果与分析

前文的分析虽然已经明确了外资进入速度"负向调节效应"背后的理论机制,但尚不明确不同所有制类型和不同地区企业的单位劳动成本,受外资进入速度"负向调节"效应的机制是否相同,以及外国投资和港澳台资进入速度"负向调节效应"的机制是否也存在差别,回答这些问题有利于我们更加科学、精准地调整当前的利用外资政策。

(一)内、外资企业子样本路径机制回归结果

在表6-7中,本书分别对"内资企业"和"外资企业"子样本进行了与表6-6相同的路径机制分解。

表 6-7　内、外资企业子样本的路径机制检验结果对比

被解释变量 ln_pcwage & ln_pcva		内资企业子样本			外资企业子样本		
		城市层面	省级层面	地区层面	城市层面	省级层面	地区层面
		1	2	3	4	5	6
人均工资决定方程	FDI_share	0.1310***	0.2550***	0.2988***	0.0525**	0.1029*	0.0500
		(5.07)	(2.84)	(2.80)	(2.02)	(1.94)	(0.91)
	$PACE\_FDI$	0.0057	0.0109	0.0112	0.0148	0.0153**	0.0228***
		(0.89)	(1.20)	(1.15)	(1.46)	(2.19)	(3.01)
	$PACE\_FDI *$ FDI_share	−0.0380	−0.1414**	−0.1855**	0.0031	−0.0452	−0.0632***
		(−1.31)	(−2.09)	(−2.26)	(0.15)	(−1.59)	(−3.79)
	$PACE\_FDI^2$	−0.0009	−0.0197	−0.0248*	−0.0227*	−0.0206**	−0.0411*
		(−0.12)	(−1.64)	(−1.65)	(−1.92)	(−2.11)	(−1.74)
	$PACE\_FDI^2 *$ FDI_share	−0.0136	0.0713	0.1224	0.0171	0.0527**	0.0980***
		(−0.56)	(1.29)	(1.57)	(0.94)	(2.45)	(2.76)
	$\frac{\partial ln\_pcwage}{\partial FDI\_share}$	0.1239	0.2509	0.2936	0.0550	0.1051	0.0594
	N	282417	441731	499038	152463	153332	153527
	R^2	0.1981	0.1971	0.1946	0.2864	0.2786	0.2757
人均增加值决定方程	FDI_share	−0.0762**	−0.1105	−0.1865***	−0.1320***	−0.1279*	−0.2620***
		(−2.21)	(−1.33)	(−2.81)	(−3.46)	(−1.88)	(−6.67)
	$PACE\_FDI$	−0.0321***	−0.0248	0.0089	0.0570***	0.0289	0.0261*
		(−3.57)	(−1.36)	(1.10)	(3.16)	(1.50)	(1.87)
	$PACE\_FDI *$ FDI_share	0.0554	0.1210**	0.0049	0.0087	0.0980**	0.1476***
		(1.34)	(2.27)	(0.10)	(0.21)	(2.42)	(3.17)
	$PACE\_FDI^2$	0.0316***	0.0338	−0.0289	−0.0283	−0.0069	−0.0447
		(2.62)	(1.25)	(−1.36)	(−1.47)	(−0.24)	(−1.55)
	$PACE\_FDI^2 *$ FDI_share	−0.0283	−0.0593	0.1489**	0.0248	−0.0273	−0.0071
		(−0.76)	(−0.81)	(2.31)	(0.71)	(−0.50)	(−0.08)
	$\frac{\partial ln\_pcva}{\partial FDI\_share}$	−0.0760	−0.1067	−0.1699	−0.1281	−0.1236	−0.2528
	N	282126	441307	498559	152249	153117	153312
	R^2	0.5449	0.5579	0.5613	0.5958	0.5953	0.5955

注:括号中为 t 值,* $p<0.1$,** $p<0.05$,*** $p<0.01$,所有解释变量均为滞后一期值,同时控制了年度和行业(国民经济四分位行业分类)固定效应,并在区域(城市、省级、地区)层面使用了聚类(cluster)稳健标准误。控制变量同表 6-6,回归结果高度相似,限于篇幅不予汇报。

由表6-7的回归结果可知,在人均工资决定方程中,就水平行业外资进入强度(FDI_share)的回归系数而言,在内资企业子样本中其系数在城市、省级和地区层面均高度显著为正,但在外资企业子样本中,其系数仅在城市和省级层面显著为正,在地区层面并不显著,而且内资企业子样本中水平行业外资进入强度(FDI_share)的系数值要明显大于外资企业子样本,这表明水平行业外资进入强度上升给中国同行业的内资制造业企业带来的正向"工资溢出"效应要比其给中国同行业的外资制造业企业带来的正向"工资溢出"效应更强,这与第五章中表5-8的结果相一致。就水平行业外资进入速度与外资进入强度交互项($PACE\_FDI * FDI\_share$)的回归系数而言,在内资企业子样本中其系数仅在省级和地区层面显著为负,在外资企业子样本中其系数仅在地区层面显著;就水平行业外资进入速度的平方项与外资进入强度交互项($PACE\_FDI^2 * FDI\_share$)的回归系数而言,在内资企业子样本中其系数并不显著,在外资企业子样本中其系数在省级和地区层面显著为正,而且对比$\partial ln\_pcwage/\partial FDI\_share$的值与$FDI\_share$变量系数值的大小可知,水平行业外资进入速度在省级和地区层面均显著地"负向调节"了外资进入强度上升对中国同行业内资制造业企业的正向"工资溢出"效应,且这种调节效应是线性的;而在外资企业子样本中,外资进入速度的这种调节效应在省级和地区层面则是"U形"的,而且处于"U形"的后半段,是"正向"的,这表明外资企业在面对与自己实力相仿的其他外资企业势力快速扩张的竞争下,其更倾向于采取在劳动力要素市场上提高工资的方式直接迎战,同行业的其他外资企业市场势力扩张越快,外资企业的工资水平上涨得就也越快。

由表6-7的回归结果可知,在人均增加值决定方程中,就水平行业外资进入强度(FDI_share)的回归系数而言,在内资企业子样本中其系数仅在城市和地区层面显著为负,在省级层面并不显著,但在外资企业子样本中其系数在城市、省级、地区层面均显著为负,这表明水平行业外资进入强度上升给中国同行业的内资和外资制造业企业均带来了显著的负向"技术挤出"效应,这与第五章中表5-8结果相一致。就水平行业外资进入速度与外资进入强度交互项($PACE\_FDI * FDI\_share$)的回归系数而言,在内资企业子样本中其系数仅在省级层面显著为正,在外资企业子样本中其系数在省级和地区层面均显著为正;就水平行业外资进入速度的平方项与外资进入强度交互项（$PACE\_FDI^2 * FDI\_share$）的回归系数而言，在内资企业子样本中其系数仅在地区层面显著为正，而在外资企业子样本中其系数在城市、省级和地区层面都不显著，这表明在内资企业子样本中，水平行业外资进入速度仅在省级层面显著地"正向调节"了外资进入强度上升对中国同行业内资制造业企业的负向"技术挤出"效应；而在外资企业子样本中，水平行业外资进入速度在省级和地区层面都显著地"正向调节"了外资进入强度上升对中国同行业外资制造业企业的负向"技术挤出"效应。

（二）东、中、西部企业子样本路径机制回归结果

在表 6-8 中，本书则分别对东、中、西部地区企业子样本进行了与表 6-6 相同的路径机制分解。

表 6-8　东、中、西部子样本的路径机制检验结果对比

被解释变量 ln_pcwage&ln_pcva		东部地区			中部地区			西部地区		
		城市层面	省级层面	地区层面	城市层面	省级层面	地区层面	城市层面	省级层面	地区层面
		1	2	3	4	5	6	7	8	9
人均工资决定方程	FDI_share	0.1420***	0.2228***	0.1877***	0.0396	0.0336	−0.0716*	0.0194	0.0255	0.0229**
		(5.55)	(2.82)	(2.61)	(−0.85)	(0.33)	(−1.83)	(0.66)	(0.49)	(1.96)
	$PACE\_FDI$	0.0038	0.0065	0.0007	0.0245	0.0125	0.0076	0.0018	−0.0033	−0.0031
		(0.55)	(1.19)	(0.15)	(1.25)	(0.98)	(1.46)	(0.13)	(−0.24)	(−0.10)
	$PACE\_FDI * FDI\_share$	−0.0432**	−0.1133**	−0.1061***	−0.0460	0.0190	0.0197	−0.0241	0.0162	0.0441
		(−2.19)	(−2.47)	(−2.61)	(−0.77)	(0.16)	(0.30)	(−0.43)	(0.34)	(0.26)
	$PACE\_FDI^2$	−0.0072	−0.0184***	−0.0177**	−0.0189	−0.0156	−0.0072***	−0.0058	0.0147	0.0120
		(−0.90)	(−3.09)	(−2.36)	(−0.90)	(−1.10)	(−2.72)	(−0.36)	(1.22)	(0.55)
	$PACE\_FDI^2 * FDI\_share$	0.0197	0.0808**	0.0932*	0.0428	−0.0203	0.0031	0.0278	−0.0399	−0.0257
		(1.20)	(2.23)	(1.71)	(0.84)	(−0.32)	(0.06)	(0.58)	(−0.99)	(−0.19)
	$\frac{\partial ln\_pcwage}{\partial FDI\_share}$	0.1413	0.2226	0.1864	−0.0339	0.0308	−0.0686	0.0236	0.0176	0.0240
	样本数	393420	507763	527461	27248	61757	89582	14212	25543	35522
	R^2	0.2363	0.2252	0.2177	0.3185	0.2486	0.2277	0.3421	0.3034	0.2884

被解释变量 ln_pcwage&ln_pcva		东部地区			中部地区			西部地区		
		城市层面	省级层面	地区层面	城市层面	省级层面	地区层面	城市层面	省级层面	地区层面
		1	2	3	4	5	6	7	8	9
人均增加值决定方程	FDI_share	−0.1008***	−0.0999	−0.1949***	0.0180	−0.0019	−0.1894***	0.0119	−0.0634	−0.0193
		(−2.70)	(−0.99)	(−3.84)	(0.42)	(−0.03)	(−3.03)	(0.27)	(−0.88)	(−0.13)
	$PACE\_FDI$	−0.0141*	−0.0200	0.0156	−0.0292	−0.0133	−0.0209	−0.0952**	−0.0292	0.0038
		(−1.65)	(−0.84)	(0.82)	(−1.28)	(−0.62)	(−0.81)	(−2.45)	(−0.90)	(0.63)
	$PACE\_FDI *$ FDI_share	0.0872***	0.1612***	0.0694	0.0784	0.0380	0.1338	0.1505	0.1578	0.2042
		(2.73)	(3.25)	(0.84)	(0.77)	(0.37)	(0.67)	(0.69)	(0.78)	(0.88)
	$PACE\_FDI^2$	0.0070	0.0150	−0.0490	0.0420*	0.0293*	0.0368	0.1385***	0.0714**	−0.0395*
		(0.63)	(0.46)	(−1.33)	(1.71)	(1.70)	(1.06)	(3.70)	(2.11)	(−1.68)
	$PACE\_FDI^2 *$ FDI_share	−0.0198	−0.0522	0.1036	−0.0557	−0.0495	−0.1038	−0.1673	−0.1496	−0.0601
		(−0.79)	(−0.79)	(0.97)	(−0.61)	(−0.48)	(−0.47)	(−1.00)	(−0.85)	(−1.00)
	$\frac{\partial ln\_pcva}{\partial FDI\_share}$	−0.0959	−0.0910	−0.1807	0.0123	−0.0098	−0.1904	−0.0125	−0.0795	−0.0033
	样本数	392933	507168	526828	27236	61720	89530	14206	25536	35513
	R^2	0.5603	0.5630	0.5637	0.6113	0.6007	0.6025	0.5915	0.5758	0.5686

注:括号中为 t 值,* $p<0.1$,** $p<0.05$,*** $p<0.01$,所有解释变量均为滞后一期值,同时控制了年度和行业(国民经济四分位行业分类)固定效应,并在区域(城市、省级、地区)层面使用了聚类(cluster)稳健标准误。控制变量同表 6-6,回归结果高度相似,限于篇幅不予汇报。

由表 6-8 的回归结果可知,在人均工资决定方程中,水平行业外资进入强度(FDI_share)的回归系数仅在东部地区高度显著为正,在中、西部地区,其系数显著性则较差;水平行业外资进入速度与外资进入强度交互项($PACE\_FDI * FDI\_share$)的回归系数在东部地区均高度显著为负,而在中、西部地区则并不显著;水平行业外资进入速度的平方项与外资进入强度交互项($PACE\_FDI^2 * FDI\_share$)的回归系数在东部地区的省级和地区层面显著为正[①],在中、西部地区也不显著。上述结论表明:在中国东部沿海

---

① 这表明在东部地区外资进入速度对企业人均工资的这种调节效应在省级和地区层面是"U 形"的,但由 $\partial ln\_pcwage/\partial FDI\_share$ 的值仍小于 FDI_share 变量的系数值可知,外资进入速度的调节效应仍是处于"U 形"的前半段,仍然是负向的。

这一制造业较为集中和发达的地区,水平行业外资进入强度上升给中国东部同行业制造业企业带来了显著的正向"工资溢出"效应,而对制造业发展相对落后的中、西部地区却并不存在这一效应,这与第五章中表5-9的结果相一致。在东部地区,水平行业外资进入速度显著地"负向调节"了外资进入强度上升对中国东部同行业制造业企业的正向"工资溢出"效应,而在中、西部地区,外资进入速度的这种调节效应并不存在。

由表6-8的回归结果可知,在人均增加值决定方程中,水平行业外资进入强度(FDI_share)的回归系数在东部地区的城市和地区层面高度显著为负,在省级层面并不显著;在中、西部地区,其系数仅在中部地区的地区层面显著为负,其他则均不显著;水平行业外资进入速度与外资进入强度交互项($PACE\_FDI * FDI\_share$)的回归系数在东部地区的城市和省级层面均高度显著为正,而在中、西部地区则并不显著;水平行业外资进入速度的平方项与外资进入强度交互项($PACE\_FDI^2 * FDI\_share$)的回归系数不论是在东部地区还是在中、西部地区都不显著。上述结论表明:在东部地区,水平行业外资进入强度上升给中国东部地区同行业制造业企业带来了显著的负向"技术挤出"效应,而在中、西部地区这一效应基本上并不存在,这与第五章中表5-9的结果相一致。在东部地区,水平行业外资进入速度在城市和省级层面显著地"正向调节"了外资进入强度上升对中国东部地区同行业制造业企业的负向"技术挤出"效应,且这种调节效应是线性的,而在中、西部地区,外资进入速度的这种调节效应并不存在。

(三) 外国投资和港澳台资进入速度路径机制回归结果

在表6-9中,本书使用全部样本,分别对水平行业外国投资进入速度($PACE\_NHMT$)和港澳台资进入速度($PACE\_HMT$)的调节效应进行了与表6-6中相同的路径机制分解。

表 6 - 9　外国投资和港澳台资进入强度的路径机制检验结果对比

被解释变量 ln_pcwage& ln_pcva		NHMT			HMT		
		城市层面	省级层面	地区层面	城市层面	省级层面	地区层面
		1	2	3	4	5	6
人均工资决定方程	$(N)HMT\_share$	0.1122***	0.1927***	0.1526	0.0802***	0.2387***	0.2779***
		(3.89)	(2.62)	(1.50)	(2.90)	(3.48)	(3.56)
	$PACE\_(N)HMT$	0.0038	0.0049	0.0149**	−0.0012	0.0051	0.0087**
		(0.56)	(0.83)	(2.14)	(−0.19)	(1.25)	(2.08)
	$PACE\_(N)HMT *$ $(N)HMT\_share$	−0.0145	−0.0583	−0.0977	−0.0092	−0.1641***	−0.2200***
		(−0.69)	(−1.53)	(−1.51)	(−0.38)	(−4.03)	(−5.06)
	$PACE\_(N)HMT^2$	−0.0049	−0.0055	−0.0199**	−0.0034	−0.0150***	−0.0240***
		(−1.20)	(−1.11)	(−2.54)	(−0.61)	(−2.94)	(−2.61)
	$PACE\_(N)HMT^2 *$ $(N)HMT\_share$	0.0022	0.0182	0.0563	0.0117	0.1100***	0.1857***
		(0.20)	(0.80)	(1.43)	(0.72)	(3.41)	(4.57)
	$\frac{\partial ln\_pcwage}{\partial (N)HMT\_share}$	0.1090	0.1807	0.1365	0.0800	0.2141	0.2475
	样本数	349841	546054	625710	341528	525022	613205
	R^2	0.2345	0.2178	0.2142	0.2304	0.2267	0.2229
人均增加值决定方程	$(N)HMT\_share$	0.0495*	0.0712	−0.0609	−0.1745***	−0.2158**	−0.2532***
		(1.95)	(1.27)	(−0.50)	(−4.75)	(−2.52)	(−6.71)
	$PACE\_(N)HMT$	−0.0164*	−0.0146	0.0003	−0.0151	−0.0190	0.0172**
		(−1.91)	(−1.23)	(0.02)	(−1.55)	(−1.28)	(2.20)
	$PACE\_(N)HMT *$ $(N)HMT\_share$	0.0277	0.0720*	0.1053	0.1117***	0.1676***	0.0092
		(0.93)	(1.73)	(0.98)	(2.59)	(2.65)	(0.20)
	$PACE\_(N)HMT^2$	0.0160***	0.0178*	0.0011	0.0107	0.0207	−0.0217*
		(2.80)	(1.76)	(0.07)	(0.93)	(1.15)	(−1.76)
	$PACE\_(N)HMT^2 *$ $(N)HMT\_share$	−0.0283*	−0.0551*	−0.0514	−0.0381	−0.0631	0.1338*
		(−1.73)	(−1.80)	(−0.66)	(−1.14)	(−1.13)	(1.93)
	$\frac{\partial ln\_pcva}{\partial (N)HMT\_share}$	0.0512	0.0809	−0.0426	−0.1536	−0.1829	−0.2379
	样本数	349524	545478	625061	341136	524439	612536
	R^2	0.5661	0.5669	0.5679	0.5601	0.5677	0.5699

　　注:括号中为 t 值,* $p<0.1$,** $p<0.05$,*** $p<0.01$,所有解释变量均为滞后一期值,同时控制了年度和行业(国民经济四位分位行业分类)固定效应,并在区域(城市、省级、地区)层面使用了聚类(cluster)稳健标准误。控制变量同表 6 - 6,回归结果高度相似,限于篇幅不予汇报。

由表 6 - 9 中的人均工资决定方程回归结果可知,水平行业外国投资进入强度变量($NHMT\_share$)的系数在城市和省级层面均高度显著为正,在地区层面并不显著,而水平行业港澳台资进入强度变量(HMT_share)的系数在城市、省级和地区层面均显著为正,这与第五章中表 5 - 10 中的回归结果保持一致。水平行业外国投资进入速度与进入强度的交互项($PACE\_NHMT * NHMT\_share$)系数在城市、省级和地区层面均不显著,且水平行业外国投资进入速度的平方项与进入强度的交互项($PACE\_NHMT^2 * NHMT\_share$)的系数也均不显著;相比之下,水平行业港澳台资进入速度与进入强度的交互项($PACE\_HMT * HMT\_share$)系数在省级和地区层面均高度显著为负,且水平行业港澳台资进入速度的平方项与进入强度的交互项($PACE\_HMT^2 * HMT\_share$)的系数在省级和地区层面均高度显著为正。上述结论表明,水平行业外国投资和港澳台资进入强度上升对中国同行业制造业企业均产生了显著的正向"工资溢出"效应,且港澳台资进入强度上升的"工资溢出"效应更加显著;就水平行业外资进入速度的调节效应而言,外国投资进入速度并没有显著调节外国投资进入强度上升带来的正向"工资溢出"效应,而港澳台资进入速度却显著地"负向调节"了港澳台资进入强度上升给中国同行业制造业企业带来的正向"工资溢出"效应,而且这种调节效应呈现"U 形"特征,不过结合 $\partial \ln\_pcwage/\partial FDI\_share$ 的值小于 FDI_share 变量的系数值可知,外资进入速度的调节效应仍是处于"U形"的前半段,仍然是负向的。

由表 6 - 9 中的人均增加值决定方程回归结果可知,水平行业外国投资进入强度变量($NHMT\_share$)的系数在城市和省级层面虽然为正,但其显著性较差,在地区层面则变为负数;而水平行业港澳台资进入强度变量(HMT_share)的系数在城市、省级和地区层面均显著为负,这与第五章中表 5 - 10 中的回归结果基本一致,表明水平行业外资进入强度上升对中国同行业制造业企业产生的显著负向"技术挤出"效应主要来自于"港澳台资企业",与"外国投资企业"关系不大。水平行业外国投资进入速度与进入强度的交互项($PACE\_NHMT * NHMT\_share$)以及水平行业外国投资进入速度的平方项与进入强度的交互项($PACE\_NHMT^2 * NHMT\_share$)的系数显著性水平都很差,但水平行业港澳台资进入速度与进入强度的交互项($PACE\_HMT * HMT\_share$)系数在城市和省级层面均显著为正,水平行业港澳台资进入速度的平方项与进入强度的交互项($PACE\_HMT^2 * HMT\_share$)的系数显著性则较差。这表明水平行业港澳台资进入速度正向调节了港澳台资进入强度上升带来的这种负向"技术挤出"效应,且这种调节效应是线性的;相比之下,水平行业外国投资进入强度上升却基本并不存在显著的"技术溢出"或"技术挤出"效应。

第四节 稳健性检验

表 6-2 至表 6-9 中使用的"外资进入强度"和"外资进入速度"指标是基于外资企业在劳动力市场上的市场份额数据计算得出的,但这一测度方法可能并不能真实反映外资企业在东道国当地、行业内的真实市场影响力。例如,外资企业可能会凭借资本和技术密集型的生产方式,相较于东道国当地的同行业企业,以更少的雇员生产更多的产品,其在东道国产品市场上的"市场份额"就会大于在劳动力市场上的"市场份额"。因此,前文中仅适用劳动力市场数据进行测度的方法可能会存在测量偏误的问题,为保证回归结果的稳健性,本书还基于产品市场数据,使用外资企业在当地、行业内的"产品销售市场份额"重新测度了"外资进入强度"和"外资进入速度"指标,进行稳健性检验,结果如表 6-10 所示。

表 6-10　基于产品市场替代变量法的全样本稳健性检验回归结果

被解释变量	ULC_{it+1}			ln_pcwage_{it+1}			ln_pcva_{it+1}		
地区类型	城市	省级	地区	城市	省级	地区	城市	省级	地区
序号	1	2	3	4	5	6	7	8	9
FDI_share	0.0795***	0.0916***	0.1098***	0.1459***	0.2354***	0.2453***	−0.0796**	−0.0868	−0.1577***
	(5.98)	(3.55)	(3.54)	(6.29)	(3.27)	(2.93)	(−2.43)	(−1.23)	(−3.48)
PACE_FDI	0.0008	0.0019	0.0008	0.0089	0.0142*	0.0179*	−0.0229**	−0.0288*	−0.0042
	(0.31)	(0.40)	(0.22)	(1.36)	(1.68)	(1.79)	(−2.33)	(−1.72)	(−0.39)
PACE_FDI * FDI_share	−0.0385***	−0.0552***	−0.0621***	−0.0613***	−0.1365***	−0.1731***	0.1074***	0.1696***	0.1278***
	(−2.94)	(−5.83)	(−4.03)	(−3.23)	(−3.06)	(−3.06)	(3.01)	(5.65)	(2.78)
$PACE\_FDI^2$	−0.0010	−0.0027	−0.0001	−0.0160**	−0.0231**	−0.0451**	0.0192*	0.0297	−0.0063
	(−0.33)	(−0.55)	(−0.01)	(−2.39)	(−2.31)	(−2.92)	(1.84)	(1.39)	(−0.20)
$PACE\_FDI^2$ * FDI_share	0.0145*	0.0210**	0.0243	0.0361	0.0767**	0.1548	−0.0599	−0.1133*	−0.0504
	(1.81)	(2.40)	(1.29)	(0.69)	(2.29)	(1.22)	(−0.25)	(−1.80)	(−0.76)
$\partial ULC/\partial FDI\_share$	0.0697	0.0773	0.0986						
$\partial ln\_pcwage/\partial FDI\_share$				0.1406	0.2233	0.2351			
$\partial ln\_pcva/\partial FDI\_share$							−0.0704	−0.0719	−0.1499
样本数	433688	593414	650716	434159	594010	651358	433688	593414	650716
R^2	0.3338	0.3332	0.3316	0.2386	0.2331	0.2254	0.5644	0.5673	0.5689

注：括号中为 t 值，* $p<0.1$，** $p<0.05$，*** $p<0.01$，所有解释变量均为滞后一期值，同时控制了年度和行业（国民经济四分位行业分类）固定效应，并在区域（城市、省级、地区）层面使用了聚类（cluster）稳健标准误。其他控制变量同表 6-2，回归结果高度类似，限于篇幅不予汇报。

对比表 6-10 的第 1—3 列和表 6-2 的回归结果可知，外资进入强度（FDI_share）以及外资进入强度与进入速度的交互项（PACE_FDI * FDI_share）的系数均未发生明显变化，与表 6-2 高度一致；外资进入强度的平方项与进入速度的交互项（$PACE\_FDI^2$ * FDI_share）的系数中只有第 1 列城市层面的系数变得在 10% 的显著性水平下为正，但 $\partial ULC/\partial FDI\_share$ 的值（0.0697）小于外资进入强度（FDI_share）的系数值（0.0795），这表明在城市层面，外资进入速度还是"负向调节"了外资进入强度上升对中国制造业企业单位劳动成本的正向影响，其他也与表 6-2 一致。对比表 6-10 第 4—9 列和表 6-6 的回归结果可知，外资进入强度（FDI_share）以及外资进入强度与进入速度的交互项($PACE\_FDI * FDI\_share$)的系数均未发生明显变化,与表6-6高度一致;外资进入强度的平方项与进入速度的交互项($PACE\_FDI^2 * FDI\_share$)的系数中,只有表6-10第6列和第8列的系数显著性水平稍有变化,但通过对比$\partial ULC/\partial FDI\_share$的值与外资进入强度($FDI\_share$)的系数值可知,这些细微变化都没有对本书结论造成实质性的影响,外资进入速度还是显著地"负向调节"了外资进入强度上升对中国制造业企业的正向"工资溢出"效应,并且"正向调节"了外资进入强度上升对中国制造业企业的负向"技术挤出"效应。表6-10的回归结果证明了本章的实证结果具有一定程度的稳健性。

本章使用1998—2007年中国工业企业数据库,测算出了各区域(分城市、省级、地区三级)国民经济四分位行业层面的"外资进入速度",并在此基础上,实证分析了水平行业外资进入速度如何调节了水平行业外资进入强度上升对中国同行业制造业企业单位劳动成本的影响,主要研究结论如下:

第一,水平行业外资进入速度显著地负向调节了外资进入强度上升对中国同行业制造业企业单位劳动成本的正向影响,即在相同的水平行业外资进入强度下,外资进入速度越快,外资进入强度上升对中国同行业制造业企业单位劳动成本的正向影响就越弱;外资进入速度越慢,外资进入强度上升对中国同行业制造业企业单位劳动成本的正向影响就越强。随着中国制造业市场空间的逐渐饱和,可以预见未来外资进入中国制造业市场的速度将逐渐回落,外资进入对中国制造业企业单位劳动成本的正向冲击则将会越来越强。因此,通过合理的政策引导,扭转外资进入对中国制造业企业单位劳动成本的正向冲击,迫在眉睫。

第二,进一步的路径机制分析结果表明,本书发现水平行业外资进入速度的这种负向调节效应主要是由两个方面原因导致的:第一,水平行业外资进入速度负向调节了外资进入强度上升对中国同行业制造业企业的正向"工资溢出"效应,即外资进入速度越快,外资进入强度上升对中国同行业制造业企业人均工资的正向冲击就越小,反之则越大;第二,水平行业外资进入速度正向调节了外资进入强度上升对中国同行业制造业企业的负向"技术挤出"效应,即外资进入速度越快,外资进入强度上升对中国同行业制造业企业人均增加值的负向冲击就越小,反之则越大。

第三,分内资企业和外资企业子样本的回归结果显示,在内资企业和外资企业子样本中,水平行业外资进入速度都负向调节了外资进入强度上升对中国同行业制造业企业单位劳动成本的正向冲击。不过,进一步的路径机制检验结果显示:在内资企业子样本中,水平行业外资进入速度的上述负向调节效应主要源于外资进入速度显著地负向调节了外资进入强度上升对中国当地同行业内资制造业企业的正向"工资溢出"效应;而在外资企业子样本中,水平行业外资进入速度的上述负向调节效应则主要源自外资进入速度显著地正向调节了外资进入强度上升对中国当地同行业外资制造业企业的负向"技术挤出"效应。

第四,分东、中、西部企业子样本的回归结果显示,水平行业外资进入速度对外资进入强度上升推高中国同行业制造业企业单位劳动成本的负向调节效应,仅在东部地区存在,在中、西部地区并不显著。进一步的路径机制检验结果表明:在东部地区,水平行业外资进入速度显著地负向调节了外资进入强度上升对中国同行业制造业企业的正向"工资溢出"效应,而在中、西部地区,水平行业外资进入速度的这种负向调节效应并不存在。在东部地区,水平行业外资进入速度还在城市和省级层面显著地正向调节了外资进入强度上升对中国同行业制造业企业的负向"技术挤出"效应,而在中、西部地区,外资进入速度的这种正向调节效应也并不存在。因此,中国政府要继续疏导外资企业,特别是劳动力密集型的外资企业,向市场空缺更大、剩余劳动力资源更丰富的中、西部地区转移。

第五,分外国投资和港澳台资两种外资类型的回归结果则显示,水平行业港澳台资进入速度显著正向调节了港澳台资进入强度上升对中国同行业制造业企业单位劳动成本的正向影响,而水平行业外国投资进入速度的这种调节效应则基本上并不存在。进一步的路径机制检验结果表明:水平行业港澳台资进入速度不仅负向调节了港澳台资进入强度上升给中国同行业制造业企业带来的正向"工资溢出"效应,而且还正向调节了港澳台资进入强度上升带来的这种负向"技术挤出"效应;对比之下,对于外国投资进入速度而言,上述调节效应基本上都不存在。

第七章 外资垂直产业关联与中国制造业企业单位劳动成本

在第五章中,本书发现水平行业外资进入强度上升会通过显著的正向"工资溢出"和负向"技术挤出"效应抬高东道国同行业企业的单位劳动成本,那么另一个引人深思的问题是:外资进入强度上升对东道国企业单位劳动成本的影响是否仅局限于水平行业内部? 垂直行业的外资进入强度上升是否会通过前后向产业关联对东道国上、下游行业企业的单位劳动成本产生影响? 如果这种通过垂直产业关联产生的影响确实存在,那么其背后的理论机制又是什么? 此外,在中国制造业企业单位劳动成本快速攀升的当前,中国政府又该如何基于全产业链的视角,调整现有外资利用政策,以缓解外资进入给中国制造业企业单位劳动成本的上涨压力? 这是本章所要研究的核心问题。

借助中国 2002 年和 2007 年投入-产出表和 2002—2007 年中国工业企业数据库,本章在《国民经济行业分类 2002》三分位行业层面测算了中国制造业各细分行业的水平行业及垂直(上、下游)行业的"外资进入强度"指标,并实证分析了水平和垂直行业外资进入强度上升对中国制造业企业单位劳动成本的影响,发现:水平行业外资进入强度上升对中国同行业制造业企业存在显著的正向影响,大约能够解释中国制造业企业单位劳动成本波动原因的 7.67%,且这种正向影响主要源于水平行业外资进入强度上升给中国同行业企业带来的负向"技术挤出"效应要大于正向"工资溢出"效应;下游行业外资进入强度上升对中国上游行业制造业企业的单位劳动成本存在显著的负向影响,但是影响力要小得多,仅能解释中国制造业企业单位劳动成本波动原因的 0.28%;上游行业外资进入强度上升对中国下游行业制造业企业的单位劳动成本则并不存在显著影响。因此,中国引进的外资企业与本土企业之间的关系主要表现为水平行业内部的竞争关系,上、下游行业间的合作关系仍亟待建立。

第一节　计量模型、变量设计与数据说明

一、计量模型与方法

为研究水平行业以及上、下游垂直行业的外资进入强度上升是否会对中国制造业企业的单位劳动成本产生影响,本书设计了如(7-1)式所示的计量模型:

$$ULC_{it+1} = \alpha_0 + \alpha_1 H\_FDI_{jt} + \alpha_2 FL\_FDI_{jt} + \alpha_3 BL\_FDI_{jt} + \beta \sum X + \varepsilon_{ijt}$$

$$(7-1)$$

(7-1)式中下角标 i、j、t 分别代表企业、行业和年份。被解释变量 ULC_{it+1} 为 i 企业 $t+1$ 年的单位劳动成本。解释变量中 H_FDI_{jt} 为 t 年 j 行业的外资进入强度、FL_FDI_{jt} 为 t 年 j 行业产业链上游行业的外资进入强度、BL_FDI_{jt} 为 t 年 j 行业产业链下游行业的外资进入强度。$\sum X$ 为控制变量向量,包含:t 年 j 行业的赫芬达尔指数(HHI_{jt}),刻画该行业内部的市场垄断程度;i 企业 t 年的全要素生产率(op_tfp_{it})、资本密集度(ln_pck_{it})、雇佣规模(ln_worker_{it})、负债率($debtratio_{it}$)、年龄(age_{it})、是否出口虚拟变量($exdum_{it}$)、是否享有政府补贴虚拟变量($subsidydum_{it}$)以及是否有新产品在售虚拟变量($newprodum_{it}$)。ε_{ijt} 为随机误差项。

显然,由于不可避免的遗漏变量和测度误差等问题,计量模型(7-1)式中可能存在一定的内生性问题,但对于本书的核心解释变量水平行业外资进入强度(H_FDI_{jt})、产业链上游行业的外资进入强度(FL_FDI_{jt})以及产业链下游行业的外资进入强度(BL_FDI_{jt})而言,内生性问题并不严重:一方面,这三个变量皆为行业汇总型变量,没有理由认为其和被解释变量——单

一企业的单位劳动成本(ULC_{it})存在严重的反向因果关系;另一方面,在(7-1)式中同时控制年度和省(直辖市、自治区)固定效应,可以在很大程度上解决遗漏变量导致的内生性问题。同时,Moulton(1990)[①]指出使用加总的宏观经济变量对微观变量进行回归分析,可能会导致回归标准误下偏,因此,本书在所有 OLS 回归中均使用了三分位行业层面的聚类(cluster)稳健标准误[②]。至于企业层面的控制变量则很有可能会受到与被解释变量之间互为因果等问题导致的内生性困扰,本书参考 Bernard 和 Jensen(2004)[③]以及Stiebale(2008)[④]等的方法,将(7-1)式中的所有解释变量均滞后一期,这也可以在一定程度上缓解反向因果导致的内生性问题。此外,由于企业单位劳动成本变量(ULC)为人均工资($pcwage$)和人均增加值($pcva$)的比值,因此,通过分析水平行业以及垂直上、下游行业外资进入强度对中国制造业企业人均工资和人均增加值的影响,便可以对水平行业以及垂直上、下游行业外资进入强度上升如何影响了中国制造业企业的单位劳动成本进行路径机制分解,其计量模型只需将(7-1)式中的被解释变量替换为企业的人均工资和人均增加值的自然对数 ln_pcwage_{it+1} 和 ln_pcva_{it+1} 即可。

二、变量设计与数据说明

本章使用的实证数据仍然来源于中国工业企业数据库,不过与第五章不同的是,为了测算外资的垂直产业关联,即上、下游行业中的外资进入强度(FL_FDI 和 BL_FDI),我们需要将中国工业企业数据库与中国投入-产

---

① Moulton, B. R., 1990, "An Illustration of a Pitfall in Estimating the Effects of Aggregate Variables on Micro Units" [J]. *Review of Economics and Statistics*, Vol. 72(2): 334-338.

② 为了在三分位行业层面使用聚类稳健标准误,本文删除了在样本观测期间内主营业务不属于同一个三分位行业的样本企业,这也有利于剔除掉在工业企业数据库跨年合并中被误归纳为同一企业的错误样本。

③ Bernard, A. B., Jensen, J. B., 2004, "Why some Firms Export?" [J]. *Review of Economics and Statistics*, Vol. 86(2):561-569.

④ Stiebale, J., 2008, "Do Financial Constraints Matter for Foreign Market Entry? A Firm-Level Examination" [J]. *The World Economy*, Vol. 34(1):123-153.

出表进行合并。目前,主流文献中使用的中国工业企业数据库所覆盖年份为 1998—2007 年,但是公开发行的中国投入-产出表是每逢 0、2、5、7 年公布一次,且每次公布的行业分类标准并不相同,其中又以 2002 年的 122 个行业(含制造业行业[①] 71 个)和 2007 年的 135 个行业(含制造业行业 80 个)投入-产出表的行业分类最为详细,大致可以对应到中国工业企业数据库三分位行业(共 164 个行业)[②],具体对应方法见附表 1。因此,本书仅节选 2002—2007 年中国工业企业数据库,并使用 2002 年和 2007 年两年的中国投出-产出表[③]来测算 2002—2007 年间中国制造业企业的水平行业以及上、下游垂直行业的外资进入强度。此外,需要强调的是,由于本章所使用的 2002 年和 2007 年两年的中国投入-产出表是国家层面的,所以本章在计算外资进入强度指标时没有像第五章一样考虑其地区维度上的差异,只是分三分位行业测算了不同行业的外资进入强度。虽然,我国绝大多数省份也公布省级层面的投入-产出表,通过使用省级投入-产出表即可测算在省和行业两个维度上的外资进入强度指标,但是省级投入-产出表同样存在行业划分过于粗糙的缺陷,对应到本书数据所包含的二分位制造业行业个数只有不足 30 个,所以本书未采用分省的投入-产出数据。

就本书的核心解释变量而言,本书借鉴 Javorick(2004)[④]以及胡翠和谢

---

① 本文所定义的"制造业行业"不含采矿业、废弃资源和材料回收加工业、电力热力燃气和水的生产和供应业企业。

② 以往文献在处理中国投入-产出表与中国工业企业数据库的行业对接问题时,也有将中国投入-产出表对应到中国工业企业数据二分位行业的做法,如胡翠、谢世清(2014)。但按照本文对"制造业行业"的定义,工业企业数据库二分位制造业行业仅有 29 个,分类过于粗糙,所以本文选择以工业企业数据库的三分位行业为准。同时,这也限定了本文在回归分析中只能控制三分位行业层面的固定效应。

③ 2003—2006 年的投入-产出数据,根据 2002 和 2007 年的数据使用移动平滑方法近似替代。

④ Javorick, B. S., 2004, "Does Foreign Direct Investment Increase the Productivity of Domestic Firms? In Search of Spillovers through Backward Linkages." [J]. *American Economic Review*, Vol. 94(3):605 - 627.

世清(2014)[①]的方法,以(7-2)式至(7-4)式所示的方式,定义了水平及上、下游垂直行业的外资进入强度指标(H_FDI、FL_FDI 和 BL_FDI):

$$H\_FDI_{jt} = 外资企业雇佣规模_{jt} / 劳动力市场总规模_{jt} \qquad (7-2)$$

$$FL\_FDI_{jt} = \sum_{m, m \neq j} \sigma_{jmt} * H\_FDI_{mt} \qquad (7-3)$$

$$BL\_FDI_{jt} = \sum_{m, m \neq j} \delta_{jmt} * H\_FDI_{mt} \qquad (7-4)$$

其中,σ_{jmt} 为 t 年 j 行业使用其上游 m 行业的产品作为中间投入品的产值在 j 行业总产值中所占的比重,而 δ_{jmt} 则表示 t 年 j 行业产品被其下游 m 行业作为中间投入品的产值在 j 行业总产值中所占的比重。其他企业层面变量的定义方式与第五章相同,此处不再赘述。

本章所使用的主要变量的描述性统计见表7-1,主要变量的相关系数表见书尾附表2,所有解释变量间的相关系数都在0.6以下,因此不存在严重的多重共线问题。

表7-1　主要变量的描述性统计表

变量	观测值	均值	标准差	变量	观测值	均值	标准差
ULC	988,438	0.2890	0.2267	*FDI*	995,877	0.2903	0.1858
ln_pcwage	995,935	2.4421	0.4925	*FL_FDI*	995,935	0.4078	0.2396
ln_pcva	988,438	4.0384	0.9207	*BL_FDI*	995,935	0.5833	0.6157
op_tfp	985,511	3.1552	0.8099	*NHMT*	995,404	0.1432	0.0934
ln_pck	992,993	3.6833	1.2688	*FL_NHMT*	742,421	0.1915	0.1164
ln_worker	995,935	4.7068	1.0856	*BL_NHMT*	742,421	0.2716	0.2873
debtratio	995,935	0.5445	0.2574	*HMT*	995,723	0.1472	0.1115
age	995,935	7.9928	9.3519	*FL_HMT*	742,421	0.2068	0.1217
exdum	995,934	0.3918	0.4881	*BL_HMT*	742,421	0.2925	0.3083
subsidydum	995,935	0.1295	0.3358	*HHI*	995,935	0.0045	0.0069
newprodum	995,935	0.2342	0.4235				

---

① 胡翠,谢世清:《中国制造业企业集聚的行业间垂直溢出效应研究》,《世界经济》,2014年第9期,第77—94页。

　　最后,在计量检验水平行业及上、下游垂直行业外资进入是否会通过"工资溢出"和"技术溢出"效应两个渠道影响中国制造业企业单位劳动成本之前,我们有必要检验在华经营的外资企业 2002—2007 年间是否确实在"人均工资"和"人均增加值"上处于领先地位,即其是否具有对中国制造业企业产生"工资溢出"和"技术溢出"效应的基础条件。图 7-1 分企业类型总结了中国制造业企业 2002—2007 年间的人均工资和人均增加值数据的演变趋势。

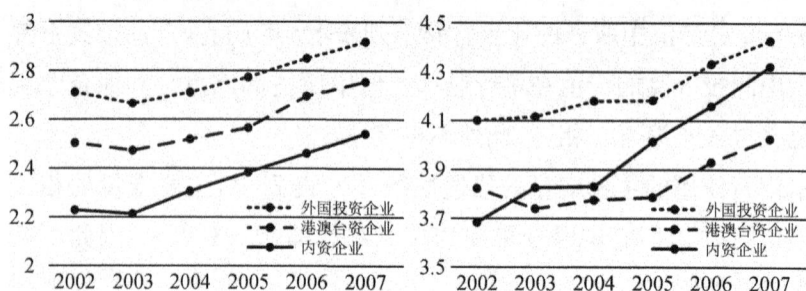

图 7-1　2002—2007 年中国制造业企业人均工资(左)及人均增加值(右)

注:作者根据中国工业企业数据库整理绘制,其中,人均工资和人均增加值均为自然对数值。

　　由图 7-1 中的左图可知,2002—2007 年间,中国制造业企业的平均工资水平呈现快速上升趋势。其中,外国投资企业一直遥遥领先,港澳台资企业次之,内资企业的平均工资水平最低。中国制造业企业中的外资企业,特别是外国投资企业,在工资水平上确实具有遥遥领先内资企业和港澳台资企业的优势,因此,其具有对中国内资和港澳台资制造业企业产生正向"工资溢出"的基础条件;同理,港澳台资企业也有对内资企业产生正向"工资溢出"的基础条件。由图 7-1 中的右图可知,2002—2007 年间,中国制造业企业的人均增加值也呈现快速上升的趋势。其中,外国投资企业一直遥遥领先;内资企业在 2003 年成功超越了港澳台资企业,并逐渐拉开差距。综上,中国制造业企业中的外国投资企业存在对内资企业和港澳台资企业产生正向"技术溢出"的基础条件,但是港澳台资企业却可能并不存在对内资企业产生正向"技术溢出"效应的基础条件。

第二节　外资垂直产业关联影响中国制造业企业单位劳动成本的实证结果

一、全样本基准回归结果与分析

表 7-2 列示了使用 OLS 方法对计量模型 (7-1) 式进行回归的全样本基准回归结果。

由表 7-2 中的回归结果可知,水平行业外资进入强度变量 (H_FDI) 的系数均显著为正,与第五章中的回归结果一致,即水平行业外资进入强度上升会显著推高中国同行业制造业企业的单位劳动成本;上游行业外资进入强度变量 (FL_FDI) 的系数并不显著,这说明上游行业外资进入强度上升没有对中国制造业企业的单位劳动成本产生显著影响;而下游行业外资进入强度变量 (BL_FDI) 的系数均显著为负,则说明下游行业外资进入强度上升显著拉低了中国制造业企业的单位劳动成本。

对比水平行业以及上、下游垂直行业外资进入强度系数的大小可知,水平行业的外资进入强度变量系数的绝对值都在 0.08 以上,而上、下游垂直行业外资进入强度变量系数的绝对值基本均在 0.01 以下,说明水平行业外资进入强度上升对中国制造业企业单位劳动成本的影响力要远大于上、下游垂直行业外资进入强度。此外,就其他控制变量的回归结果来看,表 7-2 与第五章表 5-2 中使用四分位行业外资进入强度数据得到的回归结果高度一致,这进一步证明了本书回归结果的稳健性,此处不再对表 7-2 控制变量的回归结果做解释,详见第五章表 5-2 之后的解释。

表 7 - 2　全样本基准回归结果

被解释变量 ULC	劳动力市场					
	1	2	3	4	5	6
H_FDI	0.1719***	0.1106***	0.0857***	0.0844***	0.0844***	0.0839***
	(4.22)	(4.79)	(4.66)	(4.84)	(5.07)	(5.05)
FL_FDI	−0.0030	0.0023	0.0021	0.0036	0.0001	0.0006
	(−0.12)	(0.15)	(0.16)	(0.30)	(0.01)	(0.05)
BL_FDI	−0.0136**	−0.0110***	−0.0081**	−0.0087**	−0.0072**	−0.0072**
	(−2.26)	(−3.53)	(−2.32)	(−2.48)	(−2.08)	(−2.10)
op_tfp		−0.0634***	−0.0635***	−0.0633***	−0.0638***	−0.0637***
		(−52.72)	(−52.60)	(−53.91)	(−55.11)	(−55.25)
ln_pck		−0.0379***	−0.0364***	−0.0363***	−0.0371***	−0.0370***
		(−28.22)	(−33.83)	(−34.96)	(−36.07)	(−36.10)
ln_worker			0.0303***	0.0303***	0.0258***	0.0259***
			(29.70)	(29.83)	(25.65)	(25.71)
debtratio			0.0175***	0.0177***	0.0159***	0.0159***
			(9.97)	(10.13)	(9.39)	(9.37)
HHI				−0.4682**	−0.4446**	−0.4391**
				(−2.55)	(−2.52)	(−2.51)
age					0.0014***	0.0014***
					(14.14)	(14.22)
exdum					0.0178***	0.0187***
					(10.26)	(11.03)
subsidydum						0.0004
						(0.37)
newprodum						−0.0072***
						(−6.36)
C	0.2615***	0.6277***	0.4710***	0.4718***	0.4862***	0.4849***
	(21.36)	(46.55)	(38.61)	(38.45)	(40.05)	(40.30)
样本数	640196	637929	637929	637929	637928	637928
R^2	0.1274	0.3153	0.3479	0.3479	0.3546	0.3546

注:括号中为 t 值,* $p<0.1$,** $p<0.05$,*** $p<0.01$,所有解释变量均为滞后一期值,同时控制了年度和省(直辖市、自治区)固定效应,并在《国民经济行业分类 2002》三分位行业层面使用了聚类(cluster)稳健标准误。

二、子样本基准回归结果与分析

(一) 外国投资和港澳台资进入强度回归结果

由前文中的图 7-1 可知,外国投资企业(NHMT)与港澳台资企业(HMT)在工资水平和生产率水平上都存在显著出差异,且大量研究外资进入对中国经济影响的文献表明外国投资和港澳台资对中国经济的影响并不相同(Wei 和 Liu,2006[①];Buckley 等,2007[②]),因此,本书将前文中的外资进一步细分为外国投资(NHMT)与港澳台资(HMT),并重新计算了水平及上、下游垂直行业的外资进入强度指标进行回归分析,结果见表 7-3。

表 7-3　外国投资和港澳台资进入强度回归结果

被解释变量 ULC	劳动力市场					
	外国投资进入强度 NHMT			港澳台资进入强度 HMT		
	1	2	3	4	5	6
H	0.1920**	0.0986**	0.0955**	0.2994***	0.1499***	0.1464***
	(2.25)	(2.38)	(2.56)	(5.36)	(6.08)	(6.61)
FL	0.0326	0.0192	0.0175	0.0156	0.0168	0.0129
	(0.52)	(0.59)	(0.60)	(0.39)	(0.82)	(0.68)
BL	−0.0301**	−0.0162**	−0.0149**	−0.0289***	−0.0181***	−0.0159***
	(−2.34)	(−2.21)	(−2.09)	(−2.91)	(−3.02)	(−2.75)
op_tfp		−0.0639***	−0.0641***		−0.0630***	−0.0632***
		(−49.49)	(−52.78)		(−53.74)	(−55.81)
Lh_n_pck		−0.0377***	−0.0381***		−0.0359***	−0.0366***
		(−28.21)	(−31.28)		(−34.74)	(−36.65)

① Wei Y., Liu X., 2006, "Productivity Spillovers from R&D, Exports and FDI in China's Manufacturing Sector" [J]. *Journal of International Business Studies*, Vol. 37(4):544-557.

② Buckley, P., Clegg, J., Wang, C., 2007, "Is the Relationship between Inward FDI and Spillover Effects Linear? An Empirical Examination of the Case of China" [J]. *Journal of International Business Studies*, Vol. 38(3):447-459.

被解释变量 ULC	劳动力市场					
	外国投资进入强度 NHMT			港澳台资进入强度 HMT		
	1	2	3	4	5	6
ln_worker		0.0310***	0.0266***		0.0302***	0.0258***
		(26.67)	(23.25)		(30.06)	(26.13)
debtratio		0.0162***	0.0148***		0.0177***	0.0160***
		(8.78)	(8.48)		(10.11)	(9.45)
HHI			−0.5292***			−0.3921**
			(−2.60)			(−2.39)
age			0.0014***			0.0014***
			(13.08)			(14.34)
exdum			0.0212***			0.0183***
			(11.15)			(10.42)
subsidydum			−0.0000			0.0006
			(−0.00)			(0.48)
newprodum			−0.0083***			−0.0065***
			(−7.05)			(−5.87)
C	0.2700***	0.4794***	0.4936***	0.2646***	0.4692***	0.4831***
	(19.71)	(36.67)	(38.57)	(23.65)	(41.85)	(43.27)
样本数	639864	637600	637599	640115	637849	637848
R^2	0.1136	0.3464	0.3534	0.1336	0.3484	0.3550

注:括号中为 t 值,* $p<0.1$,** $p<0.05$,*** $p<0.01$,所有解释变量均为滞后一期值,同时控制了年度和省(直辖市、自治区)固定效应,并在《国民经济行业分类 2002》三分位行业层面使用了聚类(cluster)稳健标准误。

对比表 7-3 中的"外国投资进入强度(NHMT)"和"港澳台资进入强度(HMT)"回归结果可知,三个核心解释变量(H、FL、BL)的系数符号均不存在差异,且与表 7-2 中的基准回归结果保持一致;但就系数大小来说,水平行业港澳台资进入强度变量(H_HMT)的系数明显要比水平行业外国投资进入强度变量(H_NHMT)更大,且显著性水平也更高,这表明相较于水平行业外国投资进入强度而言,水平行业港澳台资进入强度上升是导致中国同行业制造业企业单位劳动成本上升更主要的原因。下游行业外国投资和港澳台资进入强度变量的系数均显著为负,且系数值基本相同,这表明下游行业中外国投资和港澳台资进入强度上升对上游中国制造业企业单位劳动成本的影响程度基本相似。此外,表7-3中控制变量的回归结果与表7-2中基准回归结果高度一致,此处不予赘述。

(二) 内、外资企业子样本回归结果

上述分析中,我们并没有对受外资进入影响的中国制造业企业进行分类,不过如图7-1所示,既然我们已经知道内资企业和外资企业在生产率和工资水平上存在显著差异,那么外资企业和内资企业在面对相同的新外资进入或已在位外资扩充势力的情况时,他们会受到相同的影响吗? 为回答这一问题,本书将全部样本拆分成了"内资企业"和"外资企业"两个子样本进行回归分析,结果见表7-4。

由表7-4中第1列和第4列不分外资类型的回归结果来看,内资企业子样本和外资企业子样本之间不存在显著差异,且与表7-2中的全样本回归结果保持一致,水平行业外资进入强度(H_FDI)上升均会显著推高其单位劳动成本,而下游行业外资进入强度(BL_FDI)上升则均会显著降低其单位劳动成本。

表7-4　内、外资企业子样本回归结果

被解释变量 ULC	内资企业子样本			外资企业子样本		
	FDI	NHMT	HMT	FDI	NHMT	HMT
	1	2	3	4	5	6
H	0.0652***	0.0787**	0.1131***	0.0774***	0.0457	0.1546***
	(4.37)	(2.45)	(5.35)	(4.06)	(1.11)	(6.92)
FL	0.0057	0.0207	0.0207	−0.0073	0.0153	−0.0096
	(0.57)	(0.89)	(1.24)	(−0.49)	(0.42)	(−0.41)

续表

被解释变量 ULC	内资企业子样本			外资企业子样本		
	FDI	NHMT	HMT	FDI	NHMT	HMT
	1	2	3	4	5	6
BL	−0.0054*	−0.0100	−0.0132**	−0.0100**	−0.0206**	−0.0176**
	(−1.82)	(−1.59)	(−2.46)	(−1.99)	(−2.46)	(−2.04)
样本数	497154	496840	497075	140774	140759	140773
R^2	0.3443	0.3436	0.3445	0.3684	0.3681	0.3689

注:括号中为 t 值,* $p<0.1$,** $p<0.05$,*** $p<0.01$,所有解释变量均为滞后一期值,同时控制了年度和省(直辖市、自治区)固定效应,并在《国民经济行业分类 2002》三分位行业层面使用了聚类(cluster)稳健标准误。控制变量同表 7-2 第 6 列,且结果高度相似,限于篇幅不予汇报。

从表 7-4 中第 2 列和第 5 列中外国投资进入强度的回归结果来看,水平行业外国投资进入强度(H_NHMT)上升仅会对中国内资制造业企业的单位劳动成本产生显著的正向影响,对中国的外资制造业企业(含外国投资企业和港澳台资企业)的单位劳动成本则不存在显著影响;下游行业外国投资进入强度(BL_NHMT)上升则仅会对中国的外资制造业企业的单位劳动成本产生显著的负向影响,对中国内资制造业企业的单位劳动成本则不存在显著影响。

由表 7-4 中第 3 列和第 6 列港澳台资进入强度的回归结果可知,不论是内资企业还是外资企业,水平行业港澳台资进入强度(H_HMT)上升均会显著推高其单位劳动成本,而下游行业港澳台资进入强度(BL_HMT)上升则均会显著降低其单位劳动成本。此外,对比水平行业和下游行业外资进入强度的系数绝对值大小可知,水平行业外资进入强度的系数明显更大,这表明外资进入强度上升对中国制造业企业单位劳动成本的影响主要体现在水平行业内部,而不是上、下游垂直行业之间。综上,分内、外资企业子样本回归结果表明,港澳台资进入强度上升对内、外资企业基本不存在显著的差异性影响,但外国投资进入强度上升对内资企业子样本的影响要大于对外资样本的影响。

(三) 东、中、西部企业子样本回归结果

企业之间的异质性除了表现为所有制类型的差异之外,还可能表现为企业所处地区经济发展水平的差异。中国大陆不同地区的经济发展水平差异巨大,而且外资进入中国也主要集中于东部沿海地区,那么,东、中、西部地区的企业在面临相同的水平行业和上、下游垂直行业外资进入强度时,其单位劳动成本是否会受到相同的影响? 本书通过将样本总体按企业所处地区拆分为东、中、西部三个子样本进行回归分析,来回答这一问题,回归结果见表 7－5。

表 7－5　东、中、西部企业子样本回归结果

被解释变量 ULC	东部地区			中部地区			西部地区		
	FDI	NHMT	HMT	FDI	NHMT	HMT	FDI	NHMT	HMT
	1	2	3	4	5	6	7	8	9
H	0.0917***	0.1057***	0.1570***	0.0352*	0.0369	0.0677**	0.0104	−0.0033	0.0307
	(5.48)	(2.72)	(7.15)	(1.95)	(1.07)	(2.35)	(0.57)	(−0.09)	(1.04)
FL	−0.0059	0.0071	0.0009	0.0193*	0.0439*	0.0435**	0.0443***	0.0870**	0.0890***
	(−0.49)	(0.23)	(0.05)	(1.67)	(1.65)	(2.08)	(2.64)	(2.32)	(3.05)
BL	−0.0077**	−0.0168**	−0.0163***	−0.0014	−0.0001	−0.0059	0.0003	0.0046	−0.0034
	(−2.07)	(−2.23)	(−2.66)	(−0.38)	(−0.02)	(−0.83)	(0.08)	(0.54)	(−0.41)
样本数	492215	492116	492178	100756	100638	100729	44957	44845	44941
R^2	0.3505	0.3491	0.3508	0.3255	0.3256	0.3253	0.3012	0.3008	0.3011

注:括号中为 t 值,* $p<0.1$,** $p<0.05$,*** $p<0.01$,所有解释变量均为滞后一期值,同时控制了年度和省(直辖市、自治区)固定效应,并在《国民经济行业分类 2002》三分位行业层面使用了聚类(cluster)稳健标准误。控制变量同表 7－2 第 6 列,且结果高度相似,限于篇幅不予汇报。

首先,就水平行业外资进入强度(H)的回归结果而言,由表 7－5 可知,东部地区的水平行业外国投资进入强度(H_NHMT)和港澳台资进入强度(H_HMT)的回归系数均高度显著为正,表明在东部地区,外国投资和港澳台资在水平行业进入强度上升均会显著推高当地同行业制造业企业的单位劳动成本;中部地区的水平行业港澳台资进入强度(H_HMT)的回归系数

仍然显著为正,但外国投资进入强度(H_FDI)的系数并不显著,表明在中部地区,只有港澳台资在水平行业进入强度上升才会显著推高当地同行业制造业企业的单位劳动成本;西部地区的三个水平行业外资进入强度变量(H_FDI、H_NHMT 和 H_HMT)的回归系数则均不显著。综上,中国制造业外资企业的分布存在"东部过剩、中部居中、西部不足"的基本态势;外资企业在东部地区市场势力过大,严重推高了当地同行业制造业企业的单位劳动成本;在中部地区港澳台资企业的市场势力也已经达到了显著推高了当地同行业制造业企业单位劳动成本的水平;在西部地区,水平行业外国投资和港澳台资进入均没有显著影响当地同行业制造业企业的单位劳动成本,表明当地剩余劳动力资源还较为充裕。

其次,就上游行业外资进入强度(FL)的回归结果而言,由表 7-5 可知,在东部地区,上游行业外国投资和港澳台资(FL_NHMT 和 FL_HMT)进入强度上升均没有显著影响当地下游行业制造业企业的单位劳动成本,这可能是由于东部地区进出口贸易更为便利,企业的对外贸易成本很低,上游行业外资进入并没有给东部地区的下游行业企业带来什么其以前无法获得的中间投入品或机械设备以及配套服务,可能也没有显著降低下游行业企业获得这些中间投入品的购买成本。对比而言,在中、西部地区,特别是在西部地区,上游行业外国投资和港澳台资进入强度(FL_NHMT 和 FL_HMT)上升对当地的下游行业制造业企业单位劳动成本均有显著的正向影响;这也进一步说明,越是深入西部内陆地区,当地制造业企业的对外贸易成本越高,相对闭塞的市场环境使得外资企业进驻给当地下游行业企业带来的影响和冲击要远大于东部地区,因此,引导更多的外资企业投资中、西部地区,实际上是架起了深陷内陆的中、西部地区与外部世界新产品、新技术、新潮流的沟通桥梁,有利于帮助中、西部地区企业跟上时代进步的节奏。

最后,就下游行业外资进入强度(BL)的回归结果而言,由表 7-5 可知,东部地区的下游行业外国投资和港澳台资进入强度(H_NHMT 和 H_HMT)的回归系数均高度显著为负,表明在东部地区外国投资和港澳台资在下游行业进入强度上升都有利于拉低当地上游行业制造业企业的单位劳动成本；对比来看，在中、西部地区，下游行业外国投资和港澳台资进入强度（H_NHMT 和 H_HMT）的回归系数则都不显著。造成这种差异的原因可能是：在东部地区，外资企业与上游行业之间的供给网络的"本土化"程度要明显高于中、西部地区，东部地区制造业企业的生产技术水平基本能够达到为下游行业外资企业提供保质、保量的中间投入品的程度，在这种与下游行业外资企业的合作和互动中，东部地区上游行业企业的人均增加值增幅可能显著高于人均工资增幅，因此导致了其单位劳动成本出现了显著下降；对比来看，由于中、西部地区工业基础相对薄弱，外资企业投资中、西部地区可能主要是由于当地的劳动力价格更低，而并没有寄希望于从当地获得合格的上游行业配套，因此与当地上游行业企业的互动不足，没有对其产生显著的垂直"技术溢出"或"工资溢出"效应，也就没有显著影响其单位劳动成本。

　　综上所述，继续引导新进外资企业和已在位外资企业，特别是港澳台资企业，向中、西部地区转移和扩张，是缓解东部地区制造业企业单位劳动成本快速上涨压力的解决方案之一。中、西部地区在下大力气引进优质外资企业的同时，还必须要着重强化本地相关上、下游行业的配套，通过垂直产业关联，挖掘外资企业对当地经济的带动作用。否则，引进外资可能只是将本地市场空间白白让渡给了外资垄断企业，反而是扼杀了当地本土企业向上成长的空间。在此方面，西部地区的"经济明星"——重庆市，在笔记本电脑行业的发展成就是最好的正面案例：在 2014 年重庆市智能终端产品产量已经接近 2 亿台（件），其中笔记本电脑产量达到 6100 万台，产量约占全球总产量的三分之一，成为全球最大的笔记本电脑生产基地。重庆市按照"整机＋零部件"和"一头在内、一头在外[①]"的产业组织模式，不仅引进了惠普、宏碁、华硕、东芝等一大批国际知名品牌商和代工巨头，还为这些电脑组装

---

① "一头在内、一头在外"模式是指原料在国内生产，销售在国外。

企业提供了非常完善的上游行业本地配套,引进芯片封装、电池、显示模组、机壳、散热器等关键零部件企业 800 多家,使得重庆笔电产业本地配套率达到 83%,每台电脑的平均单价增加了 10%[①]。

(四)二分位行业企业子样本回归结果的 Shapley 分解

上述分析表明,外资进入强度上升对中国制造业企业单位劳动成本的影响主要是通过水平行业和垂直行业中的"后向关联"(下游行业外资对中国上游行业企业)产生的,而且水平行业外资进入强度(H)对中国制造业企业单位劳动成本的正向影响程度要强于下游行业外资进入强度(BL)对中国制造业企业单位劳动成本的负向影响程度。那么,我们关心的另一个问题便是:是否在所用制造业行业中都是如此? 劳动力密集型制造业行业与资本和技术密集型制造业行业之间是否存在显著的系统性差异? 此外,前文中的研究结论只是证明了水平行业和下游行业的外资进入强度上升对中国制造业企业的单位劳动成本存在显著的影响,但却没有回答这种"显著"影响到底在多大程度上决定了中国制造业企业单位劳动成本的变动? 针对这些问题,本书在表 7 - 6 中使用 Huettner 和 Sunder(2012)[②]提出的最新 Shapley 分解方法,对样本中的所有二分位制造业行业子样本进行了 Shapley 分解。Shapley 分解方法的基本思想是通过对计量模型回归拟合优度(R^2)进行分解,以得到每一个解释变量(或几个解释变量作为一组)对拟合优度的贡献度,以判断解释变量在解释被解释变量数据波动中的相对重要性。具体结果见表 7 - 6。

---

① 张桂林:《重庆成为全球最大笔记本电脑生产基地》,新华网,2015 年 1 月 8 日。http://news. xinhuanet. com/2015—01/08/c_1113930182. htm

② Huettner, F., Sunder, M., 2012, "Axiomatic Arguments for Decomposing Goodness of Fit According to Shapley and Owen Values" [J]. *Electronic Journal of Statistics*, Vol. 6:1239 - 1250.

表 7-6　二分位制造业子行业水平及垂直行业外资进入强度的 Shapley 分解表

行业名称	H_FDI	FL_FDI	BL_FDI	样本数	R^2	合计 相对贡献
所有行业	0.1206 ***	0.0185	−0.0061	637928	0.322	[9.54%]
	[7.67%]	[1.58%]	[0.28%]			
皮毛羽毛(绒)及其 制品业	0.3671 ***	0.0000	−0.0320	18180	0.3780	[15.92%]
	[15.06%]	[0.41%]	[0.45%]			
农副食品加工业	0.1278 ***	0.0237 *	−0.0754 ***	37890	0.2443	[12.42%]
	[8.76%]	[3.04%]	[0.61%]			
仪器仪表及文化办 公用机械制造业	0.0855 **	0.0517	0.1004	8732	0.3322	[12.02%]
	[8.59%]	[2.74%]	[0.69%]			
纺织业	0.1621 ***	−0.2912	−0.0322 ***	58830	0.3093	[10.82%]
	[4.72%]	[1.88%]	[4.22%]			
造纸及纸制品业	0.2546 ***	0.0000	0.0468 ***	20383	0.2422	[8.79%]
	[7.53%]	[0.71%]	[0.55%]			
医药制造业	0.1919 ***	0.5980 *	0.0000	12430	0.2340	[7.7%]
	[2.25%]	[2.51%]	[2.94%]			
饮料制造业	0.0506 ***	0.1071 **	−0.1541	7219	0.2257	[7.51%]
	[0.9%]	[4.3%]	[2.32%]			
专用设备制造业	0.2010 ***	0.1979 *	−0.0815 ***	21351	0.2676	[7.03%]
	[5.62%]	[0.87%]	[0.54%]			
非金属矿物制品业	0.3614 ***	0.0467	−0.0447 ***	59549	0.3157	[6.56%]
	[6.13%]	[0.25%]	[0.17%]			
电气机械及器材制 造业	0.0309	0.0445	−0.0313	40794	0.3186	[6.1%]
	[1.08%]	[2.61%]	[2.42%]			
烟草制品业	−0.7473 *	−0.6780	0.0000	635	0.5430	[5.78%]
	[5.11%]	[0.34%]	[0.33%]			
塑料制品业	0.1442 ***	0.0000	−0.0046	27625	0.3075	[5.64%]
	[5.29%]	[0.18%]	[0.17%]			
橡胶制品业	0.1396 ***	0.0000	0.0750	7000	0.3333	[4.85%]
	[4.01%]	[0.45%]	[0.4%]			

行业名称	H_FDI	FL_FDI	BL_FDI	样本数	R^2	合计相对贡献
石油加工炼焦及核燃料加工业	−0.4240	10.5320	0.7888	6245	0.2573	[4.81%]
	[1.31%]	[1.76%]	[1.75%]			
印刷业和记录媒介的复制业	−0.4030***	0.3231***	0.0000	9401	0.3128	[4.02%]
	[1.25%]	[1.69%]	[1.08%]			
食品制造业	0.0426	−0.4348	−0.1549	12300	0.2325	[3.46%]
	[1.03%]	[0.38%]	[2.05%]			
木材加工及木竹藤棕草制品业	0.1406***	0.0000	0.1848*	14046	0.2405	[3.43%]
	[2.63%]	[0.31%]	[0.49%]			
黑色金属冶炼及压延加工业	−0.0541	−1.1910***	0.0570***	15122	0.2269	[3.27%]
	[0.37%]	[1.08%]	[1.82%]			
有色金属冶炼及压延加工业	0.1611	0.1103	−0.0324	10752	0.3103	[3.22%]
	[1.38%]	[0.96%]	[0.89%]			
交通运输设备制造业	0.0549	0.0965	−0.1003	31779	0.2681	[2.73%]
	[0.26%]	[1.43%]	[1.04%]			
文教体育用品制造业	0.0670	2.8294***	−3.1807***	10024	0.2937	[2.34%]
	[1.19%]	[0.76%]	[0.38%]			
化学原料及化学制品制造业	0.1550***	0.0027	0.0095	46469	0.2602	[2.04%]
	[1.41%]	[0.16%]	[0.47%]			
金属制品业	0.0934*	0.0000	0.0826**	31770	0.3016	[1.72%]
	[1.11%]	[0.33%]	[0.28%]			
化学纤维制造业	−0.5072*	0.0000	0.2716	3321	0.2791	[1.33%]
	[0.52%]	[0.4%]	[0.4%]			
纺织服装鞋帽制造业	0.4753**	−0.4532**	0.0000	35935	0.2559	[1.03%]
	[0.17%]	[0.42%]	[0.44%]			
工艺品及其他制造业	−0.5188*	2.7464**	0.1677*	13045	0.3280	[0.87%]
	[0.13%]	[0.3%]	[0.43%]			

续表

行业名称	H_FDI	FL_FDI	BL_FDI	样本数	R^2	合计相对贡献
通用设备制造业	0.1329	0.0933	−0.0296	49215	0.2729	[0.69%]
	[0.54%]	[0.09%]	[0.07%]			
通信设备计算机及其它电子设备制造业	0.0250	−0.0191	−0.0046	19788	0.2757	[0.55%]
	[0.06%]	[0.29%]	[0.19%]			
家具制造业	0.0715	−0.2369	0.0000	8098	0.2721	[0.29%]
	[0.1%]	[0.09%]	[0.1%]			

注:中括号中为各外资进入强度变量对被解释变量企业单位劳动成本波动的 Shapley 贡献率,单位:%。* $p<0.1$,** $p<0.05$,*** $p<0.01$。所有解释变量均为滞后一期值,受限于现有的 Shapley 分解方法对变量个数存在严格限制,因此表7-6中无法控制省级层面固定效应,仅控制了年度固定效应,并在《国民经济行业分类 2002》三分位行业层面使用了聚类(cluster)稳健标准误。控制变量同表7-2第6列,且结果高度相似,限于篇幅不予汇报。

首先,就各变量回归系数的显著性而言,由表7-6可知,在29个二分位制造业子行业中,水平行业外资进入强度变量(H_FDI)的系数在其中的15个子行业中显著为正,在4个子行业中显著为负,在其余10个子行业中并不显著;上游行业外资进入强度变量(FL_FDI)的系数在其中的7个子行业中显著为正,在2个子行业中显著为负,在其余的20个子行业中均不显著;下游行业外资进入强度变量(BL_FDI)的系数则在其中的4个子行业中显著为正,在5个子行业中显著为负,在其余的20个子行业中均不显著。

其次,就各变量在 Shapley 分解中对 R^2 的相对贡献来说,由表7-6可知,水平及上、下游垂直行业外资进入强度变量(H_FDI、FL_FDI 和 BL_FDI)对中国制造业企业单位劳动成本波动的合计贡献度平均约为 9.54%,其中,水平行业外资进入强度(H_FDI)变量的贡献度高达 7.67%,远高于上、下游垂直行业外资进入强度(FL_FDI 和 BL_FDI)的贡献度,这进一步证实了水平行业外资进入强度对中国制造业企业单位劳动成本的影响力,确实要比上、下游垂直行业外资进入强度更强。分行业来看,水平及上、下游垂直行业外资进入强度对皮毛羽毛(绒)及其制品业(15.92%)、农副食品加工业(12.42%)、仪器仪表及文化办公用机械制造业(12.02%)、纺织业(10.82%)4个子行业的合计贡献度都在10%以上,对造纸及纸制品等8个子行业的合计贡献度都在5%以上,对工艺品及其他制造业(0.87%)、通用设备制造业(0.69%)、通信设备计算机及其他电子设备制造业(0.55%)、家具制造业(0.29%)4个子行业的合计贡献度则均不足1%。综上,中国本土制造业企业与外资企业之间主要表现为水平行业内部的竞争关系,上、下游垂直行业间的合作关系亟待建立。不过从另一个角度来看,上述结论也表明中国制造业企业的人均增加值尚有很大的提升潜力,只要能够充分挖掘利用外资企业对中国上、下游垂直行业企业的正向"技术溢出"效应,就能够提升中国制造业企业的人均增加值,进而有助于减缓中国制造业企业单位劳动成本快速上涨的压力。

最后,值得注意的是,水平及上、下游外资进入强度变量对中国制造业企业单位劳动收入份额的合计贡献度与各子行业的要素密集度并没有表现出明显的相关性。例如,表7-6中的行业顺序是按三个外资进入强度变量(H_FDI、FL_FDI和BL_FDI)对被解释变量的合计贡献度指标从高到低进行排序的,但是就典型的劳动力密集型行业来看,皮毛羽毛(绒)及其制品业(15.92%)排名最高,而家具制造业(0.29%)却排名最低,纺织服装鞋帽制造业(1.03%)也排名靠后;就典型的资本密集型行业来看,医药制造业(7.7%)、饮料制造业(7.51%)都排名靠前,但化学原料及化学制品制造业(2.04%)和化学纤维制造业(1.33%)却排名靠后。因此,外资进入强度上升推高了中国制造业企业单位劳动成本的现象基本上是覆盖制造业全行业的,并不是只有劳动力密集型行业才面临这一压力。

第三节　外资垂直产业关联影响中国制造业企业
单位劳动成本的路径机制检验结果

一、全样本路径机制检验结果与分析

为检验水平行业以及上、下游垂直行业不同类型外资进入强度上升对中国制造业企业单位劳动成本产生影响的具体路径机制，本书分别使用计量模型（7-1）式对企业单位劳动成本的两个决定因子——企业人均工资和企业人均增加值的自然对数 ln_pcwage_{it+1} 和 ln_pcva_{it+1} 进行了回归分析，结果见表 7-7。

首先，就水平行业外资进入强度（H）的回归系数而言，由表 7-7 的第 1和第 4 列可知，在人均工资和人均增加值决定方程中，水平行业外资进入强度（H_FDI）的回归系数均显著为负，这表明水平行业外资进入强度上升对中国同行业制造业企业既产生了显著的负向"工资溢出"效应，又产生了显著的负向"技术挤出"效应，不过结合表 7-2 中水平行业外资进入强度（H_FDI）变量对中国制造业企业单位劳动成本（ULC）的回归系数均显著为正可知，此处水平行业外资进入强度（H_FDI）上升对中国制造业企业的负向"工资溢出"幅度要小于负向"技术挤出"幅度。进一步结合表 7-7 中的第2、3、4、6 列来看，水平行业外资进入强度上升对中国制造业企业的负向"工资溢出"效应和负向"技术挤出"效应均主要是由水平行业港澳台资进入强度（H_HMT）上升引起的，与水平行业外国投资进入强度（H_NHMT）不存在显著关联。

表 7－7　全样本路径机制回归结果

被解释变量： ln_pcwage & ln_pcva	劳动力市场					
	人均工资决定方程			人均增加值决定方程		
	FDI	NHMT	HMT	FDI	NHMT	HMT
	1	2	3	4	5	6
H	−0.1039**	0.0189	−0.2927***	−0.3064***	−0.2189	−0.6323***
	(−2.05)	(0.22)	(−4.04)	(−3.95)	(−1.42)	(−6.42)
FL	0.1463***	0.2325***	0.2898***	0.0594	0.0261	0.0907
	(3.19)	(2.78)	(3.22)	(1.04)	(0.21)	(0.92)
BL	−0.0104	−0.0064	−0.0311	0.0102	0.0343	0.0151
	(−0.66)	(−0.25)	(−0.94)	(0.53)	(1.00)	(0.44)
op_tfp	0.0835***	0.0836***	0.0828***	0.4561***	0.4574***	0.4541***
	(28.57)	(29.92)	(28.18)	(98.42)	(110.15)	(95.14)
ln_pck	0.0701***	0.0718***	0.0684***	0.2534***	0.2583***	0.2507***
	(27.46)	(29.38)	(27.41)	(81.55)	(87.60)	(83.34)
ln_worker	0.0455***	0.0438***	0.0466***	−0.0961***	−0.0995***	−0.0950***
	(10.74)	(10.65)	(11.24)	(−15.83)	(−16.59)	(−16.21)
debtratio	0.0170***	0.0189***	0.0159***	−0.0708***	−0.0657***	−0.0724***
	(3.34)	(3.68)	(3.08)	(−8.53)	(−7.67)	(−8.77)
HHI	1.0635*	1.0542*	1.0085	3.4529***	3.7402***	3.2103***
	(1.71)	(1.78)	(1.62)	(3.27)	(3.38)	(3.20)
age	0.0004	0.0005*	0.0003	−0.0057***	−0.0055***	−0.0058***
	(1.39)	(1.87)	(1.06)	(−16.57)	(−15.75)	(−16.95)
exdum	0.0231***	0.0194***	0.0258***	−0.0348***	−0.0468***	−0.0303***
	(5.37)	(4.28)	(5.75)	(−4.41)	(−5.30)	(−3.71)
subsidydum	0.0135***	0.0142***	0.0130***	0.0110**	0.0132***	0.0099**
	(4.64)	(5.03)	(4.43)	(2.47)	(3.03)	(2.26)
newprodum	0.0259***	0.0268***	0.0247***	0.0700***	0.0739***	0.0663***
	(6.79)	(7.11)	(6.42)	(11.71)	(13.11)	(11.09)

续表

被解释变量： *ln_pcwage* & *ln_pcva*	劳动力市场					
	人均工资决定方程			人均增加值决定方程		
	FDI	NHMT	HMT	FDI	NHMT	HMT
	1	2	3	4	5	6
C	1.8494***	1.8311***	1.8655***	2.2986***	2.2563***	2.3198***
	(46.87)	(48.13)	(49.94)	(45.84)	(45.83)	(51.25)
样本数	638381	638052	638301	637928	637599	637848
R^2	0.2537	0.2540	0.2543	0.5165	0.5159	0.5170

注：括号中为 t 值，* $p<0.1$，** $p<0.05$，*** $p<0.01$，所有解释变量均为滞后一期值，同时控制了年度和省（直辖市、自治区）固定效应，并在《国民经济行业分类 2002》三分位行业层面使用了聚类（cluster）稳健标准误。

具体的，关于水平行业港澳台资进入强度（H_HMT）上升对中国制造业企业会产生负向"工资溢出"效应，而外国投资进入强度（H_NHMT）上升并不会产生显著"工资溢出"效应的原因，本书认为这可能是由于外国投资企业的工资水平和人均增加值均绝对远远领先于内资企业和港澳台资企业，而港澳台资企业与内资企业之间在工资水平和人均增加值上的差距较小。因此，按企业所有制类型来看，在中国制造业市场中，占样本总量约10%的外国投资企业遥遥领先，占据着高端产品和产业内部的高端环节，其与占样本总量约80%的内资企业和占样本总量约10%的港澳台资企业之间市场重叠部分较小，竞争并不激烈；而内资企业和港澳台资企业之间则因为差距较小，存在大量的市场重叠，双方竞争更加激烈。正如 Barry 等（2005）所指出的那样，如果外资企业与内资企业之间存在激烈竞争，那么外资进入强度上升则会逼迫内资企业降低包含劳动力工资成本在内的生产经营成本，开展价格竞争，这可能正是水平行业港澳台资企业进入强度上升会对中国同行业制造业企业产生负向"工资溢出"的原因①。至于为何水平行业港澳台资进入强度（H_NHMT）上升对中国同行业制造业企业产生了显著的负向"技术挤出"效应，而外国投资企业进入强度（H_NHMT）上升却对中国同行业制造业企业没有产生显著的影响，本书认为这可能是由于在本书样本观察期内（2002—2007年），港澳台资企业人均增加值最低，因此其不可能对其他企业产生正向的"技术溢出"效应，而且在某行业内，人均增加值最低的港澳台资企业进入强度越高，就越会拉低中国该行业制造业企业的平均人均增加值；而人均增加值更高的外国投资企业对中国制造业企业产生正向"技术溢出"效应的重要途径之一就是"劳动力流转（labor turnover）"，而如前文中的图7-1所示，外国投资企业通过提供远超于内资企业和港澳台资企业的高工资，大大降低了学习并掌握了自身先进技术和管理经验的优秀劳动力跳槽到其他企业的可能性，这必然会导致其他企业无法享受到其带来的正向"技术溢出"效应。

---

① 第五章中，水平行业外资进入强度上升会对中国同行业制造业企业产生显著的正向"工资溢出"效应，本章的结论之所以与第五章不同，可能主要是由于两个方面的原因导致的：一方面，由于第五章的样本期间为1998—2007年，但受限于中国投入产出表并非每年都发布，本章使用数据的样本期间为2002—2007年。由第五章中图5-1可知，1998—2002年，港澳台资企业的人均增加值都是显著高于内资企业的；而2002—2007年，除2002年之外，内资企业已经在人均增加值上成功超越了港澳台资企业，这表明本章所使用的样本期间（2002—2007年），内资企业和港澳台资企业之间的市场重叠程度要高于第五章（1998—2007年）。因此，内资企业与港澳台资企业之间的竞争也就更加激烈。正如Barry等（2005）所指出的那样，激烈的竞争可能会使得内资企业被迫以接受质量更差的劳动力投入，并以降低工资的方式控制成本，而不是以抬高工资的方式与外资企业抢夺人才。另一方面，本章使用的水平行业及上、下游垂直行业外资进入强度的指标是基于工业企业数据库三分位行业层面测算的，而第五章中使用的水平行业外资进入强度指标则是在四分位行业层面测算的，所以本章中的三分位行业层面的"水平行业"，其实不仅包含第五章中的四分位行业层面的"水平行业"，还包含了四分位行业层面的其他"垂直行业"。例如，本章定义的三分位行业"纤维素纤维原料及纤维制造业（281）"既包含"化纤浆粕制造业（2811）"，又包含"人造纤维（纤维素纤维）制造业（2812）"这两个四分位制造业行业，而"化纤浆粕制造（2811）"显然"人造纤维（纤维素纤维）制造（2812）"的上游行业，这显然也会导致本章的回归结果会和第五章存在一定差异。

其次,就上游行业外资进入强度(FL)的回归系数而言,由表7-7可知,在人均工资决定方程中,上游行业外资进入强度(FL)的回归系数均显著为正,这表明上游行业的外资进入强度上升会对中国下游行业的制造业企业产生显著的正向"工资溢出"效应;而在人均增加值决定方程中,上游行业外资进入强度(FL)的回归系数虽然为正,但均不显著,这表明上游行业外资进入强度上升并没有对中国下游行业制造业企业产生显著的"技术溢出"效应。不过结合表7-2至表7-3中上游行业外资进入强度(FL_FDI、FL_NHMT 和 FL_HMT)对中国制造业企业单位劳动成本(ULC)的回归系数均不显著来看,上游行业的外资进入强度上升即使对中国下游行业制造业企业产生了显著的正向"工资溢出"效应,其影响程度也非常有限,不足以显著推高中国下游行业制造业企业的单位劳动成本。

最后,就下游行业外资进入强度(BL)的回归系数而言,由表7-7可知,其在人均工资决定方程中为负,在人均增加值决定方程中为正,但均不显著,这说明下游行业外资进入强度上升会对中国上游制造业行业没有产生显著的"工资溢出"或"技术溢出"效应,这也正是表7-2至表7-3中下游行业外资进入强度(BL_FDI、BL_NHMT 和 BL_HMT)对中国制造业企业单位劳动成本(ULC)的回归系数虽然均显著为负,但系数绝对值都很小的原因。这表明下游行业的外资进入强度上升虽然对降低中国上游行业制造业企业单位劳动成本有显著影响,但其作用非常有限,远不如水平行业外资进入强度上升的影响力大。此外,就表7-7中的控制变量回归结果而言,其与第五章中表5-7基本一致,其具体含义此处不再赘述。

二、子样本路径机制检验结果与分析

(一)内、外资企业子样本路径机制回归结果

在表7-8中,本书按照表7-7的方法,对表7-4中的内、外资企业子样本回归结果进行了相同的路径机制检验,以分析水平及上、下游垂直行业外资进入强度上升对中国内资制造业企业和在华经营的外资制造业企业单位劳动成本产生影响的机制是否相同。

首先,由表7-8可知,就水平行业外资进入强度(H)的回归结果而言,内、外资企业子样本的回归结果基本一致。由表7-8的第1列和第4列可知,水平行业外资进入强度(H_FDI)上升对中国内、外资同行业制造业企业均产生了显著的负向"工资溢出"效应和负向"技术挤出"效应,结合表7-4内、外资企业子样本中水平行业外资进入强度(H_FDI)对中国内、外资同行业制造业企业单位劳动成本(ULC)的回归系数显著为正可知,此处水平行业外资进入强度(H_FDI)对中国内、外资同行业制造业企业的负向"技术挤出"效应要比负向"工资溢出"效应更强。结合表7-8中第2、3、4、6列回归结果可知,水平行业外资进入强度的这种负向"技术挤出"的效应和负向"工资溢出"效应主要来自港澳台资企业(H_HMT)。

表7-8 内、外资企业子样本的路径机制回归结果对比

被解释变量: *ln_pcwage* & *ln_pcva*		劳动力市场					
		人均工资决定方程			人均增加值决定方程		
		FDI	NHMT	HMT	FDI	NHMT	HMT
		1	2	3	4	5	6
内资企业样本	H	−0.1098**	−0.0442	−0.2607***	−0.2605***	−0.2169	−0.5184***
		(−2.14)	(−0.46)	(−3.58)	(−3.42)	(−1.41)	(−5.13)
	FL	0.1389***	0.2442***	0.2576***	0.0275	−0.0022	0.0224
		(2.96)	(2.81)	(2.85)	(0.48)	(−0.02)	(0.22)
	BL	−0.0133	−0.0109	−0.0346	0.0033	0.0188	0.0061
		(−0.79)	(−0.36)	(−1.03)	(0.17)	(0.51)	(0.16)
	样本数 R^2	497466 0.2226	497152 0.2226	497387 0.2229	497154 0.5013	496840 0.5007	497075 0.5015

被解释变量：ln_pcwage & ln_pcva		劳动力市场					
		人均工资决定方程			人均增加值决定方程		
		FDI	NHMT	HMT	FDI	NHMT	HMT
		1	2	3	4	5	6
外资企业样本	H	−0.2950***	−0.1624*	−0.6105***	−0.4604***	−0.2386	−0.9653***
		(−5.25)	(−1.78)	(−9.74)	(−5.02)	(−1.40)	(−9.78)
	FL	0.1752***	0.2136**	0.3406***	0.1522**	0.1044	0.2939***
		(4.01)	(2.29)	(4.20)	(2.57)	(0.73)	(3.18)
	BL	−0.0060	−0.0017	−0.0266	0.0202	0.0508	0.0191
		(−0.40)	(−0.07)	(−0.95)	(0.83)	(1.39)	(0.47)
	样本数	140915	140900	140914	140774	140759	140773
	R^2	0.2990	0.2957	0.3025	0.5675	0.5667	0.5688

注：括号中为 t 值，* $p<0.1$，** $p<0.05$，*** $p<0.01$，所有解释变量均为滞后一期值，同时控制了年度和省（直辖市、自治区）固定效应，并在《国民经济行业分类 2002》三分位行业层面使用了聚类（cluster）稳健标准误。其他控制变量同表 7-2 第 6 列，限于篇幅不予汇报。

其次，由表 7-8 可知，就上游行业外资进入强度（FL）的回归结果而言，由人均工资决定方程的回归结果可知，上游外资行业进入强度（FL）上升对中国下游内、外资制造业企业均会产生显著的正向"工资溢出"效应；但由人均增加值决定方程的回归结果可知，上游外资行业进入强度（FL）上升还会对在华经营的下游外资制造业企业产生显著的正向"技术溢出"效应，但对中国下游内资制造业企业则没有显著的"技术溢出"效应。分外资类型来看，上游行业的外国投资（FL_NHMT）和港澳台资进入强度（FL_HMT）上升对中国下游的内、外资制造业企业均存在显著的正向"工资溢出"效应，但是仅有上游的港澳台资进入强度（FL_HMT）上升才会对在华经营的下游外资制造业企业产生显著的正向"技术溢出"效应，不过结合表 7-4 中上游行业外资进入强度（FL）对中国下游行业制造业企业的单位劳动成本（ULC）的回归系数并不显著来看，上游行业外资进入强度（FL）上升对中国下游行业制造业企业的正向"工资溢出"效应和正向

"技术溢出"效应基本上可以相互抵消,并没有显著影响中国下游行业制造业企业的单位劳动成本。

最后,由表7-8可知,就下游行业外资进入强度(BL)的回归结果而言,内、外资企业子样本的回归结果一致,而且无论是下游行业的外国投资(BL_NHMT)还是港澳台资进入强度(BL_HMT)上升对中国上游的内、外资制造业企业均不存在显著的"工资溢出"或"技术溢出"效应。这也正是表7-4中下游行业外资进入强度(BL)变量对中国内、外资制造业企业单位劳动成本(ULC)的回归系数虽然显著为负,但系数绝对值都很小的原因。

(二) 东、中、西部企业子样本路径机制回归结果

在表7-9中,本书按照表7-7的方法,对东、中、西部企业子样本回归结果进行了相同的路径机制检验。

首先,就水平行业外资进入强度(H)的回归结果而言,由表7-9可知:在东部地区,在人均工资决定方程中,水平行业港澳台资进入强度(H_HMT)的回归系数高度显著为负,但是水平行业外国投资进入强度(H_NHMT)的回归系数并不显著;在人均增加值决定方程中,水平行业外国投资进入强度(H_NHMT)和港澳台资进入强度(H_HMT)的回归系数均高度显著为负,这表明在水平行业港澳台资进入强度(H_HMT)上升的影响下,东部地区同行业制造业企业的人均工资和人均增加值均会出现显著下降,负向"工资溢出"和负向"技术挤出"效应并存,但人均增加值下降的幅度更大,最终导致其单位劳动成本反而出现上涨;而水平行业外国投资进入强度(H_NHMT)上升只会导致东部地区同行业制造业企业的人均增加值显著下降,并不会导致其人均工资发生显著变化,因此,表7-5中水平行业外国投资进入强度(H_NHMT)上升对东部地区同行业制造业企业单位劳动成本的正向影响主要是由其负向"技术挤出"效应导致的。

表 7-9　东、中、西部企业子样本的路径机制回归结果对比

被解释变量： *ln_pcwage* & *ln_pcva*		劳动力市场					
		人均工资决定方程			人均增加值决定方程		
		FDI	NHMT	HMT	FDI	NHMT	HMT
东部企业样本	H	−0.1129**	0.0129	−0.3040***	−0.3464***	−0.2744*	−0.6857***
		(−2.45)	(0.17)	(−4.93)	(−4.56)	(−1.74)	(−7.35)
	FL	0.1294***	0.1931**	0.2596***	0.0795	0.0559	0.1271
		(3.20)	(2.51)	(3.31)	(1.47)	(0.45)	(1.39)
	BL	−0.0086	−0.0035	−0.0276	0.0140	0.0436	0.0213
		(−0.61)	(−0.15)	(−0.94)	(0.73)	(1.28)	(0.65)
	样本数	492646	492547	492609	492215	492116	492178
	R^2	0.2276	0.2276	0.2285	0.5144	0.5137	0.5150
中部企业样本	H	−0.0888	0.0288	−0.2798**	−0.1925**	−0.0880	−0.4605***
		(−1.03)	(0.19)	(−1.97)	(−2.02)	(−0.49)	(−3.43)
	FL	0.2133***	0.3777***	0.4101***	0.0235	−0.0165	0.0281
		(2.71)	(2.70)	(2.65)	(0.30)	(−0.11)	(0.20)
	BL	−0.0197	−0.0172	−0.0497	−0.0140	−0.0149	−0.0282
		(−0.70)	(−0.34)	(−0.89)	(−0.53)	(−0.30)	(−0.56)
	样本数	100776	100658	100749	100756	100638	100729
	R^2	0.2224	0.2230	0.2222	0.5249	0.5247	0.5250
西部企业样本	H	−0.0040	0.0325	−0.0679	0.0762	0.3130	−0.0569
		(−0.04)	(0.20)	(−0.44)	(0.58)	(1.33)	(−0.28)
	FL	0.2199***	0.4595***	0.3954***	−0.0498	−0.0919	−0.0983
		(2.85)	(3.21)	(2.64)	(−0.53)	(−0.48)	(−0.59)
	BL	−0.0256	−0.0326	−0.0620	−0.0260	−0.0461	−0.0469
		(−0.87)	(−0.61)	(−1.02)	(−0.84)	(−0.76)	(−0.75)
	样本数	44959	44847	44943	44957	44845	44941
	R^2	0.2091	0.2091	0.2065	0.5030	0.5019	0.5031

注：括号中为 t 值，* $p<0.1$，** $p<0.05$，*** $p<0.01$，所有解释变量均为滞后一期值，同时控制了年度和省(直辖市、自治区)固定效应，并在《国民经济行业分类 2002》三分位行业层面使用了聚类(cluster)稳健标准误。其他控制变量同表 7-2 第 6 列，具体回归结果限于篇幅，不予汇报。

在中部地区,在人均工资决定方程中,水平行业港澳台资进入强度(H_HMT)的回归系数显著为负,但是水平行业外国投资进入强度(H_NHMT)和外资整体进入强度(H_FDI)的系数均不显著,说明港澳台资进入强度上升对中部地区同行业制造业企业虽然存在显著的负向"工资溢出"效应,但这种效应较小;在人均增加值决定方程中,港澳台资进入强度(H_HMT)和外资整体进入强度(H_FDI)的回归系数均高度显著为负,说明港澳台资进入强度上升对当地同行业制造业企业存在显著的负向"技术挤出"效应,结合表7-5中,中部地区的水平行业港澳台资进入强度(H_HMT)和外资整体进入强度(H_FDI)对当地企业单位劳动成本的回归系数显著为正可知,在中部地区港澳台资企业进入强度上升的负向"技术挤出"效应要比其带来的负向"工资溢出"效应影响力更大。

在西部地区,无论是在人均工资决定方程中,还是在人均增加值决定方程中,三个水平行业外资进入强度变量(H_FDI、H_NHMT 和 H_HMT)的回归系数均不显著,说明外资进入对当地同行业制造业企业既没有显著的"工资溢出"效应,也没有显著的"技术溢出"效应,这也与表7-5中在西部地区这三个变量对当地同行业制造业企业的单位劳动成本不存在显著影响相符。

其次,就上游行业外资进入强度(FL)的回归结果而言,由表7-9可知,在人均增加值决定方程中,东、中、西部地区的三个上游行业外资进入强度变量(FL_FDI、FL_NHMT 和 FL_HMT)的回归系数均不显著,这表明上游行业外资进入强度上升对中国东、中、西部下游行业制造业企业都没有产生显著的"技术溢出"效应;在人均工资决定方程中,东、中、西部地区的三个上游行业外资进入强度变量(FL_FDI、FL_NHMT 和 FL_HMT)的回归系数则均显著为正,相比之下,东部地区的系数绝对值仅有中、西部地区的二分之一左右,这说明上游行业外资进入强度上升虽然在东、中、西部均存在显著的正向"工资溢出"效应,但在东部地区的"工资溢出"效应要小于中、西部地区,这也与表7-5中上游行业外资进入强度上升显著推高了中、西部地区下游行业制造业企业的单位劳动成本,但对东部地区企业却没有显著影响相吻合。

最后,就下游行业外资进入强度(BL)的回归结果而言,由表7-9可知,在人均工资决定方程中,下游行业外资进入强度(BL)的回归系数在东、中、西部地区均为负,但并不显著;就人均增加值决定方程来看,在东部地区下游行业外资进入强度(BL)的回归系数均为正,但在中、西部地区均为负,也都不显著;这说明下游行业外资进入强度上升对东、中、西部上游制造业行业都没有产生显著的"工资溢出"或"技术溢出"效应,这也正是表7-5中下游行业外资进入强度(BL_FDI、BL_NHMT 和 BL_HMT)对东部地区上游行业制造业企业单位劳动成本(ULC)的回归系数虽然均显著为负,但系数绝对值都很小(小于0.02),而对中、西部地区企业的单位劳动成本不存在显著影响的原因。

第四节　稳健性检验

一、基于产品市场替代变量的稳健性检验

外资企业除了会在劳动力市场上给中国本土企业带来竞争和外溢效应之外,还会在产品市场上和中国本土企业展开竞争与合作,而且单纯使用劳动力市场数据测度"外资进入强度"指标可能会存在测量误差导致的回归偏误。因此,为保证回归结果的稳健性,本书还使用产品市场数据重新按照(7-5)式测算了 t 年 j 行业产品市场层面的水平行业外资进入强度指标(H_FDI_pro),并仍采用(7-3)和(7-4)式所示的方法计算了基于产品市场数据的上下游垂直行业外资进入强度指标(FL_FDI_pro 和 BL_FDI_pro)。同理,通过将外资企业细分为"外国投资企业($NHMT$)"和"港澳台资企业(HMT)",便可以测算出水平及上下游垂直行业的"外国投资进入强

度"指标(H_NHMT_pro、FL_NHMT_pro 和 BL_NHMT_pro)以及"港澳台投资进入强度"指标(H_HMT_pro、FL_HMT_pro 和 BL_HMT_pro)。基于产品市场替代变量法的稳健性检验结果如表 7 - 10 所示。

$$H\_FDI\_pro_{jt} = 外资企业销售规模_{jt} / 所有企业销售总规模_{jt} \quad (7-5)$$

表 7 - 10　产品市场替代变量法的稳健性检验回归结果

市场类型	产品市场								
被解释变量	ULC_{it+1}			ln_pcwage_{it+1}			ln_pcva_{it+1}		
外资类型	FDI	NHMT	HMT	FDI	NHMT	HMT	FDI	NHMT	HMT
序号	1	2	3	4	5	6	7	8	9
H_pro	0.0619***	0.0316	0.1458***	−0.0082	0.1530***	−0.3597***	−0.1907**	0.0376	−0.7136***
	(3.47)	(1.46)	(5.17)	(−0.17)	(2.75)	(−4.56)	(−2.41)	(0.43)	(−6.27)
FL_pro	0.0099	0.0251	0.0446**	0.1129***	0.1516**	0.2835***	0.0069	−0.0460	−0.0238
	(0.83)	(1.14)	(2.17)	(2.89)	(2.57)	(3.10)	(0.13)	(−0.51)	(−0.24)
BL_pro	−0.0081**	−0.0118**	−0.0234***	−0.0029	0.0031	−0.0251	0.0204	0.0361	0.0440
	(−2.47)	(−2.25)	(−3.34)	(−0.23)	(0.16)	(−0.71)	(1.24)	(1.43)	(1.18)
样本数	637928	637599	637693	638381	638052	638146	637928	637599	637693
R^2	0.3538	0.3527	0.3546	0.2549	0.2573	0.2555	0.5162	0.5158	0.5171

注:括号中为 t 值,* $p<0.1$,** $p<0.05$,*** $p<0.01$,所有解释变量均为滞后一期值,同时控制了年度和省(直辖市、自治区)固定效应,并在《国民经济行业分类 2002》三分位行业层面使用了聚类(cluster)稳健标准误。其他控制变量同表 7 - 2 第 6 列,具体结果限于篇幅不予汇报。

对比表 7 - 10 第 1—3 列与表 7 - 2 和表 7 - 3 的回归结果可知,以产品市场数据衡量的水平行业"外国投资"进入强度(H_NHMT_pro)的系数由显著为正变为不再显著,上游行业"港澳台资"进入强度(FL_HMT_pro)的系数则变得显著为正,不过这并未显著改变水平及垂直行业外资进入对中国制造业企业单位劳动成本的整体影响,由表 7 - 10 第 1 列回归结果可知:在产品市场上,水平行业外资进入强度(H_FDI_pro)对中国制造业企业单位劳动成本的影响仍显著为正,下游行业外资进入强度(BL_FDI_pro)对中国制造业企业单位劳动成本的影响仍显著为负,上游行业外资进入强度(FL_FDI_pro)对中国制造业企业单位劳动成本仍不存在显著影响。对比表 7 - 10 第 4—9 列和表 7 - 7 的回归结果可知,只有在表 7 - 10 的第 4 列中,以产品市场数据衡量的水平行业"外国投资"进入强度(H_NHMT_pro)的系数由不显著变成显著为正,进而导致水平行业外资进入强度(H_FDI_pro)的系数变得不再显著,其他变量的系数则与表7-7基本一致。综上所述,使用产品市场数据得到的回归结果与基于劳动力市场数据的回归结果虽然稍有差异,但并未显著改变本书的主要结论,这证明了本书的基准回归结果稳健可靠。

二、考虑企业的进入与退出

单位劳动成本是影响企业生存能力的重要因素之一,单位劳动成本越高的企业盈利能力越差,显然也就越有可能会遭到外资进入的排挤而选择"退出"市场;相反,在激烈的市场竞争环境下依然能够新"进入[①]"市场的企业则往往具有单位劳动成本更低、竞争力更强的特点,因此其抵御外资进入所带来的单位劳动成本冲击的能力可能也就越强。前文中的结果虽然表明近年来外资企业大量进入中国市场显著推高了中国制造业企业的单位劳动成本,但是忽略企业的"进入"和"退出"行为,可能会导致前文中估计结果存在偏误。因此,本书选用2002—2007年一直存续的中国制造业企业样本进行了稳健性检验,以排除企业的进入和退出行为可能会给回归结果造成的干扰,具体回归结果如表7-11所示。

对比表7-11第1—3列与表7-4和表7-3的回归结果可知,三个外资进入强度变量(H、FL和BL)的回归结果均高度相似;对比表7-11第4—9列和表7-7的回归结果可知,只有表7-11第4列中的水平行业外资进入强度(H_FDI)的系数变得不再显著,其他变量的系数则与表7-7基本一致。这表明在样本观察期内,企业的进入和退出行为并没有显著干扰到外资进入对中国制造业企业单位劳动成本的影响,这也进一步证实了本书结论的稳健性。

---

① 由于中国工业企业数据库统计的标准为"规模以上"工业企业,所以此处的"进入"与"退出"是指企业进入和退出"规模以上"的统计标准,而非指企业的设立和倒闭。

表 7-11　2002—2007 年连续存在企业样本的稳健性检验回归结果

被解释变量	ULC_{it+1}			ln_pcwage_{it+1}			ln_pcva_{it+1}		
外资类型	FDI	NHMT	HMT	FDI	NHMT	HMT	FDI	NHMT	HMT
序号	1	2	3	4	5	6	7	8	9
H	0.0799***	0.0961**	0.1366***	−0.0949	0.0451	−0.2698***	−0.1693***	−0.1031	−0.3624***
	(3.73)	(1.99)	(4.61)	(−1.50)	(0.43)	(−3.16)	(−3.17)	(−0.95)	(−5.11)
FL	0.0011	0.0133	0.0140	0.1154**	0.1595*	0.2368**	0.0458	0.0451	0.0754
	(0.07)	(0.35)	(0.55)	(2.17)	(1.68)	(2.30)	(1.01)	(0.48)	(0.92)
BL	−0.0091**	−0.0187**	−0.0187**	−0.0142	−0.0130	−0.0393	0.0005	0.0100	−0.0036
	(−1.99)	(−1.99)	(−2.31)	(−0.72)	(−0.40)	(−0.94)	(0.03)	(0.37)	(−0.13)
样本数	175671	175472	175628	175898	175699	175855	175671	175472	175628
R^2	0.3754	0.3743	0.3757	0.3098	0.3098	0.3102	0.5898	0.5886	0.5903

注:括号中为 t 值,* $p<0.1$,** $p<0.05$,*** $p<0.01$,所有解释变量均为滞后一期值,同时控制了年度和省(直辖市、自治区)固定效应,并在《国民经济行业分类 2002》三分位行业层面使用了聚类(cluster)稳健标准误。其他控制变量同表 7-2 第 6 列,具体结果限于篇幅不予汇报。

三、水平行业外资进入负向"技术挤出"效应的再检验

前文中的结论表明水平行业外资进入是导致外资进入推高中国制造业企业单位劳动成本的主要原因,且这主要是由于水平行业外资进入对中国同行业制造业企业的人均增加值产生了显著的负向"技术挤出"效应。从文献上来看,以往关于水平行业外资进入对东道国企业到底是存在显著的正向"技术溢出"效应还是负向的"技术挤出"效应一直都存在较大的争议。Lu 等(2017)[①]指出水平行业外资进入对东道国同行业企业的正向"技术溢出"渠道,如知识外溢、劳动力蓄水池效应、共享供销网络等都严重依赖于"地理距离",即外资进入通常只会对与其地理距离邻近的东道国企业产生正向的"技术溢出"效应;相比之下,水平行业外资进入给东道国同行业企业带来负向"技术挤出"效应的途径,如 Aitken and Harrison(1999)[②]指出外资进入会

[①]　Lu Y, Tao Z, Zhu L. "Identifying FDI Spillovers" [J]. *Journal of International Economics*, 2017, Vol. 107:75-90.

[②]　Aitken B. J., Harrison A. E., 1999, "Do Domestic Firms Benefit from Direct Foreign Investment? Evidence from Venezuela" [J]. *American Economic Review*, Vol. 89(3):605-618.

抢占东道国企业的市场份额进而推高其生产的边际成本,却与"地理距离"没有那么密切的关联。所以通过把"外资"划分为"本地外资"与"外地外资"两种类型,Lu 等(2017)将水平行业外资进入对东道国企业产生正向"技术溢出"和负向"技术挤出"效应的两种渠道成功地进行了拆分,由此便可以进一步明确水平行业外资进入对东道国企业产生"技术溢出"或"技术挤出"效应的具体机制。本书借鉴 Lu 等(2017)的思路,将"外资"划分为"本地外资"与"外地外资"两种类型,并分别计算了"水平行业本地外资进入强度(H_local)"以及"水平行业外地外资进入强度($H\_nonlocal$)"。此外,为保证回归结果的稳健性,本书分别使用了"城市层面""省级层面"和"地区层面"三种行政区划级别来定义"本地[①]",回归结果如表 7-12 所示。

表 7-12　水平行业外资进入负向"技术挤出"效应的稳健性检验回归结果

被解释变量	\multicolumn{9}{c}{ln_pcva_{t+1}}								
外资类型	FDI			NHMT			HMT		
地区类型	城市层面	省级层面	地区层面	城市层面	省级层面	地区层面	城市层面	省级层面	地区层面
序号	1	2	3	4	5	6	7	8	9
H_local	-0.0303*	-0.0446	-0.1290**	-0.0011	-0.0025	-0.1300*	-0.0720***	-0.1819***	-0.3862***
	(-1.70)	(-1.54)	(-2.01)	(-0.06)	(-0.07)	(-1.68)	(-4.25)	(-6.08)	(-6.82)
$H\_nonlocal$	-0.2617***	-0.2274***	-0.2309***	-0.1601	-0.1940*	-0.1484	-0.6152***	-0.4771***	-0.4186***
	(-3.71)	(-3.80)	(-3.73)	(-1.16)	(-1.75)	(-1.32)	(-7.13)	(-6.14)	(-6.41)
样本数	470647	599985	628511	413306	573456	621207	394576	557113	610810
R^2	0.5247	0.5173	0.5085	0.5245	0.5175	0.5077	0.5244	0.5192	0.5101

注:括号中为 t 值,* $p<0.1$,** $p<0.05$,*** $p<0.01$,所有解释变量均为滞后一期值,城市层面模型同时控制了年度和地级市固定效应,省级层面模型同时控制了年度和省(直辖市、自治区)固定效应,地区层面模型则同时控制了年度和地区固定效应,并在《国民经济行业分类 2002》三分位行业层面使用了聚类(cluster)稳健标准误。其他控制变量同表 7-2 第 6 列,具体结果限于篇幅不予汇报。

由表 7-12 的第 1—3 列可知,水平行业"本地"外资进入强度变量($H\_$

---

① 本文中的"城市"是指地级市,直辖市的城区算作 1 个地级市,周边郊县(区)算作 1 个地级市;"省级"是指省、自治区和直辖市;"地区"则是指东北(辽宁、吉林、黑龙江)、华北(北京、天津、河北、山西、内蒙古)、华中(河南、湖北、湖南)、华东(上海、江苏、浙江、安徽、福建、江西、山东)、华南(广东、广西、海南)、西南(重庆、四川、贵州、云南、西藏)、西北(陕西、甘肃、青海、宁夏、新疆)。

FDI_local)的系数显著性较差,但水平行业"外地"外资进入强度变量($H\_$ $FDI\_nonlocal$)的系数却高度显著为负,而且水平行业"外地"外资进入强度变量的系数绝对值较大(>0.20),而"本地"外资进入强度变量的系数绝对值则较小。这一结果表明前文中所发现的水平行业外资进入对中国同行业制造业企业人均增加值的负向"技术挤出"效应,一方面是由于外资进入对本地"邻近"的中国同行业制造业企业没有通过知识外溢、劳动力蓄水池效应、共享供销网络等渠道产生足够强烈的正向"技术溢出"效应,另一方面则是由于外资进入强度过高,大大挤占了中国同行业制造业企业的市场份额,即外资企业与中国同行业制造业企业之间的关系主要以"竞争"为主。对比表7-12中的第4—6列和第7-9列可知,水平行业外资进入对中国同行业制造业企业人均增加值的负向"技术挤出"效应主要是由于"港澳台资"进入强度过高,大量挤占了中国制造业企业的市场份额,推高其边际生产成本所导致的,与"外国投资"关系不大,这与表7-7中的结果基本一致,进一步证实了本书结论的稳健性。

综上,借助中国2002年和2007年投入—产出表和2002—2007年中国工业企业数据库,本章在《国民经济行业分类2002》三分位行业层面测算了中国制造业各细分行业的水平行业及上、下游垂直行业的"外资进入强度"指标,并实证分析了水平和垂直(上、下游)行业外资进入强度上升对中国制造业企业单位劳动成本的影响,本章的主要研究结论如下:

第一,水平行业外资进入强度上升对中国同行业制造业企业存在显著的正向影响,且这种正向影响主要源于外资进入强度上升给中国同行业企业带来的负向"技术挤出"效应要大于负向"工资溢出"效应;下游行业外资进入强度上升对中国上游行业制造业企业的单位劳动成本存在显著的负向影响,不过其影响力度要远小于水平行业,且具体的路径机制回归结果显示下游行业外资进入强度上升对中国上游行业制造业企业既不存在显著的"工资溢出"效应,也不存在显著的"技术溢出"效应;上游行业外资进入强度上升对中国下游行业制造业企业的单位劳动成本则并不存在显著影响。

第二,将外资细分为港澳台资和外国投资来看,在水平行业,港澳台资进入强度上升是导致中国同行业制造业企业单位劳动成本上升更主要的原因;但在下游行业,外国投资和港澳台资进入强度上升对中国上游制造业企业单位劳动成本的影响程度基本相似;上游行业外国投资和港澳台资进入强度上升对中国下游制造业企业的单位劳动成本则不存在显著影响。

第三,将总样本细分为内资企业和外资企业子样本来看,水平行业外国投资进入强度上升仅会对中国内资制造业企业的单位劳动成本产生显著的正向影响,对中国的外资制造业企业(含外国投资企业和港澳台资企业)则不存在显著影响;下游行业外国投资进入强度上升则仅会对中国的外资制造业企业的单位劳动成本产生显著的负向影响,对中国内资制造业企业则不存在显著影响;不论是内资企业还是外资企业,水平行业港澳台资进入强度上升均会显著推高其单位劳动成本,而下游行业港澳台资进入强度上升则均会显著降低其单位劳动成本。

第四,将中国大陆划分为东、中、西部三大地区来看:在水平行业,东部地区外国投资和港澳台资进入强度上升均会显著推高当地同行业制造业企业的单位劳动成本,中部地区只有港澳台资进入强度上升才会显著推高当地同行业制造业企业的单位劳动成本,而西部地区外国投资和港澳台资进入强度上升对当地同行业制造业企业的单位劳动成本均不存在显著影响;在上游行业,东部地区外国投资和港澳台资进入强度上升均没有显著影响当地下游行业制造业企业的单位劳动成本,而中、西部地区外国投资和港澳台资进入强度上升对当地的下游行业制造业企业单位劳动成本均有显著的正向影响;在下游行业,东部地区的外国投资和港澳台资进入强度上升都显著拉低了当地上游行业制造业企业的单位劳动成本,而中、西部地区下游行业外国投资和港澳台资进入强度上升则并没有显著影响其上游行业制造业企业的单位劳动成本。

第五,对二分位行业子样本的 Shapley 分解结果显示:水平及上、下游垂直行业外资进入强度变量对中国制造业企业单位劳动成本波动的合计贡献度平均约为 9.54％,其中,水平行业外资进入强度变量的贡献度高达 7.67％,远高于上、下游垂直行业外资进入强度的贡献度,这表明水平行业外资进入强度上升对中国制造业企业单位劳动成本的影响力确实要比上、下游垂直行业外资进入强度更强,中国制造业企业与外资企业之间主要表现为水平行业内部的竞争关系,上、下游垂直行业间的合作关系亟待建立。此外,水平及上、下游外资进入强度变量对中国制造业企业单位劳动收入份额的合计贡献度与各子行业的要素密集度并没有表现出明显的相关性,外资进入强度上升推高了中国制造业企业单位劳动成本的现象基本上是覆盖制造业全行业的,并不是只有劳动力密集型行业才面临这一压力。

第八章　主要结论与政策建议

第一节　主要结论

本书使用中国制造业微观企业数据,从"水平行业外资进入强度"、"水平行业外资进入速度"以及"上、下游垂直行业外资进入强度"三个视角,实证研究了外资进入如何通过"工资溢出"和"技术溢出"两条渠道,影响了中国制造业企业的"单位劳动成本",主要研究结论如下:

一、水平行业外资进入强度对中国制造业企业单位劳动成本的影响

第一,水平行业外资进入强度越高,中国同行业制造业企业的单位劳动成本就越高,即水平行业外资进入强度上升会显著推高中国同行业制造业企业的单位劳动成本,弱化了中国制造业的整体劳动力竞争优势。这主要是因为:一方面,水平行业外资进入强度上升会对中国同行业制造业企业产生显著的正向"工资溢出"效应,直接抬高了企业的劳动力雇佣成本;另一方面,水平行业外资进入强度上升对中国同行业制造业企业的人均增加值不仅不存在正向的"技术溢出"效应,反而存在负向的"技术挤出"效应,即外资进入强度越高,中国同行业制造业企业的人均增加值就越低,这无疑进一步削弱了中国制造业企业的劳动力竞争优势。

第二,不论是中国内资制造业企业,还是在华经营的外资制造业企业,均会因水平行业外资进入强度上升而遭受单位劳动成本上涨的损失,即

新外资企业的进入或部分已在位强势外资企业市场势力的进一步扩张,不论是对内资企业还是对其他外资企业而言,都会削弱其劳动力成本优势。不过,对于内资企业而言,水平行业外资进入强度上升导致其单位劳动成本上涨的原因是双重的:在外资企业强势扩张的压力下,其不仅要支付更高的工资水平,还被抢走了优质劳动力资源,并被排挤出高附加值产品市场和产业环节而导致其人均增加值下跌;对于外资企业而言,水平行业外资进入强度上升导致其单位劳动成本上涨的原因则相对单一,主要是由于其受到了强势外资企业市场份额扩张所带来的负向"技术挤出"效应的结果。

第三,将中国全部制造业企业按其所在地区划分为东、中、西部企业子样本进行回归分析,发现:水平行业外资进入强度上升仅会显著推高东部当地同行业制造业企业的单位劳动成本,弱化其劳动力竞争优势,而对中、西部地区的制造业企业来说,水平行业外资进入强度上升并不会给其带来这种压力。这主要是因为:在中国的东部沿海地区,外资进入强度过高,外资企业的强势市场地位通过正向的"工资溢出"效应和负向的"技术挤出"效应威胁到了当地同行业制造业企业的劳动力竞争优势,然而在中、西部地区,外资进入强度还很低,外资企业与当地的同行业制造业企业之间的竞争性并不明显,当地的同行业企业甚至都没有采取提升工资的策略来对抗来自外资企业的竞争。

第四,通过将外资企业类型细分为"外国投资"和"港澳台资",本书发现:水平行业港澳台资企业进入强度上升对中国同行业制造业企业劳动力成本优势的威胁要明显大于外国投资企业。进一步的路径机制回归结果显示:一方面,水平行业港澳台资企业进入强度上升给中国同行业制造业企业所带来的"工资溢出"效应要比外国投资企业更强;另一方面,水平行业港澳台资企业进入强度上升给中国同行业制造业企业所带来的显著的负向"技术挤出"效应,而水平行业外国投资企业进入强度上升则并不存在这一效应。

第五,二分位行业子样本回归结果显示,中国制造业面临外资进入强度上升所带来的单位劳动成本上涨压力是普遍存在的,而且典型的劳动密集型产业企业的单位劳动成本受水平行业外资进入强度上升的冲击要大于资本和技术密集型行业。

第六,为进一步验证水平行业外资进入强度上升对中国制造业企业单位劳动成本的影响是否存在一定的时间趋势,本书还将样本总体按年分割成了 10 年的截面数据并进行了回归分析,结果显示:在样本观测期内,所有年份水平行业外资进入强度变量系数的 95% 置信区间均在 0 值之上,而且基本不存在明显的时间趋势,这表明外资进入强度上升对中国制造业企业单位劳动成本的正向影响是持续且稳健的,不会因为短期的外部宏观经济扰动等因素而发生明显变化。

二、水平行业外资进入速度对中国制造业企业单位劳动成本的影响

第一,水平行业外资进入速度会显著地负向调节外资进入强度上升对中国同行业制造业企业单位劳动成本的正向影响,即外资进入速度越快,外资进入强度上升对中国同行业制造业企业单位劳动成本的正向影响就越弱;外资进入速度越慢,外资进入强度上升对中国同行业制造业企业单位劳动成本的正向影响就越强。本书发现外资进入速度的"快"与"慢"是市场机制优化资源配置的结果,通过政策控制人为地调节外资进入速度,无助于减缓外资进入强度上升给中国制造业企业带来的单位劳动成本上涨压力。这主要是因为在中国制造业行业中,外资进入速度快的行业主要是"医药制造业"等以投入中高端劳动力要素为主的技术和资本密集型制造业行业,这些行业受益于中国大学生毕业人数激增的利好,没有面临严峻的劳动力成本上涨压力;反而是在外资进入速度较慢的"服装鞋帽制造业"等以投入低端劳动力为主的传统劳动力密集型行业,随着中国进城务工的"农民工"阶层的增长停滞,正面临严峻的劳动力工资成本增长压力。此外,随着中国人口结构老龄化带来的制造业劳动力供给下降和制造业企业数量的不断增长,

可以预见未来将会有越来越多的制造业子行业面临市场饱和、劳动力供给不足的问题,外资进入中国制造业所面临的同行业市场竞争将愈发激烈,因此,外资进入中国制造业的速度将逐渐放缓,这会导致外资进入强度上升对中国制造业企业单位劳动成本的推升效应越来越强,通过恰当的政策引导,缓解水平行业外资进入对中国制造业企业单位劳动成本的推升效应,迫在眉睫。

第二,通过进一步的路径机制分析,本书发现水平行业外资进入速度的这种负向调节效应主要是由两个方面的原因导致的:第一,水平行业外资进入速度负向调节了外资进入强度上升对中国同行业制造业企业的正向"工资溢出"效应,即外资进入速度越快,外资进入强度上升对中国同行业制造业企业人均工资的正向冲击就越小,反之则越大;第二,水平行业外资进入速度正向调节了外资进入强度上升对中国同行业制造业企业的负向"技术挤出"效应,即外资进入速度越快,外资进入强度上升对中国同行业制造业企业人均增加值的负向冲击就越小,反之则越大。

第三,分内资企业和外资企业子样本的回归结果显示,在内资企业和外资企业子样本中,水平行业外资进入速度都负向调节了外资进入强度上升对中国同行业制造业企业单位劳动成本的正向冲击。不过,进一步的路径机制检验结果显示:在内资企业子样本中,水平行业外资进入速度的上述负向调节效应主要源于外资进入速度显著地负向调节了外资进入强度上升对中国当地同行业内资制造业企业的正向"工资溢出"效应;而在外资企业子样本中,水平行业外资进入速度的上述负向调节效应,则主要源自外资进入速度显著地正向调节了外资进入强度上升对中国当地同行业外资制造业企业的负向"技术挤出"效应。

第四,分东、中、西部企业子样本的回归结果显示,水平行业外资进入速度对外资进入强度上升推高中国同行业制造业企业单位劳动成本的负向调节效应,仅在东部地区存在,在中、西部地区并不显著。进一步的路径机制检验结果表明:在东部地区,水平行业外资进入速度显著地负向调节了外资进入强度上升对中国同行业制造业企业的正向"工资溢出"效应,而在中、西部地区,水平行业外资进入速度的这种负向调节效应并不存在。在东部地区,水平行业外资进入速度还在城市和省级层面显著地正向调节了外资进入强度上升对中国同行业制造业企业的负向"技术挤出"效应,而在中、西部地区,外资进入速度的这种正向调节效应也并不存在。

第五,分外国投资和港澳台资两种外资类型的回归结果则显示,水平行业港澳台资进入速度显著正向调节了港澳台资进入强度上升对中国同行业制造业企业单位劳动成本的正向影响,而水平行业外国投资进入速度的这种调节效应则基本上并不存在。进一步的路径机制检验结果表明:水平行业港澳台资进入速度不仅负向调节了港澳台资进入强度上升给中国同行业制造业企业带来的正向"工资溢出"效应,而且还正向调节了港澳台资进入强度上升带来的这种负向"技术挤出"效应;对比之下,对外国投资进入速度而言,上述调节效应基本上都不存在。

三、外资垂直产业关联对中国制造业企业单位劳动成本的影响

第一,水平行业外资进入强度上升对中国同行业制造业企业存在显著的正向影响,且这种正向影响主要源于外资进入强度上升给中国同行业企业带来的负向"技术挤出"效应要大于负向"工资溢出"效应;下游行业外资进入强度上升对中国上游行业制造业企业的单位劳动成本存在显著的负向影响,不过其影响力度要远小于水平行业,且具体的路径机制回归结果显示下游行业外资进入强度上升对中国上游行业制造业企业既不存在显著的"工资溢出"效应,也不存在显著的"技术溢出"效应;上游行业外资进入强度上升对中国下游行业制造业企业的单位劳动成本则并不存在显著影响。

第二,将外资细分为港澳台资和外国投资来看,在水平行业,港澳台资进入强度上升是导致中国同行业制造业企业单位劳动成本上升更主要的原因;但在下游行业,外国投资和港澳台资进入强度上升对中国上游制造业企

业单位劳动成本的影响程度基本相似;上游行业外国投资和港澳台资进入强度上升对中国下游制造业企业的单位劳动成本则不存在显著影响。

第三,将总样本细分为内资企业和外资企业子样本来看,水平行业外国投资进入强度上升仅会对中国内资制造业企业的单位劳动成本产生显著的正向影响,对中国的外资制造业企业(含外国投资企业和港澳台资企业)则不存在显著影响;下游行业外国投资进入强度上升则仅会对中国的外资制造业企业的单位劳动成本产生显著的负向影响,对中国内资制造业企业则不存在显著影响;不论是内资企业还是外资企业,水平行业港澳台资进入强度上升均会显著推高其单位劳动成本,而下游行业港澳台资进入强度上升则均会显著降低其单位劳动成本。

第四,将中国大陆划分为东、中、西部三大地区来看:在水平行业,东部地区外国投资和港澳台资进入强度上升均会显著推高当地同行业制造业企业的单位劳动成本,中部地区只有港澳台资进入强度上升才会显著推高当地同行业制造业企业的单位劳动成本,而西部地区外国投资和港澳台资进入强度上升对当地同行业制造业企业的单位劳动成本均不存在显著影响;在上游行业,东部地区外国投资和港澳台资进入强度上升均没有显著影响当地下游行业制造业企业的单位劳动成本,而中、西部地区外国投资和港澳台资进入强度上升对当地的下游行业制造业企业单位劳动成本均有显著的正向影响;在下游行业,东部地区的外国投资和港澳台资进入强度上升都显著拉低了当地上游行业制造业企业的单位劳动成本,而中、西部地区下游行业外国投资和港澳台资进入强度上升则并没有显著影响其上游行业制造业企业的单位劳动成本。

第五,对二分位行业子样本的 Shapley 分解结果显示:水平及上、下游垂直行业外资进入强度变量对中国制造业企业单位劳动成本波动的合计贡献度平均约为 9.54%,其中,水平行业外资进入强度变量的贡献度高达 7.67%,远高于上、下游垂直行业外资进入强度的贡献度,这表明水平行业外资进入强度上升对中国制造业企业单位劳动成本的影响力确实要比上、下游垂直行业外资进入强度更强,中国制造业企业与外资企业之间主要表现为水平行业内部的竞争关系,上、下游垂直行业间的合作关系亟待建立。此外,水平及上、下游外资进入强度变量对中国制造业企业单位劳动收入份额的合计贡献度与各子行业的要素密集度并没有表现出明显的相关性,外资进入强度上升推高了中国制造业企业单位劳动成本的现象基本上是覆盖制造业全行业的,并不是只有劳动力密集型行业才面临这一压力。

第二节　政策建议

综上所述,制造业大规模外资进入在一定程度上助推了中国制造业企业单位劳动成本的暴涨,加速了中国制造业劳动力国际竞争优势的弱化。对此,中国政府在人口老龄化、劳动力结构中高端化、城市生活成本不断上涨的大背景下,并没有在短期内可以生效的政策手段来减弱外资进入给中国制造业企业带来的正向"工资溢出"效应,但却可以通过调整外资引进政策,扭转外资进入给中国制造业企业带来的负向"技术挤出"效应,让引进外资真正带动中国制造业企业"人均增加值"的提升,助力中国制造业的转型升级。基于本书的研究结论,本书提出了以下政策建议:

第一,中国各级政府在引进利用外资时,要避免盲目追求吸收利用外资总量指标,要兼顾当地同行业企业的竞争能力和市场秩序,做到"有序开放",避免外资企业无序扩张,发展成垄断势力。中国各级政府必须要加强对外资企业引进后的监督管理,对外资企业利用强势市场地位开展违法的垄断性经营等不正当市场竞争的行为,要依据《反垄断法》依法处理,做到有法必依、执法必严、违法必究,维护本土企业的正当权益和发展空间,避免出现少数外资企业垄断行业内的高端市场致使本土企业被锁定在价值链低端的现象发生。此外,中国各级政府还应该为本土制造业企业壮大实力提供良好的制度环境和市场环境,例如,通过整顿和规范金融市场秩序,让金融业真正服务实体经济,为中国本土制造业企业提供便捷高效的金融市场服务,帮助本土制造业企业借助融资、兼并、重组等手段强化自身竞争力,使其可以成为与强势外资企业同台竞技的竞争对手,进而促进中国本土企业与在华经营的外资企业之间通过良性市场竞争实现共同进步。

第二,中国各地政府在引进外资制造业项目时,一是要考虑当地引进的外资企业是否属于当地有一定产业基础的制造业行业,引进后能否提升当地同行业企业的生产效率水平,实现技术转型升级,如果引进的外资企业在当地根本不存在本土同行业企业,那不仅会浪费外资进入可能带来的正向"技术溢出"潜力,还有可能会让外资企业在无竞争的环境下,迅速成长为地方垄断企业,并阻碍该行业中国本土企业的成长,使其被扼杀于摇篮之中;二是要注重引进的外资企业与本地优势产业之间的产业链对接关系是否融洽,只有当地企业能够为引进的先进外资企业提供上、下游行业的"本土化"配套服务时,外资企业才能够真正被"留下来",并对当地的上、下游行业合作企业产生正向的"技术溢出"效应,带动当地企业实现全产业链的转型升级。

第三,在具体的行业政策上,中国各地方政府一方面要坚持依据《外商投资产业指导目录》,重点引进生产效率和技术水平更高的"鼓励类"的外资制造业企业;另一方面,对一般外资制造业企业,中国政府要坚决取消其"超国民待遇",给本土制造业企业营造与外资企业同台竞技的公平市场环境。这既有利于先进外资企业进入给中国当地同行业和上下游垂直行业企业带来显著的正向"技术溢出"效应,又可以防止过量普通外资企业进入挤占本土企业市场份额,并抬高劳动力市场上的工资水平,进而推高中国制造业企业的单位劳动成本。

第四,在区域政策上,中国政府应该继续引导新进外资企业和已在位外资企业,特别是劳动力密集型外资企业,向中、西部地区转移和扩张,这是缓解东部地区制造业企业单位劳动力成本快速上涨压力的有效方案之一。中、西部地区在下大力气引进优质外资企业的同时,还必须要着重强化本地相关上、下游行业的配套,通过垂直产业关联,挖掘外资企业对当地经济的带动作用。

第五,在国别政策上,中国政府应该通过继续推进与发达经济体签署多(双)边投资协定等方式,有序推进对外国资本的开放力度,重点要吸引生产率水平更高的高技术外资企业投资中国。对于生产率技术水平一般的劳动力密集型港澳台资企业,引导其向劳动力资源充裕、劳动力工资水平更低的中、西部地区投资发展。

参考文献

[1] Abraham, F. , Konings, J. , Slootmaekers, V. , 2010, "FDI Spillovers, Firm Heterogeneity and Degree of Ownership: Evidence from Chinese Manufacturing" [J]. *Economics of Transition*, Vol. 18:143 – 182.

[2] Aitken, B. J. , Harrison, A. E. , 1999, "Do Domestic Firms Benefit from Direct Foreign Investment? Evidence from Venezuela" [J]. *American Economic Review*, Vol. 89(3):605 – 618.

[3] Aitken, B. J. , Harrison, A. E. , Lipsey, R. E. , 1996, "Wages and Foreign Ownership a Comparative Study of Mexico, Venezuela, and the United States" [J]. *Journal of International Economics*, Vol. 40(3 – 4): 345 – 371.

[4] Andersson, U. , Forsgren, M. , Holm, U. , 2002. "The Strategic Impact of External Networks: Subsidiary Performance and Competence Development in the Multinational Corporation" [J]. *Strategic Management Journal*, Vol. 23(11):979 – 996.

[5] Ang, Y. Y. , 2015, "China's Labor Cost Problem" [J]. *International Economy*, Vol. 3:40 – 41.

[6] Arnold, J. M. , Javorcik, B. S. , 2005, "Gifted Kids or Pushy Parents? Foreign Acquisitions and Plant Performance in Indonesia" [J]. *Journal of International Economics*, Vol. 79(1): 42 – 53.

[7] Baldwin, R. , 1969, "The Case against Infant Industry Protection"

[J]. *Journal of Political Economy*, Vol. 77(3):295 – 305.

[8] Barry, F. , Gorg, H. , Strobl, E. , 2005, "Foreign Direct Investment and Wages in Domestic Firms in Ireland: Productivity Spillovers versus Labour-Market Crowding Out" [J]. *International Journal of the Economics of Business*, Vol. 12(1):67 – 84.

[9] Barthel, F. , Busse, M. , Osei, R. , 2011. "The Characteristics and Determinants of FDI in Ghana" [J]. *European Journal of Development Research*, Vol. 23(3):389 – 408.

[10] Bernard, A. B. , Jensen, J. B. , 2004, "Why some Firms Export?" [J]. *Review of Economics and Statistics*, Vol. 86(2):561 – 569.

[11] Blomstrom, M. , 1986, "Foreign Investment and Productive Efficiency: The Case of Mexico" [J]. *Journal of Industrial Economics*, Vol. 35(1):97 – 110.

[12] Blomstrom, M. , Kokko, A. , 1998, "Multinational Corporations and Spillovers" [J]. *Journal of Economic Surveys*, Vol. 12(3):247 – 277.

[13] Blomstrom, M. , Sjoholm, F. , 1999, "Technology Transfer and Spillovers: Does Local Participation with Multinationals Matter?" [J]. *European Economic Review*, Vol. 43(4 – 6): 915 – 923.

[14] Brandt, L. , Van Biesebroeck, J. , Zhang, Y. , 2012, "Creative Accounting or Creative Destruction: Firm Level Productivity Growth in Chinese Manufacturing. " *Journal of Development Economics*, Vol. 97(2):339 – 351.

[15] Brown, D. K. , Deardorff, A. V. , Stern, R. M. , 2003, "The Effects of Multinational Production on Wages and Working Conditions in Developing Countries" [J]. NBER Working Paper, No. 9669.

[16] Buckley, P. J. , Clegg, J. , Wang, C. , 2002, "The Impact of Inward FDI on the Performance of Chinese Manufacturing Firms" [J]. *Journal of International Business Studies*, Vol. 33(4): 637 – 655.

[17] Buckley, P. , Clegg, J. , Wang, C. , 2007, "Is the Relationship between Inward FDI and Spillover Effects Linear? An Empirical Examination of the Case of China" [J]. *Journal of International Business Studies*, Vol. 38(3):447 - 459.

[18] Castellani, D. , Zanfei, A. , 2003, "Technology Gaps, Absorptive Capacity and the Impact of Inward Investments on Productivity of European Firms" [J]. *Economics of Innovation & New Technology*, Vol. 12 (6): 555 - 576.

[19] Caves, R. , 1974, "Multinational firms, Competition and Productivity in Host-country Markets" [J]. *Economica*, Vol. 41(162):177 - 193.

[20] Ceglowski, J. , 2011, "Does China Still Have a Labor Cost Advantage?" [J]. *Global Economy Journal*, Vol. 12(3):1 - 30.

[21] Chang, S. J. , Xu, D. , 2008, "Spillovers and Competition among Foreign and Local Firms in China" [J]. *Strategic Management Journal*, Vol. 29(5):495 - 518.

[22] Chen, V. , Wu, H. , Ark, B. V. , 2008, "Measuring Changes in Competitiveness in Chinese Manufacturing Industries Across Regions in 1995 - 2004: A Unit Labor Cost Approach" [C] The Conference Board, Economics Program.

[23] Chen, C. , Chang, L. , Zhang, Y. , 1995, "The Role of Foreign Direct Investment in China's Post-1978 Economic Development" [J]. *World Development*, Vol. 23(4):691 - 703.

[24] Chen, L. , Sha, Y. , Sun, F. , Amran, R. , 2013, " A Theoretical Framework for the Impact of Urbanization on Labor Cost in China" [C]. International Conference on Management Science and Engineering.

[25] Cohen, W. M. , Levinthal, D. A. 1989, "Innovation and

Learning: The Two Faces of R&D" [J] *Economic Journal*, Vol. 99(397): 569 - 596.

[26] Coniglio, N. D. , Prota, F. , Seric, A. , 2015, "Foreign Direct Investment, Employment and Wages in Sub-Saharan Africa" [J]. *Journal of International Development*, Vol. 27(7): 1243 - 1266.

[27] Crespo, N. , Fontoura, M. P. , 2013, "Determinant Factors of FDI Spillovers: What Do We Really Know?" [J]. *World Development*, Vol. 35(3):410 - 425.

[28] Dieter, M. , 2010, "Urban. FDI, Technology Spillovers and Wages" [J]. *Review of International Economics*, Vol. 18(3):443 - 453.

[29] Djankov, S. , Hoekman, B. , 2000, "Foreign Investment and Productivity Growth in Czech Enterprises" [J]. *World Bank Economic Review*, Vol. 14(1):49 - 64.

[30] Driffield, N. , Girma, S. , 2003, "Regional Foreign Direct Investment and Wage Spillovers: Plant Level Evidence from the UK Electronics Industry" [J]. *Oxford Bulletin of Economics and Statistics*, Vol. 65(4):453 - 474.

[31] Driffield, N. , Taylor, K. , 2006, "Wage Spillovers, Inter-regional Effects and the Impact of Inward Investment" [J]. *Spatial Economic Analysis*, Vol. 1(2):187 - 205.

[32] Dunning, J. , 1993, "Multinational Enterprises and the Global Economy" [M]. Wokingham: Addison-Wesley Publishing Company.

[33] Edwards, L. , Golub, S. , 2004, "South Africa's International Cost Competitiveness and Exports in Manufacturing" [J]. *World Development*, Vol. 32(8):1323 - 1339.

[34] Feenstra, R. C. , Hanson, G. H. , 1997, "Foreign Direct Investment and Relative Wages: Evidence from Mexico's Maquiladoras"

[J]. *Journal of International Economics*, Vol. 42(3): 371 – 393.

[35] Fonsrosen, C., 2013, "Quantifying Productivity Gains from Foreign Investment" [C] C. E. P. R. Discussion Papers.

[36] Fosfuri, A., M. Motta, T. Rønde, 2001, "Foreign Direct Investment and Spillovers through Workers' Mobility" [J]. *Journal of International Economics*, Vol. 53:205 – 22.

[37] Fukase, E., 2014, "Foreign Wage Premium, Gender and Education: Insights from Vietnam Household Surveys" [J]. *World Economy*, Vol. 37(6):834 – 855.

[38] Ge, Y., 2006, "The Effect of Foreign Direct Investment on the Urban Wage in China: An Empirical Examination: [J]. *Urban Studies*, Vol. 43(9):1439 – 1450.

[39] Girma, S., 2005, "Absorptive Capacity and Productivity Spillovers from FDI: A Threshold Regression Analysis" [J]. *Oxford Bulletin of Economics and Statistics*, 2005, Vol. 67(3): 281 – 306.

[40] Girma, S., Gorg, H. and Pisu, M., 2008, "Exporting, Linkages and Productivity Spillovers from Foreign Direct Investment" [J]. *Canadian Journal of Economics*, Vol. 41(1):320 – 340.

[41] Girma, S., Gorg, H. and Strobl, E., 2004, "Exports, International Investment, and Plant Performance: Evidence from a Non-Parametric Test" [J]. *Economics Letters*, Vol. 83(3): 317 – 324.

[42] Glass, A. J., Saggi K., 1998, "International Technology Transfer and the Technology Gap" [J] *Journal of Development Economics*, Vol. 55(2):369 – 398.

[43] Glass, A. J. and Saggi, K., 2002, "Multinational Firms and Technology Transfer" [J]. *Scandinavian Journal of Economics*. Vol. 104:495 – 513.

［44］ Gordon, R. H. , Li, D. D. , 1997, "The Effects of Wage Distortions on the Transition: Theory and Evidence from China" ［J］. *European Economic Review*, Vol. 43(1):163－183.

［45］ Görg, H. , Greenaway, D. , 2003, "Much Ado about Nothing? Do Domestic Firms Really Benefit from Foreign Direct Investment?" ［J］. *World Bank Research Observer*, Vol. 19(2): 171－197.

［46］ Gorodnichenko, Y. , Svejnar, J. , Terrell, K. , 2014, "When does FDI Have Positive Spillovers? Evidence from 17 Transition Market Economies" ［J］. *Journal of Comparative Economics*, Vol. 42(4):954－969.

［47］ Haddad, M. , Harrison, A. E. , 1993, "Are There Positive Spillovers from Direct Foreign Investment? Evidence from Panel Data for Morocco" ［J］. *Journal of Development Economics*, Vol. 42(1):51－74.

［48］ Hale, G. , Long, C. , 2011, "Did Foreign Direct Investment Put an Upward Pressure on Wages in China?" ［J］. *IMF Economic Review*, Vol. 59(3):404－430.

［49］ Hall, R. E. , Jones, C. I. , 1999, "Why do Some Countries Produce So Much More Output per Worker than Others?" ［J］. *Quaterly Journal of Economics*, Vol. 114(1):83－116.

［50］ Harris, Richard D. , 2002, "Foreign Ownership and Productivity in the United Kingdom—Some Issues When Using the ARD Establishment Level Data" ［J］. *Scottish Journal of Political Economy*, Vol. 49(3):318－335.

［51］ Haskel, E. J. , Pereira, C. S. , Slaughter, J. M. , 2007. "Does Inward Foreign Direct Investment Boost the Productivity of Domestic Firms?" ［J］. *The Review of Economics and Statistics*, Vol. 89(3): 482－496.

[52] Huettner, F., Sunder, M., 2012, "Axiomatic Arguments for Decomposing Goodness of Fit According to Shapley and Owen Values" [J]. *Electronic Journal of Statistics*, Vol. 6:1239 - 1250.

[53] Janet, C., Stephen, G., 2007, "Just How Low are China's Labour Costs?" [J]. *World Economy*, Vol. 30(30):597 - 617.

[54] Javorick, B. S., 2004, "Does Foreign Direct Investment Increase the Productivity of Domestic Firms? In Search of Spillovers through backward Linkages." [J]. *American Economic Review*, Vol. 94 (3): 605 - 627.

[55] Keller, W., Yeaple, R. S., 2009, "Multinational Enterprises, International Trade and Productivity Growth: Firm Level Evidence from the U. S." [J]. *The Review of Economics and Statistics*, Vol. 91(4):821 - 831.

[56] Koenig, P., Mayneris, F., Poncet, S., 2010, "Local Export Spillovers in France" [J]. *European Economic Review*, Vol. 54(4):622 - 641.

[57] Konings, J., 2001, "The Effects of Foreign Direct Investment on Domestic Firms" [J]. *Economics of Transition*, Vol. 9(3):619 - 633.

[58] Kosova, R., 2010, "Do Foreign Firms Crowd out Domestic Firms? Evidence from the Czech Republic" [J]. *Review of Economics and Statistics*, Vol. 92(4):861 - 881.

[59] Kugler, M., 2006, "Spillovers from Foreign Direct Investment: Within or Between Industries?" [J]. *Journal of Development Economics*, Vol. 80(2):444 - 477.

[60] Levinsohn, J., Petrin, A., 2003, "Estimating Production Functions Using Inputs to Control for Unobservables" [J]. *Review of Economic Studies*, Vol. 70(2):317 - 341.

[61] Li, H., Li, L., Wu, B., et al., 2013, "The End of Cheap

Chinese Labor" [J]. *Journal of Economic Perspectives*, Vol. 26 (4):
57 - 74.

[62] Liang, W., Ming, L. U., Zhang, H., 2016, "Housing Prices
Raise Wages: Estimating the Unexpected Effects of Land Supply
Regulation in China" [J]. *Journal of Housing Economics*, Vol. 33:70 - 81.

[63] Lin, P., Saggi, K., 2007, "Multinational Firms, Exclusivity
and the Degree of Backward Linkages" [J]. *Journal of International
Economics*, Vol. 71(1):207 - 220.

[64] Lipsey, R. E., Sjöholm, F., 2004, "FDI and Wage Spillovers in
Indonesian Manufacturing" [J]. *Review of World Economics*, Vol. 140
(2):321 - 332.

[65] López-Córdova, J. E., 2002, "NAFTA and Mexico's
Manufacturing Productivity: An Empirical Investigation using Micro-Level
Data" [R]. Inter-American Development Bank, Washington, DC.

[66] Lu, Y., Tao, Z., Zhu, L., 2017, "Identifying FDI Spillovers"
[J]. *Journal of International Economics*, Vol. 107:75 - 90.

[67] Macdougall, G. D. A., 1960, "The Benefits and Costs of Private
Investment from Abroad: A Theoretical Approach" [J]. *Economic Record*,
Vol. 36(73):13 - 35.

[68] Malchow-Møller, N., Markusen, J. R., Schjerning, B., 2013,
"Foreign Firms, Domestic Wages" [J]. *The Scandinavian Journal of
Economics*, Vol. 115(2):292 - 325.

[69] Markusen, J. R., 1995, "The Boundaries of Multinational
Enterprises and the Theory of International Trade," [J]. *Journal of
Economic Perspectives*, Vol9(2):169 - 189.

[70] Markusen, J., Venables, A., 1999, "Foreign Direct Investment
as a Catalyst for Industrial Development" [J]. *European Economic Review*,

Vol. 43(2):335 - 356.

[71] Meyer, K. E. , Sinani, E. , 2009, "When and Where Does Foreign Direct Investment Generate Positive Spillovers? A Meta-analysis" [J]. *Journal of International Business Studies*, Vol. 40(7):1075 - 1094.

[72] Mizobuchi, H. , 2015, "Measuring the Comprehensive Wage Effect of Changes in Unit Labor Cost" [J]. *Journal of Economic Structures*, Vol. 4(1):1 - 12.

[73] Moulton, B. R. , 1990, "An Illustration of a Pitfall in Estimating the Effects of Aggregate Variables on Micro Units" [J]. *Review of Economics and Statistics*, Vol. 72(2):334 - 338.

[74] Olley, G. S. , Pakes. A. , 1996, "The Dynamics of Productivity in the Telecommunications Equipment Industry" [J]. *Econometrica*, Vol. 64: 1263 - 1297.

[75] Onaran, O. , Stockhammer, E. , 2008, "The Effect of FDI and Foreign Trade on Wages in the Central and Eastern European Countries in the Post-Transition Era: a Sectoral Analysis for the Manufacturing Industry" [J]. *Structural Change & Economic Dynamics*, Vol. 19(1):67 - 80.

[76] Perez, T. , 1997, "Multinational Enterprises and Technological Spillovers: An Evolutionary Model" [J]. *Journal of Evolutionary Economics*, Vol. 7(2):169 - 192.

[77] Pomfret, R. , 2010, "Foreign Direct Investment and Wage Spillovers in Vietnam: Evidence from Firm Level Data" [J]. *Asean Economic Bulletin*, Vol. 27(2):159 - 172.

[78] Powell, D. , Wagner, J. , 2014, "The Exporter Productivity Premium along the Productivity Distribution: Evidence from Quantile Regression with Nonadditive Firm Fixed Effects" [J]. *Review of World Economics*, Vol. 150(4):763 - 785.

[79] Proenca, I., Fontoura, M., Crespo, N., 2006, "Productivity Spillovers from Multinational Corporations: Vulnerability to Deficient Estimation" [J]. *Applied Econometrics and International Development*, Vol. 6(1):87 – 96.

[80] Solow, B. R., 1960, "Investment and Technical Progress." in eds. Arrow, K, Karlin, S and Suppes, P, 2010, *Mathematical Methods in the Social Sciences* [M]. Stanford, CA: Stanford University.

[81] Srithanpong, T., 2014, "Productivity and Wage Spillovers from FDI in Thailand: Evidence from Plant-level Analysis" [J]. *Tdri Quarterly Review*, Vol. 29(2):13 – 26.

[82] Stiebale, J., 2008, "Do Financial Constraints Matter for Foreign Market Entry? A Firm-Level Examination" [J]. *The World Economy*, Vol. 34(1):123 – 153.

[83] Tomohara, A., Takii, S., 2011, "Does Globalization Benefit Developing Countries? Effects of FDI on Local Wages" [J]. *Journal of Policy Modeling*, Vol. 33(3):511 – 521.

[84] Vermeulen, G. A. M., Barkema, H. G., 2002, "Pace, rhythm and scope: Process Dependence in Building a Profitable Multinational Corporation" [J]. *Strategic Management Journal*, Vol. 23(7):637 – 653.

[85] Wang, C., Deng, Z., Kafouros, M. I., et al., 2012, "Reconceptualizing the Spillover Effects of Foreign Direct Investment: A Process-dependent Approach" [J]. *International Business Review*, Vol. 21(3):452 – 464.

[86] Wang, J. Y., Blomstrom, M., 1992. "Foreign Investment and Technology Transfer: A Simple Model" [J]. *European Economic Review*, Vol. 36(1):137 – 155.

[87] Wang, M., 2010, "The Rise of Labor Cost and the Fall of Labor

Input: Has China Reached Lewis Turning Point?" [J]. *China Economic Journal*, Vol. 3(2):137 - 153.

[88] Wei Y., Liu X., 2006, "Productivity Spillovers from R&D, Exports and FDI in China's Manufacturing Sector" [J]. *Journal of International Business Studies*, Vol. 37(4):544 - 557.

[89] World Bank., 1997, " Malaysia: Enterprise Training, Technology, and Productivity" [R].

[90] Zhai, W., Sun, S., Zhang, G., 2016, "Reshoring of American Manufacturing Companies from China" [J]. *Operations Management Research*, Vol. 9(3):62 - 74.

[91] Zhang, X., Yang, J., Wang, S., 2010, "China Has Reached the Lewis Turning Point" [J]. *China Economic Review*, Vol. 22(977):542 - 554.

[92] Zhao, Y., 2001, "Foreign Direct Investment and Relative Wages: The Case of China" [J]. *China Economic Review*, Vol. 12(1):40 - 57.

[93] Zhao, Y., 2002, "Earnings Differentials between State and Non-State Enterprises in Urban China" [J]. *Pacific Economic Review*, Vol. 7(1):181 - 197.

[94] 包群,邵敏:《出口贸易与我国的工资增长:一个经验分析》,《管理世界》,2010 年第 9 期,第 55—66 页。

[95] 包群,邵敏:《外商投资与东道国工资差异:基于我国工业行业的经验研究》,《管理世界》,2008 年第 5 期,第 47—54 页。

[96] 才国伟,连玉君:《外资控制权、企业异质性与 FDI 的技术外溢——基于 Olley-Pakes 半参法的实证研究》,《南方经济》,2011 年第 8 期,第 45—53＋63 页。

[97] 蔡昉:《人口转变,人口红利与刘易斯转折点》,《经济研究》,2010 年第 4 期,第 4—13 页。

[98] 蔡昉:《中国劳动力市场发育与就业变化》,《经济研究》,2007 年第 7 期,第 4—14 页。

[99] 蔡宏波,钱叶粲,李爱军:《外资企业对内资企业的工资溢出效应——基于中国长三角地区的理论和实证分析》,《国际贸易问题》,2016 年第 5 期,第 3—15 页。

[100] 陈弋,Sylvie Démurger,Martin Fournier,杨真真:《中国企业的工资差异和所有制结构》,《世界经济文汇》,2005 年第 6 期,第 11—31 页。

[101] 陈友华:《人口红利与人口负债:数量界定、经验观察与理论思考》,《人口研究》,2005 年第 6 期,第 23—29 页。

[102] 崔远淼,曾利飞,陈志昂:《教育红利对中国制造业国际竞争力作用及渠道的实证研究》,《国际贸易问题》,2016 年第 7 期,第 15—26 页。

[103] 都阳,曲玥:《劳动报酬、劳动生产率与劳动力成本优势——对 2000—2007 年中国制造业企业的经验研究》,《中国工业经济》,2009 年第 5 期,第 25—35 页。

[104] 冯丹卿,钟昌标,黄远浙:《外资进入速度对内资企业出口贸易的影响研究》,《世界经济》,2013 年第 12 期,第 29—52 页。

[105] 国家发改委产业经济与技术经济研究所课题组:《降低我国制造业成本的关键点和难点研究》,《经济纵横》,2016 年第 4 期,第 15—30 页。

[106] 何兴强,欧燕,史卫,刘阳:《FDI 技术溢出与中国吸收能力门槛研究》,《世界经济》,2014 年第 10 期,第 52—76 页。

[107] 贺聪,尤瑞章,莫万贵:《制造业劳动力成本国际比较研究》,《金融研究》,2009 年第 7 期,第 170—184 页。

[108] 胡翠,谢世清:《中国制造业企业集聚的行业间垂直溢出效应研究》,《世界经济》,2014 年第 9 期,第 77—94 页。

[109] 蒋为,黄玖立:《国际生产分割、要素禀赋与劳动收入份额:理论与经验研究》,《世界经济》,2014 年第 5 期,第 28—50 页。

[110] 金三林,朱贤强:《我国劳动力成本上升的成因及趋势》,《经济纵

横》,2013 年第 2 期,第 37—42 页。

　　[111] 李文溥,郑建清,林金霞:《制造业劳动报酬水平与产业竞争力变动趋势探析》,《经济学动态》,2011 年第 8 期,第 78—83 页。

　　[112] 李雪辉,许罗丹:《FDI 对外资集中地区工资水平影响的实证研究》,《南开经济研究》,2002 年第 2 期,第 35—39 页。

　　[113] 刘厚俊,王丹利:《劳动力成本上升对中国国际竞争比较优势的影响》,《世界经济研究》,2011 年第 3 期,第 9—13 页。

　　[114] 陆铭,张航,梁文泉:《偏向中西部的土地供应如何推升了东部的工资》,《中国社会科学》,2015 年第 5 期,第 59—83 页。

　　[115] 路江涌:《外商直接投资对内资企业效率的影响和渠道》,《经济研究》,2008 年第 6 期,第 95—106 页。

　　[116] 马飒,黄建锋:《劳动力成本上升削弱了中国的引资优势吗——基于跨国面板数据的经验分析》,《国际贸易问题》,2014 年第 10 期,第 110—120 页。

　　[117] 毛其淋,许家云:《中国外向型 FDI 对企业职工工资报酬的影响:基于倾向得分匹配的经验分析》,《国际贸易问题》,2014 年第 11 期,第 121—131 页。

　　[118] 聂辉华,贾瑞雪:《中国制造业企业生产率与资源误置》,《世界经济》,2011 年第 7 期,第 27—42 页。

　　[119] 聂辉华,江艇,杨汝岱:《中国工业企业数据库的使用现状和潜在问题》,《世界经济》,2012 年第 5 期,第 142—158 页。

　　[120] 邱立成,王自峰:《外国直接投资的"工资溢出"效应研究》,《经济评论》,2006 年第 5 期,第 137—140 页。

　　[121] 邵敏,包群:《外资进入是否加剧中国国内工资扭曲:以国有工业企业为例》,《世界经济》,2012 年第 10 期,第 3—24 页。

　　[122] 邵敏,黄玖立:《外资与我国劳动收入份额——基于工业行业的经验研究》,《经济学(季刊)》,2010 年第 4 期,第 1189—1210 页。

[123] 孙婷,余东华:《中国制造业国际竞争力与要素价格关系研究——基于中国 28 个制造业行业的实证分析》,《上海经济研究》,2016 年第 5 期,第 10—18 页。

[124] 唐东波:《垂直专业分工与劳动生产率:一个全球化视角的研究》,《世界经济》,2014 年第 11 期,第 25—52 页。

[125] 唐东波:《全球化与劳动收入占比:基于劳资议价能力的分析》,《管理世界》,2011 年第 8 期,第 23—33 页。

[126] 王丰:《人口红利真的是取之不尽、用之不竭的吗》,《人口研究》,2007 年第 6 期,第 77—83 页。

[127] 王怀民:《加工贸易、劳动力成本与农民工就业——兼论新劳动法和次贷危机对我国加工贸易出口的影响》,《世界经济研究》,2009 年第 1 期,第 15—18 页。

[128] 王万珺,沈坤荣,叶林祥:《工资、生产效率与企业出口——基于单位劳动成本的分析》,《财经研究》,2015 年第 7 期,第 121—131 页。

[129] 王燕武,李文溥,李晓静:《基于单位劳动成本的中国制造业国际竞争力研究》,《统计研究》,2011 年第 10 期,第 60—67 页。

[130] 王争,孙柳媚,史晋川:《外资溢出对中国私营企业生产率的异质性影响——来自普查数据的证据》,《经济学(季刊)》,2009 年第 1 期,第 129—158 页。

[131] 魏浩,郭也:《中国制造业单位劳动成本及其国际比较研究》,《统计研究》,2013 年第 8 期,第 102—110 页。

[132] 吴愈晓:《劳动力市场分割、职业流动与城市劳动者经济地位获得的二元路径模式》,《中国社会科学》,2011 年第 1 期,第 119—137＋222—223 页。

[133] 项松林:《中国企业进出口贸易的工资溢价》,《经济评论》,2013 年第 1 期,第 96—105 页。

[134] 辛永容,陈圻,肖俊哲:《FDI 对中国制造业劳动力成本优势的影

响研究——基于劳动生产率视角的分析》,《科学学研究》,2009 年第 1 期,第 74—79 页。

[135] 徐保昌,谢建国:《政府质量、政府补贴与企业全要素生产率》,《经济评论》,2015 年第 4 期,第 45—56＋69 页。

[136] 徐水源:《东部地区农民工工资增长影响因素及地区差异实证研究》,《人口学刊》,2016 年第 2 期,第 91—100 页。

[137] 许和连,亓朋,李海峥:《外商直接投资、劳动力市场与工资溢出效应》,《管理世界》,2009 年第 9 期,第 53—68 页。

[138] 许召元,胡翠:《成本上升的产业竞争力效应研究》,《数量经济技术经济研究》,2014 年第 8 期,第 39—55 页。

[139] 严兵:《效率增进、技术进步与全要素生产率增长——制造业内外资企业生产率比较》,《数量经济技术经济研究》,2008 第 11 期,第 17—27 页。

[140] 杨红丽,陈钊:《外商直接投资水平溢出的间接机制:基于上游供应商的研究》,《世界经济》,2015 年第 3 期,第 123—144 页。

[141] 杨继军,范从来:《刘易斯拐点、比较优势蝶化与中国外贸发展方式的选择》,《经济学家》,2012 年第 2 期,第 22—29 页。

[142] 杨汝岱,《中国制造业企业全要素生产率研究》,《经济研究》,2015 年第 2 期,第 61—74 页。

[143] 杨泽文,杨全发:《FDI 对中国实际工资水平的影响》,《世界经济》,2004 年第 12 期,第 41—48＋77 页。

[144] 姚先国,翁杰:《企业对员工的人力资本投资研究》,《中国工业经济》,2005 年第 2 期,第 87—95 页。

[145] 叶生洪,盛月,孙一平:《外资并购对提高工人工资的影响研究——基于制造业企业的分析》,《国际贸易问题》,2014 年第 12 期,第 137—143 页。

[146] 张杰,卜茂亮,陈志远:《中国制造业部门劳动报酬比重的下降及其动因分析》,《中国工业经济》,2012 年第 5 期,第 57—69 页。

[147] 张杰,何晔:《人口老龄化削弱了中国制造业低成本优势吗?》,《南京大学学报(哲学.人文科学.社会科学)》,2014 年第 3 期,第 24—36 页。

[148] 张杰,郑文平,翟福昕:《融资约束影响企业资本劳动比吗?——中国的经验证据》,《经济学(季刊)》,2016 年第 3 期,第 1029—1056 页。

[149] 郑丹青,于津平:《外资进入与企业出口贸易增加值——基于中国微观企业异质性视角》,《国际贸易问题》,2015 年第 12 期,第 97—107 页。

[150] 郑海涛,任若恩:《多边比较下的中国制造业国际竞争力研究:1980—2004》,《经济研究》,2005 年第 12 期,第 77—87 页。

[151] 钟昌标,黄远浙,刘伟:《外资进入速度、企业异质性和企业生产率》,《世界经济》,2015 年第 7 期,第 53—72 页。

[152] 周黎安,张维迎,顾全林,汪淼军:《企业生产率的代际效应和年龄效应》,《经济学(季刊)》,2007 年第 4 期,第 1297—1318 页。

[153] 周燕,佟家栋:《刘易斯拐点"、开放经济与中国二元经济转型》,《南开经济研究》,2012 年第 5 期,第 3—17 页。

[154] 周宇:《中国是否仍然拥有低劳动力成本优势?》,《世界经济研究》,2014 年第 10 期,第 3—8 页。

[155] 周云波、陈岑、田柳:《外商直接投资对东道国企业间工资差距的影响》,《经济研究》,2015 年第 12 期,第 128—142 页。

[156] 朱彤,刘斌,李磊:《外资进入对城镇居民收入的影响及差异——基于中国城镇家庭住户收入调查数据(CHIP)的经验研究》,《南开经济研究》,2012 年第 2 期,第 33—54 页。

[157] 朱希伟,金祥荣,罗德明:《国内市场分割与中国的出口贸易扩张》,《经济研究》,2005 年第 12 期,第 68—76 页。

附　录

附表 1　2002 年、2007 年中国投入产出表
与工业企业数据库行业代码匹配表

2002 年中国投入产出表（122 部门）		中国工业企业数据库三分位行业(164 部门)		2007 年中国投入产出表（135 部门）	
行业代码	行业名称	行业代码	行业名称	行业代码	行业名称
13013	谷物磨制业	131	谷物磨制业	011	谷物磨制业
13014	饲料加工业	132	饲料加工业	012	饲料加工业
13015	植物油加工业	133	植物油加工业	013	植物油加工业
13016	制糖业	134	制糖业	014	制糖业
13017	屠宰及肉类加工业	135	屠宰及肉类加工业	015	屠宰及肉类加工业
13018	水产品加工业	136	水产品加工业	016	水产品加工业
13019	其他食品加工和食品制造业	137	蔬菜、水果和坚果加工业	017	其他食品加工业
		139	其他农副食品加工业		
		141	焙烤食品制造业		
		142	糖果、巧克力及蜜饯制造业		
		143	方便食品制造业	018	方便食品制造业
		144	液体乳及乳制品制造业	019	液体乳及乳制品制造业
		146	调味品、发酵制品制造业	020	调味品、发酵制品制造业
		145	罐头制造业	021	其他食品制造业
		149	其他食品制造业		
15020	酒精及饮料酒制造业	151	酒精制造业	022	酒精及酒的制造业
		152	酒的制造业		
15021	其他饮料制造业	153	软饮料制造业	023	软饮料及精制茶加工业
		154	精制茶加工业		

行业代码	行业名称	行业代码	行业名称	行业代码	行业名称
16022	烟草制品业	161	烟叶复烤	024	烟草制品业
		162	卷烟制造业		
		169	其他烟草制品加工业		
17023	棉、化纤纺织及印染精加工业	171	棉、化纤纺织及印染精加工业	025	棉、化纤纺织及印染精加工业
17024	毛纺织和染整精加工业	172	毛纺织和染整精加工业	026	毛纺织和染整精加工业
17025	麻纺织、丝绢纺织及精加工业	173	麻纺织	027	麻纺织、丝绢纺织及精加工业
		174	丝绢纺织及精加工业		
17026	纺织制成品制造业	175	纺织制成品制造业	028	纺织制成品制造业
17027	针织品编织品及其制品制造业	176	针织品编织品及其制品制造业	029	针织品编织品及其制品制造业
18028	纺织服装、鞋、帽制造业	181	纺织服装制造业	030	纺织服装、鞋、帽制造业
		182	纺织面料鞋的制造业		
		183	制帽		
19029	皮革、毛皮、羽毛（绒）及其制品业	191	皮革鞣制加工业	031	皮革、毛皮、羽毛（绒）及其制品业
		192	皮革制品制造业		
		193	毛皮鞣制及制品加工业		
		194	羽毛（绒）加工业及制品制造业		
20030	木材加工及木、竹、藤、棕、草制品业	201	锯材、木片加工业	032	木材加工及木、竹、藤、棕、草制品业
		202	人造板制造业		
		203	木制品制造业		
		204	竹、藤、棕、草制品制造业		
21031	家具制造业	211	木质家具制造业	033	家具制造业
		212	竹、藤家具制造业		
		213	金属家具制造业		
		214	塑料家具制造业		
		219	其他家具制造业		

行业代码	行业名称	行业代码	行业名称	行业代码	行业名称
22032	造纸及纸制品业	221	纸浆制造业	034	造纸及纸制品业
		222	造纸		
		223	纸制品制造业		
23033	印刷业和记录媒介的复制业	231	印刷	035	印刷业和记录媒介的复制业
		232	装订及其他印刷服务活动		
		233	记录媒介的复制		
24034	文化用品制造业	241	文化用品制造业	036	文教体育用品制造业
24035	玩具体育娱乐用品制造业	242	体育用品制造业		
		243	乐器制造业		
		244	玩具制造业		
		245	游艺器材及娱乐用品制造业		
25036	石油及核燃料加工业	251	精炼石油产品的制造业	037	石油及核燃料加工业
		253	核燃料加工业		
25037	炼焦业	252	炼焦业	038	炼焦业
26038	基础化学原料制造业	261	基础化学原料制造业	039	基础化学原料制造业
26039	肥料制造业	262	肥料制造业	040	肥料制造业
26040	农药制造业	263	农药制造业	041	农药制造业
26041	涂料、颜料、油墨及类似产品制造业	264	涂料、油墨、颜料及类似产品制造业	042	涂料、油墨、颜料及类似产品制造业
26042	合成材料制造业	265	合成材料制造业	043	合成材料制造业
26043	专用化学产品制造业	266	专用化学产品制造业	044	专用化学产品制造业
26044	日用化学产品制造业	267	日用化学产品制造业	045	日用化学产品制造业
27045	医药制造业	271	化学药品原药制造业	046	医药制造业
		272	化学药品制剂制造业		
		273	中药饮片加工业		
		274	中成药制造业		
		275	兽用药品制造业		
		276	生物、生化制品的制造业		
		277	卫生材料及医药用品制造业		

行业代码	行业名称	行业代码	行业名称	行业代码	行业名称
28046	化学纤维制造业	281	纤维素纤维原料及纤维制造业	047	化学纤维制造业
		282	合成纤维制造业		
29047	橡胶制品业	291	轮胎制造业	048	橡胶制品业
		292	橡胶板、管、带的制造业		
		293	橡胶零件制造业		
		294	再生橡胶制造业		
		295	日用及医用橡胶制品制造业		
		296	橡胶靴鞋制造业		
		299	其他橡胶制品制造业		
30048	塑料制品业	301	塑料薄膜制造业	049	塑料制品业
		302	塑料板、管、型材的制造业		
		303	塑料丝、绳及编织品的制造业		
		304	泡沫塑料制造业		
		305	塑料人造革、合成革制造业		
		306	塑料包装箱及容器制造业		
		307	塑料零件制造业		
		308	日用塑料制造业		
		309	其他塑料制品制造业		
31049	水泥、石灰和石膏制造业	311	水泥、石灰和石膏的制造业	050	水泥、石灰和石膏制造业
		312	水泥及石膏制品制造业	051	水泥及石膏制品制造业
		313	砖瓦、石材及其他建筑材料制造业	052	砖瓦、石材及其他建筑材料制造业
31050	玻璃及玻璃制品制造业	314	玻璃及玻璃制品制造业	053	玻璃及玻璃制品制造业
31051	陶瓷制品制造业	315	陶瓷制品制造业	054	陶瓷制品制造业
31052	耐火材料制品制造业	316	耐火材料制品制造业	055	耐火材料制品制造业

行业代码	行业名称	行业代码	行业名称	行业代码	行业名称
31053	其他非金属矿物制品制造业	319	石墨及其他非金属矿物制品制造业	056	石墨及其他非金属矿物制品制造业
32054	炼铁业	321	炼铁业	057	炼铁业
32055	炼钢业	322	炼钢业	058	炼钢业
32056	钢压延加工业	323	钢压延加工业	059	钢压延加工业
32057	铁合金冶炼业	324	铁合金冶炼业	060	铁合金冶炼业
33058	有色金属冶炼业	331	常用有色金属冶炼	061	有色金属冶炼及合金制造业
		332	贵金属冶炼		
		333	稀有稀土金属冶炼		
		334	有色金属合金制造业		
33059	有色金属压延加工业	335	有色金属压延加工业	062	有色金属压延加工业
34060	金属制品业	341	结构性金属制品制造业	063	金属制品业
		342	金属工具制造业		
		343	集装箱及金属包装容器制造业		
		344	金属丝绳及其制品的制造业		
		345	建筑、安全用金属制品制造业		
		346	金属表面处理及热处理加工业		
		347	搪瓷制品制造业		
		348	不锈钢及类似日用金属制品制造业		
		349	其他金属制品制造业		
35061	锅炉及原动机制造业	351	锅炉及原动机制造业	064	锅炉及原动机制造业
35062	金属加工机械制造业	352	金属加工业机械制造业	065	金属加工机械制造业

行业代码	行业名称	行业代码	行业名称	行业代码	行业名称
35063	其他通用设备制造业	353	起重运输设备制造业	066	起重运输设备制造业
		354	泵、阀门、压缩机及类似机械的制造业	067	泵、阀门、压缩机及类似机械的制造业
		355	轴承、齿轮、传动和驱动部件的制造业	068	其他通用设备制造业
		356	烘炉、熔炉及电炉制造业		
		357	风机、衡器、包装设备等通用设备制造业		
		358	通用零部件制造业及机械修理		
		359	金属铸、锻加工业		
		361	矿山、冶金、建筑专用设备制造业	069	矿山、冶金、建筑专用设备制造业
		362	化工、木材、非金属加工业专用设备制造业	070	化工、木材、非金属加工业专用设备制造业
36064	农林牧渔专用机械制造业	367	农、林、牧、渔专用机械制造业	071	农林牧渔专用机械制造业
36065	其他专用设备制造业	363	食品、饮料、烟草及饲料生产专用设备制造业	072	其他专用设备制造业
		364	印刷、制药、日化生产专用设备制造业		
		365	纺织、服装和皮革工业专用设备制造业		
		366	电子和电工机械专用设备制造业		
		368	医疗仪器设备及器械制造业		
		369	环保、社会公共安全及其他专用设备制造业		
37066	铁路运输设备制造业	371	铁路运输设备制造业	073	铁路运输设备制造业

行业代码	行业名称	行业代码	行业名称	行业代码	行业名称
37068	汽车零部件及配件制造业	372	汽车制造业	074	汽车制造业
37067	汽车制造业	373	摩托车制造业		
		374	自行车制造业		
37069	船舶及浮动装置制造业	375	船舶及浮动装置制造业	075	船舶及浮动装置制造业
37071	其他交通运输设备制造业	376	航空航天器制造业	076	其他交通运输设备制造业
		379	交通器材及其他交通运输设备制造业		
39072	电机制造业	391	电机制造业	077	电机制造业
39073	家用器具制造业	395	家用电力器具制造业	080	家用电力和非电力器具制造业
		396	非电力家用器具制造业		
		397	照明器具制造业		
39074	其他电气机械及器材制造业	392	输配电及控制设备制造业	078	输配电及控制设备制造业
		393	电线、电缆、光缆及电工器材制造业	079	电线、电缆、光缆及电工器材制造业
		394	电池制造业		
		399	其他电气机械及器材制造业	081	其他电气机械及器材制造业
40075	通信设备制造业	401	通信设备制造业	082	通信设备制造业
		402	雷达及配套设备制造业	083	雷达及广播设备制造业
		403	广播电视设备制造业		
40076	电子计算机整机制造业	404	电子计算机制造业	084	电子计算机制造业
40077	其他电子计算机设备制造业				
40078	电子元器件制造业	405	电子器件制造业	085	电子元器件制造业
		406	电子元件制造业		
40079	家用视听设备制造业	407	家用视听设备制造业	086	家用视听设备制造业
40080	其他通信、电子设备制造业	409	其他电子设备制造业	087	其他电子设备制造业

行业代码	行业名称	行业代码	行业名称	行业代码	行业名称
41081	仪器仪表制造业	411	通用仪器仪表制造业	088	仪器仪表制造业
		412	专用仪器仪表制造业		
		413	钟表与计时仪器制造业		
		414	光学仪器及眼镜制造业		
		419	其他仪器仪表的制造业及修理		
41082	文化、办公用机械制造业	415	文化、办公用机械制造业	089	文化、办公用机械制造业
42083	工艺美术品制造业	421	工艺美术品制造业	090	工艺品及其他制造业
42084	其他工业	422	日用杂品制造业		

附表 2　第五章至第七章主要变量的相关系数矩阵

第五章　主要变量的相关系数矩阵——劳动力市场城市层面数据

	ULC	ln_pcva	ln_pcwage	wage_gap	tfp_gap	FDI_share	op_tfp	ln_pck	ln_worker	debtratio	HHI	age	exdum	subsidydum	newprodum
ULC	1.00														
ln_pcva	-0.77	1.00													
ln_pcwage	0.19	0.28	1.00												
wage_gap	0.20	-0.14	0.09	1.00											
tfp_gap	0.11	-0.05	0.13	0.58	1.00										
FDI_share	-0.01	0.03	0.05	0.17	0.38	1.00									
op_tfp	-0.37	0.53	0.18	-0.01	0.01	0.00	1.00								
ln_pck	-0.26	0.37	0.21	-0.22	-0.10	0.03	-0.11	1.00							
ln_worker	0.21	-0.20	0.05	0.11	0.03	-0.06	-0.07	-0.04	1.00						
debtratio	0.08	-0.10	0.00	-0.02	0.01	0.02	-0.04	-0.12	0.06	1.00					
HHI	-0.04	0.06	0.02	-0.07	-0.02	-0.10	0.04	0.06	0.03	0.01	1.00				
age	0.11	-0.10	0.03	-0.09	-0.02	-0.06	-0.07	0.06	0.26	0.07	0.03	1.00			
exdum	0.14	-0.11	0.05	0.24	0.12	0.01	-0.03	-0.08	0.20	0.00	-0.02	0.00	1.00		
subsidydum	0.02	0.01	0.09	-0.01	0.01	-0.02	0.00	0.10	0.15	0.03	0.01	0.08	0.08	1.00	
newprodum	0.01	-0.01	0.00	0.03	0.07	0.01	0.00	0.00	0.06	0.01	0.00	0.03	0.03	0.56	1.00

注:ULC、ln_pcva、ln_pcwage 为被解释变量,其余变量皆为解释变量,可见解释变量之间的相关系数都在 0.6 以下,因此不存在严重的多重共线问题。

第五章　主要变量的相关系数矩阵——劳动力市场省级层面数据

	ULC	ln_pcva	ln_pcwage	FDI_share	HHI	wage_gap	tfp_gap	op_tfp	ln_pck	ln_worker	debtratio	age	exdum	subsidy dum	newpro dum
ULC	1.00														
ln_pcva	-0.77	1.00													
ln_pcwage	0.14	0.35	1.00												
FDI_share	0.15	-0.05	0.13	1.00											
HHI	-0.04	0.05	-0.01	0.29	1.00										
wage_gap	-0.02	-0.20	-0.41	-0.16	-0.31	1.00									
tfp_gap	0.29	-0.38	-0.11	-0.09	-0.35	0.32	1.00								
op_tfp	-0.38	0.53	0.21	0.00	0.00	-0.18	-0.78	1.00							
ln_pck	-0.27	0.39	0.24	-0.02	0.14	-0.27	0.06	-0.11	1.00						
ln_worker	0.22	0.00	0.00	0.14	0.07	-0.01	0.01	-0.08	-0.06	1.00					
debtratio	0.06	-0.21	-0.05	-0.09	-0.04	0.05	0.04	-0.03	-0.13	0.04	1.00				
age	0.10	-0.10	-0.01	-0.10	0.05	-0.04	0.04	-0.09	0.07	0.24	0.06	1.00			
exdum	0.15	-0.10	0.06	0.22	-0.01	-0.05	0.03	-0.03	-0.09	0.22	-0.02	-0.01	1.00		
subsidydum	0.00	0.02	0.08	-0.03	0.00	-0.07	-0.02	0.02	0.08	0.12	0.01	0.07	0.07	1.00	
newprodum	0.00	0.02	0.04	0.01	0.00	-0.02	0.01	0.02	0.01	0.04	0.01	0.02	0.45	0.08	1.00

注：ULC、ln_pcva、ln_pcwage 为被解释变量，其余变量皆为解释变量，可见主要解释变量之间的相关系数都在 0.6 以下，只有 tfp_gap 与 op_tfp 之间的相关系数为 -0.78，绝对值大于 0.6，但仍小于 0.8，由于 tfp_gap 并非主要解释变量，且对比表 5-7 和表 5-8 的回归结果可知，是否控制这一变量并不影响本书的核心结论。因此，本书所使用的变量不存在严重的多重共线性问题。

第五章 主要变量的相关系数矩阵——劳动力市场地区层面数据

	ULC	ln_pcva	ln_pcwage	FDI_share	HHI	wage_gap	tfp_gap	op_tfp	ln_pck	ln_worker	debtratio	age	exdum	subsidydum	newprodum
ULC	1.00														
ln_pcva	−0.76	1.00													
ln_pcwage	0.17	0.32	1.00												
FDI_share	0.17	−0.08	0.17	1.00											
HHI	0.00	0.02	−0.01	−0.07	1.00										
wage_gap	−0.02	−0.13	−0.28	0.04	−0.19	1.00									
tfp_gap	0.26	−0.30	−0.02	0.11	−0.21	0.38	1.00								
op_tfp	−0.40	0.56	0.20	0.02	0.00	−0.12	−0.63	1.00							
ln_pck	−0.24	0.35	0.21	−0.15	0.07	−0.23	0.06	−0.12	1.00						
ln_worker	0.24	−0.25	0.00	0.07	0.05	−0.02	0.00	−0.12	−0.04	1.00					
debtratio	0.09	−0.12	−0.03	−0.05	−0.01	0.02	0.02	−0.06	−0.12	0.08	1.00				
age	0.14	−0.15	−0.03	−0.14	0.06	−0.08	−0.02	−0.13	0.06	0.30	0.10	1.00			
exdum	0.13	−0.08	0.10	0.27	−0.04	0.00	0.08	−0.01	−0.07	0.19	−0.01	−0.02	1.00		
subsidydum	0.02	0.01	0.09	−0.02	0.00	−0.06	−0.01	0.01	0.09	0.13	0.03	0.07	0.07	1.00	
newprodum	0.00	0.03	0.05	0.03	0.02	−0.03	0.01	0.02	0.02	0.06	0.00	0.02	0.50	0.07	1.00

注：ULC、ln_pcva、ln_pcwage 为被解释变量，其余变量皆为解释变量，可见主要解释变量之间的相关系数都在 0.6 以下，只有 tfp_gap 与 op_tfp 之间的相关系数为−0.63，绝对值大于 0.6，但仍小于 0.8，由于 tfp_gap 并非主要解释变量，且对比表 5−7 和表 5−8 的回归结果可知，是否控制这一变量并不影响本书的核心结论，因此，本书所使用的变量不存在严重的多重共线问题。

第六章 主要变量的相关系数矩阵——劳动力市场城市层面数据

	ULC	ln_pcwage	ln_pcva	FDI_share	PACE_FDI	PACE2_FDI	HHI	op_tfp	ln_pck	ln_worker	debtratio	age	exdum	subsidydum	newprodum
ULC	1.00														
ln_pcwage	0.13	1.00													
ln_pcva	−0.77	0.36	1.00												
FDI_share	0.15	0.14	−0.05	1.00											
PACE_FDI	−0.02	−0.01	0.01	0.02	1.00										
PACE2_FDI	−0.05	−0.05	0.02	−0.12	0.43	1.00									
HHI	−0.04	0.01	0.06	0.31	0.04	0.05	1.00								
op_tfp	−0.42	0.22	0.57	0.00	0.00	−0.01	0.01	1.00							
ln_pck	−0.29	0.25	0.42	−0.03	0.02	0.04	0.14	−0.06	1.00						
ln_worker	0.21	0.01	−0.20	0.15	−0.01	−0.04	0.08	−0.05	−0.08	1.00					
debtratio	0.06	−0.06	−0.10	−0.10	0.01	0.03	−0.05	−0.05	−0.13	0.03	1.00				
age	0.09	−0.01	−0.10	−0.09	0.01	0.04	0.05	−0.10	0.06	0.22	0.05	1.00			
exdum	0.16	0.05	−0.12	0.22	0.00	0.00	0.00	−0.04	−0.08	0.28	−0.03	0.01	1.00		
subsidydum	0.00	0.08	0.02	−0.03	0.01	0.01	0.00	0.01	0.09	0.12	0.01	0.05	0.09	1.00	
newprodum	0.00	0.04	0.02	0.00	0.00	0.11	0.02	0.01	0.05	0.12	0.00	0.07	0.39	0.10	1.00

注:ULC、ln_pcva、ln_pcwage 为被解释变量,其余变量皆为解释变量,可见解释变量之间的相关系数都在 0.6 以下,因此不存在严重的多重共线问题。

第六章 主要变量的相关系数矩阵——劳动力市场省级层面数据

	ULC	ln_pcwage	ln_pcva	FDI_share	PACE_FDI	PACE2_FDI	HHI	op_tfp	ln_pck	ln_worker	debtratio	age	exdum	subsidydum	newprodum
ULC	1.00														
ln_pcwage	0.17	1.00													
ln_pcva	−0.77	0.32	1.00												
FDI_share	0.18	0.19	−0.07	1.00											
PACE_FDI	−0.02	−0.02	0.01	0.00	1.00										
PACE2_FDI	−0.05	−0.06	0.02	−0.13	0.42	1.00									
HHI	−0.02	0.02	0.05	0.05	0.07	0.14	1.00								
op_tfp	−0.43	0.20	0.59	0.01	0.00	0.00	0.01	1.00							
ln_pck	−0.27	0.22	0.39	−0.10	0.02	0.04	0.10	−0.07	1.00						
ln_worker	0.22	0.01	−0.22	0.09	0.00	−0.01	0.05	−0.08	−0.06	1.00					
debtratio	0.08	−0.05	−0.12	−0.08	0.01	0.02	−0.03	−0.08	−0.12	0.06	1.00				
age	0.12	−0.03	−0.13	−0.11	0.02	0.05	0.06	−0.13	0.05	0.25	0.08	1.00			
exdum	0.15	0.08	−0.10	0.24	0.01	0.01	−0.03	−0.04	−0.07	0.25	−0.02	0.00	1.00		
subsidydum	0.01	0.09	0.01	−0.03	0.01	0.01	0.01	0.00	0.09	0.13	0.02	0.05	0.09	1.00	
newprodum	0.00	0.04	0.02	0.00	0.04	0.13	0.03	0.00	0.05	0.12	0.00	0.07	0.44	0.09	1.00

注：ULC、ln_pcva、ln_pcwage 为被解释变量，其余变量皆为解释变量，可见解释变量之间的相关系数都在 0.6 以下，因此不存在严重的多重共线问题。

第六章 主要变量的相关系数矩阵——劳动力市场地区层面数据

	ULC	ln_pcwage	ln_pcva	FDI_share	PACE_FDI	PACE2_FDI	HHI	op_tfp	ln_pck	ln_worker	debtratio	age	exdum	subsidydum	newprodum
ULC	1.00														
ln_pcwage	0.17	1.00													
ln_pcva	−0.77	0.32	1.00												
FDI_share	0.18	0.17	−0.09	1.00											
PACE_FDI	−0.01	0.00	0.00	−0.01	1.00										
PACE2_FDI	−0.03	0.01	−0.06	−0.15	0.31	1.00									
HHI	0.00	0.03	0.00	−0.05	0.07	0.19	1.00								
op_tfp	−0.44	0.20	0.60	0.01	0.00	−0.01	0.00	1.00							
ln_pck	−0.25	0.22	0.37	−0.15	0.01	0.04	0.08	−0.07	1.00						
ln_worker	0.22	0.01	−0.23	0.08	0.01	0.01	0.05	−0.10	−0.05	1.00					
debtratio	0.09	−0.04	−0.13	−0.05	0.00	−0.02	−0.02	−0.08	−0.12	0.07	1.00				
age	0.14	−0.03	−0.15	−0.13	0.01	0.06	0.06	−0.14	0.05	0.27	0.09	1.00			
exdum	0.14	0.09	−0.09	0.27	0.00	0.01	0.01	−0.03	−0.07	0.24	−0.02	0.00	1.00		
subsidydum	0.01	0.09	0.01	−0.02	0.00	0.00	0.00	0.00	0.10	0.14	0.02	0.05	0.09	1.00	
newprodum	0.00	0.04	0.03	0.01	0.03	0.12	0.12	0.01	0.06	0.12	0.00	0.07	0.45	0.09	1.00

注：ULC、ln_pcva、ln_pcwage 为被解释变量，其余变量皆为解释变量，可见解释变量之间的相关系数都在 0.6 以下，因此不存在严重的多重共线问题。

第七章 主要变量的相关系数矩阵

	ULC	ln_pcva	ln_pcwage	H_FDI	FL_FDI	BL_FDI	HHI	op_tfp	ln_pck	ln_worker	debtratio	age	exdum	subsidydum	newprodum
ULC	1.00														
ln_pcva	-0.81	1.00													
ln_pcwage	0.18	0.28	1.00												
H_FDI	0.22	-0.17	0.09	1.00											
FL_FDI	0.12	-0.06	0.13	0.57	1.00										
BL_FDI	-0.02	0.03	0.05	0.14	0.36	1.00									
HHI	-0.05	0.06	0.02	-0.07	0.00	-0.08	1.00								
op_tfp	-0.39	0.53	0.18	0.00	0.01	0.00	0.04	1.00							
ln_pck	-0.28	0.38	0.20	-0.25	-0.11	0.03	0.07	-0.12	1.00						
ln_worker	0.23	-0.22	0.05	0.11	0.03	-0.07	0.03	-0.07	-0.05	1.00					
debtratio	0.10	-0.11	0.01	-0.01	0.02	0.02	0.01	-0.03	-0.12	0.07	1.00				
age	0.11	-0.10	0.03	-0.10	-0.02	-0.06	0.03	-0.07	0.06	0.27	0.07	1.00			
exdum	0.15	-0.12	0.04	0.25	0.12	0.00	-0.02	-0.03	-0.10	0.20	0.01	0.00	1.00		
subsidydum	0.03	0.00	0.09	-0.02	0.01	-0.03	0.01	0.00	0.10	0.16	0.03	0.09	0.07	1.00	
newprodum	0.01	-0.02	-0.01	0.03	0.06	0.01	0.01	0.00	0.00	0.06	0.01	0.03	0.57	0.06	1.00

注:ULC、ln_pcva、ln_pcwage 为被解释变量,其余变量皆为解释变量,可见解释变量之间的相关系数都在 0.6 以下,因此不存在严重的多重共线问题。

致　谢

本书的出版首先要感谢南京财经大学张为付教授、宣烨教授、杨向阳教授等各位领导和前辈的鼓励与支持；其次，要感谢恩师南京大学张二震教授、谢建国教授给予的宝贵学术指导；此外，还要感谢东北财经大学的恩师王绍媛老师等鼓励我南下江南攻读博士学位。最后，感谢远在东北老家的父母和亲人们对我无私的支持和谅解，感谢你们将我从咿呀学语一直抚养到年近而立，鼓励我一直读书学习至今。

本书还要感谢以下项目的资助：

教育部哲学社会科学研究重大课题攻关项目"TPP 外部约束下我国融入国际价值链分工战略研究(16JZD019)"；

教育部人文社会科学研究基地重大项目"长江三角洲全面建设小康社会中的开放发展研究(16JJD790025)"；

江苏高校协同创新中心课题"本土比较优势变迁与中国双向 FDI 结构演进(ZXLXT17001)"。

由于作者学术水平有限，文中内容难免有所疏漏，欢迎各位读者批评指正。

张晓磊

南京财经大学

2018 年 4 月